願いを込めた、かわいい縁起物

リネンで作る、つるし飾り

堀川 波

誠文堂新光社

もくじ

Chapter 2

色や形、組み合わせを変えて。季節に合った つるし飾りの歳時記

行事を彩る新顔を加えて

歳時記のつるし飾りを作りましょう

実物大型紙

はじめに

「祈りの中から生まれたお守りのようなもの」が好きで、10代の頃から旅をしながら縁起物や郷土玩具を集めています。

そんな私がつるし飾りを初めて見たのは、15年ほど前に家族旅行で訪れた春の伊豆稲取でした。街のあちこちにつるされた華やかなつるしびなのひとつひとつに、母親から娘への願いや想いが込められていると知り、すぐに心ときめきました。

自分でも作りたくなって、本やつるすための紅白の輪っかなどを買って帰ったのですが、当時はアンティークの着物のはぎれで作ろうと思っていたせいか、そのときは、恥ずかしながら材料集めの時点で挫折してしまいました。

もう一度作ってみようと思ったのは、伝統のつるしびなの中のモチーフのひとつ「くくり猿」がきっかけです。以前から京都や奈良など古都の軒先に連なってぶら下がる赤いくくり猿の美しさにとても魅かれていたので、つるしびなを赤一色で作ることを思いつきました。日本では昔から赤い色には強い力があるといわれていて、くくり猿が赤い色をしているのも、病や厄を祓《はら》う力があると信じられていたからです。

そうして出来上がったのが、この本で紹介しているつるし飾り。素材をリネンにすることで、和室のない家のインテリアにもなじむモダンなものになりました。

どんなに時代は変わっても、子どもの成長や、大切な人のしあわせ、季節行事を大切にしたい気持ちは同じです。この本で紹介している24個のモチーフひとつひとつにも意味があります。どのモチーフを組み合わせるかを考えるのも楽しいです。

あなたの想いを込めた、世界にたったひとつのつるし飾りを作ってみてください。

堀川 波

すくすく育ってね…。
ひと針ごとに
願いを込めて

桃の節句の つるし飾り

Chapter 1

今の暮らし方に似合う
新しいつるし飾りを
お母さんから娘へ、
おばあちゃんから孫へ。
ちくちく縫う、ゆったりとした時間を
楽しんでください。

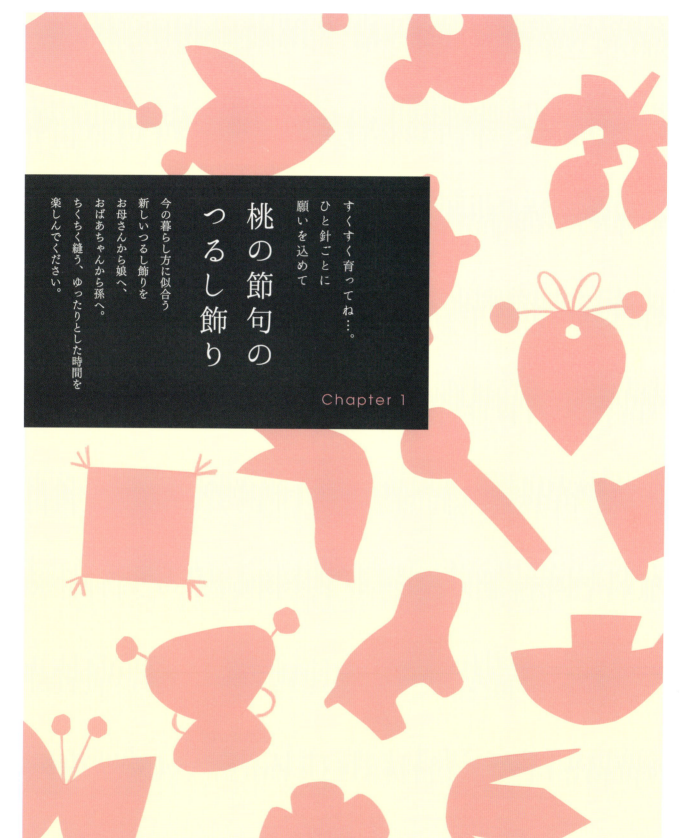

リビング、玄関、子ども部屋…
いろんな場所で、
いろんな飾り方

四角いラックに。
14種のモチーフを集合させて

鳥、蝶々、くくり猿、うさぎ、桃、三角、鯛、きんちゃく、座布団、南天、月、梅、金魚、犬…。とってもにぎやかです。どのモチーフにも女の子のしあわせを願う意味が込められていますから、好きなものを選んで組み合わせてみてください。

7　つるし飾り用のラックや飾り台など、市販されている便利な道具を利用して。成長に合わせてモチーフの数を増やしても楽しいですよ。

how to make --- すべてのモチーフ P12 ～41

テーブルに生けた枝から

家族みんなで囲む食卓にさりげなくつるし飾りを。指先で触れればゆらりと揺れて、その愛らしい姿にきっと心なごみます。モチーフは少なくても存在感は十分。きっと印象に残る食卓の景色になります。

上から桃、くくり猿、三角。いつもの空間を３つのモチーフが温かく包みます。枝につるすだけですからとても手軽でおしゃれです。

刺しゅう枠を使って、モビールみたいに

刺しゅう枠を利用して立体的に。初節句を迎える赤ちゃんのために飾るなら、ベビーベッドから見える場所につるしてもいいですね。窓からの風を受けてくるくると回れば、ベッドメリーのようでなお楽しい！

４本のつるし飾りを刺しゅう枠に等間隔に結びつけます。モチーフの間にはたくさんのぽんぽんをはさむと華やかです。

なかよく一列に並べても

壁際に並べると、モチーフひとつずつのシルエットがくっきりと浮かび上がってひときわ映えます。木のハンガーや壁にもともとついているフック、帽子かけなど、家にあるものを利用してみて。

モビールのラックにつるし飾りのひもを結びました。こんな風に家にあるものを使えば、新しくフックを用意しなくても飾れますね。

丸い輪っかで
シンプルに一本

かわいい模様の紙や布を壁に貼り、つるし飾りの背景をにぎやかにしてみるのも楽しいですよ。モチーフは上から鳥、蝶々、犬、金魚、うさぎ。子どもが大好きな動物を集めて並べてあげるといいですね。

つるす道具は、写真のような丸い輪や、Ｓ字フックなど身の回りにあるものを活用しましょう。軽いので、画鋲などでも大丈夫です。

赤いつるし飾りを
作りましょう

くくりざる（大）

猿を〝去る〟にかけた
縁起物。
病が去る・災いが去る…
という意味の
無病息災のお守りです

くくり猿は、手足をくくることで欲に走らないよう人間を戒めている
ともいわれています。お腹に“縁を結ぶ”ひもを結んで仕上げます。

作品 --- P6,8,9,44,45,47,48
実物大型紙 --- P65

代表的な飾りである「くくり猿」と「桃」の作り方を説明します。
わたの詰め方や、ぼんぼんの作り方、角の縫い代の始末、つるし飾りのつなぎ方などは、
この本に出てくるすべての飾りに共通する作り方のポイントです。
手縫いが基本ですが、ミシンを使ってもかまいません。

基本の材料はこれだけ

1. 赤いリネン
木綿やガーゼなどでも作れます。目があまりつんでいない布が、針通りがよく縫いやすいです。

2. 手芸わた
中に詰めてふっくらさせます。

3. 金色の糸
目や口を刺しゅうするときに使います。

4. 赤い手縫い糸
布に合わせて糸を赤にそろえます。違う色の布を使う場合は糸の色も替えましょう。

5. 赤いサマーヤーン
つるし飾りをつなぐときに使います。6本どりの刺しゅう糸やレース糸でも代用できます。(つなぎ方の手順はP21参照)

6. 赤い蝋引きコード
先にぼんぼんをつけたり、蝶結びにしたりしてつるし飾りを彩ります。ハリがあり形がつけやすいのが特徴。手芸店で購入できます。

身近にある道具を利用して

1. 裁ちばさみ
布を切るときに使います。

2. 糸切りばさみ
糸を切るときに使います。

3. ぬいぐるみ針、または布団針
つるし飾りを複数つなぐときに。長いので角をきれいに出すときにも使えます。

4. ピンセット
わたを詰めたり、縫い代を折り込むときに使います。

5. 手縫い針・待ち針
布を縫い合わせたり、縫い合わせる場所を仮留めします。

6. 手芸用・または木工用接着剤
細かい箇所の接着に。

**7. チャコマーカー、
またはチャコペンシル**
型紙の線や印を布に写します。

8. 箸
わたを詰めるときや、形を整えるときに。

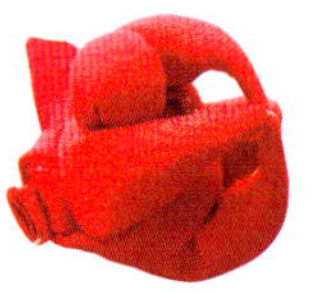

材料（1個分）

リネン ------ 15 × 30㎝

手芸わた ---- 適量

手縫い糸

1. 布を裁つ

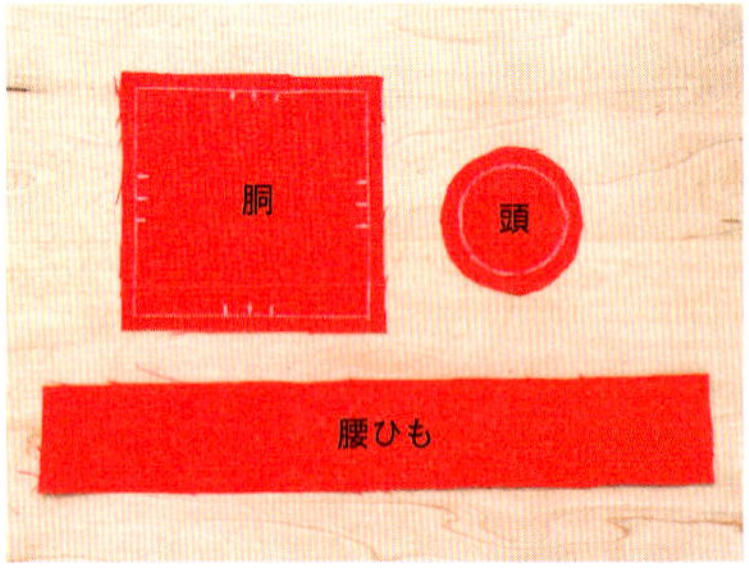

型紙を布にのせ、写真のように線に沿って布を裁ち、必要なパーツを用意する。出来上がり線や合印なども写す。（型紙の使い方は P95 参照）

2. 胴と手足を縫う

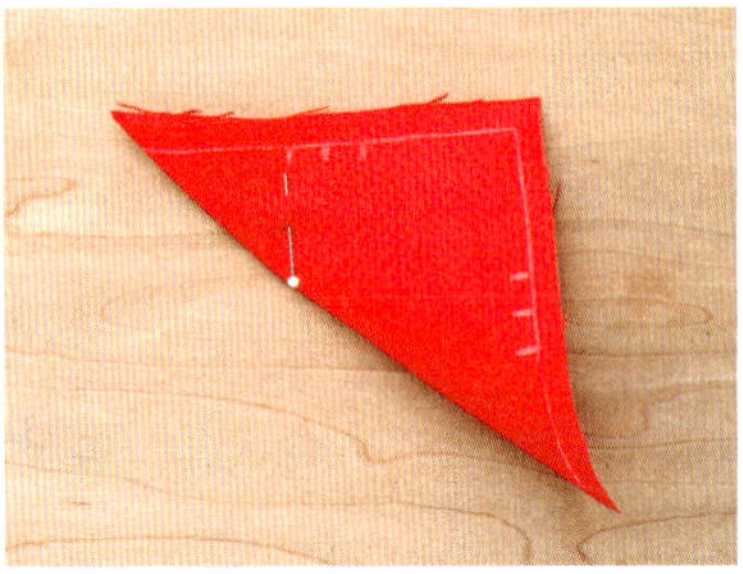

①合印を合わせて外表に三角に折り、待ち針で留める。

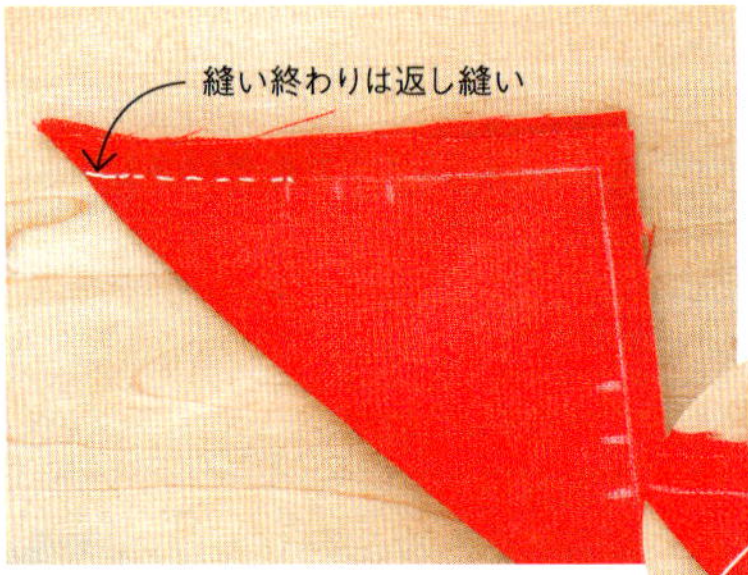

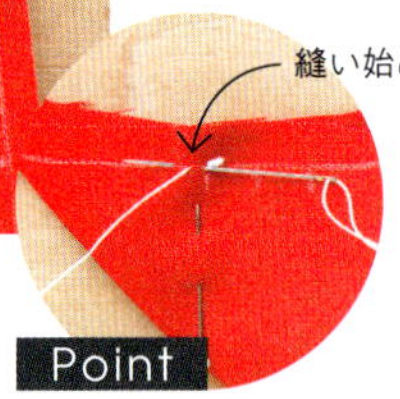

②印から端までを縫う。縫い始めと縫い終わりは返し縫い（P95 参照）でしっかり縫う。ここがくくり猿の手足になる。

Point 縫い始めと縫い終わりは返し縫いをする

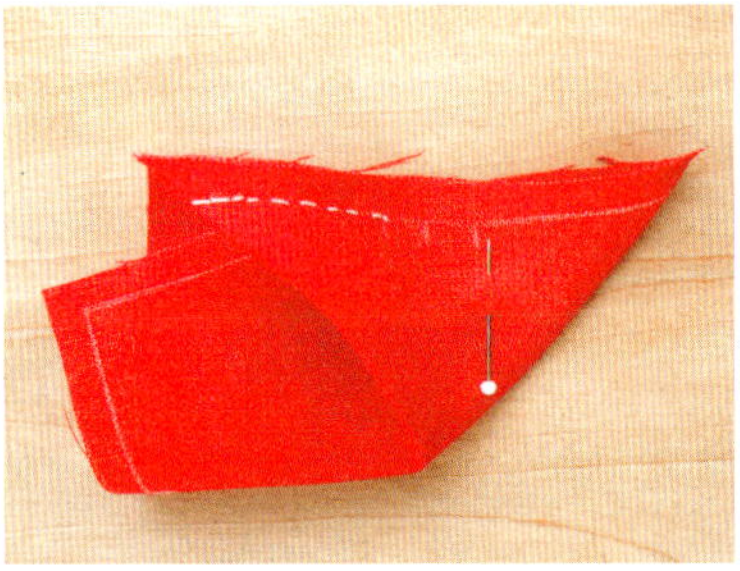

③縫い終わった箇所をよけて横の合印を合わせ、待ち針で留める。

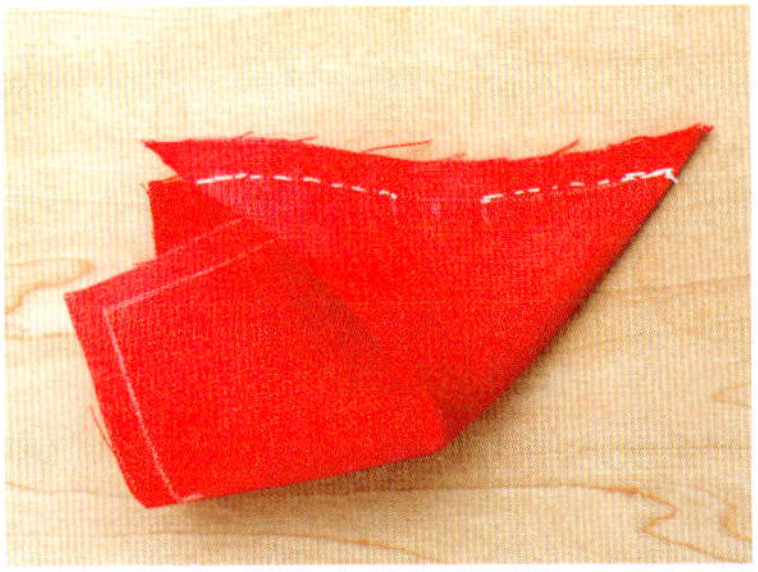

④同様に印から端までを縫う。縫い始めと縫い終わりは同様に返し縫いをする。

⑤ほかの2か所も同じように縫い、くくり猿の手足ができたところ。

⑥縫い代の角を写真のように切り落とす。こうすると、縫い代がごろごろせずきれいに仕上がる。

Point 縫い代の角を切り落とす

3. 表に返してわたを入れ、返し口をとじる

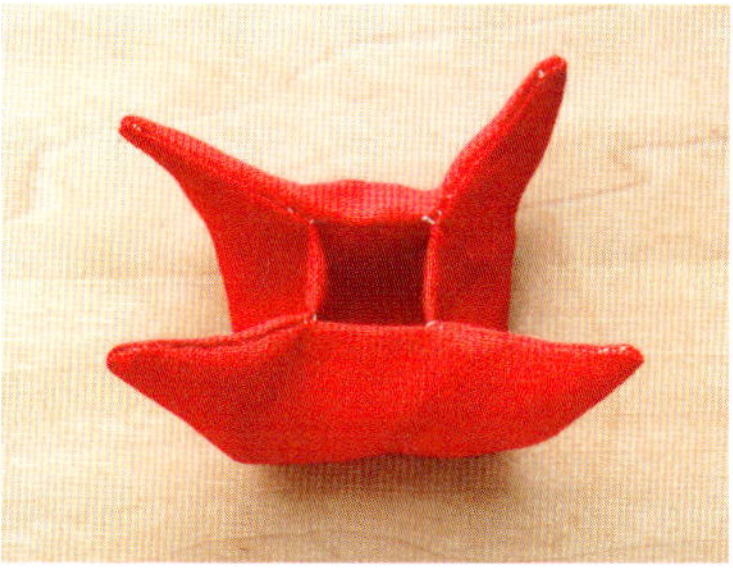

①返し口から胴を表に返す。

②手足の先はぬいぐるみ針（あるいは目打ち）の先などを使ってきれいに整える。

Point 針の先を使って角を出す

③返し口からわたを入れる。箸などを使って、手足の先まで均等に詰める。

Point 箸の先を使って、わたを隅まで詰める

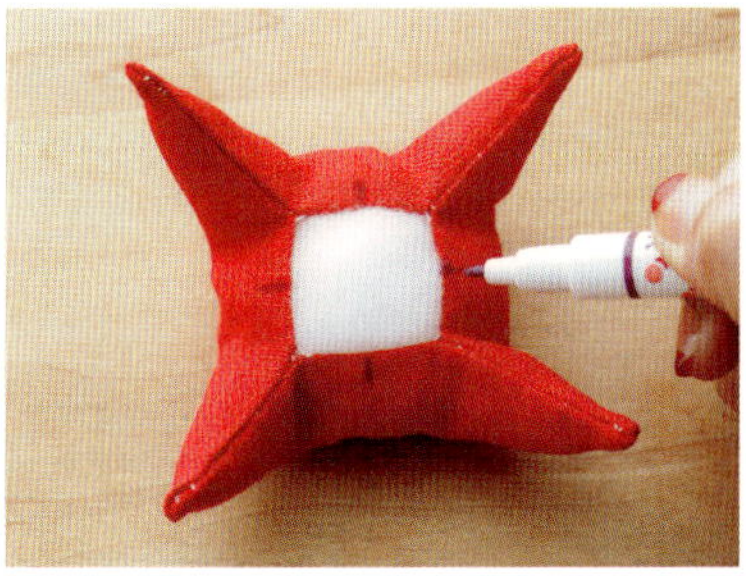

④裏の合印を表につけ直す。

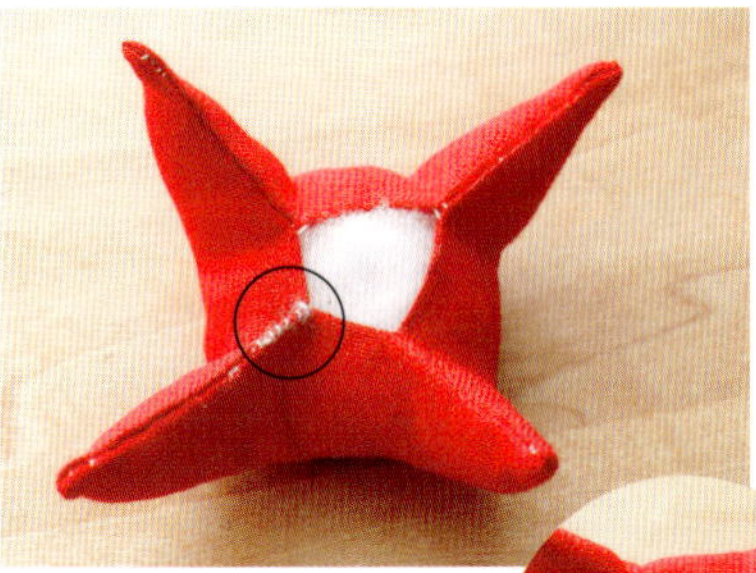

⑤合印を合わせて、返し口を巻きかがり縫い（P95参照）で縫う。

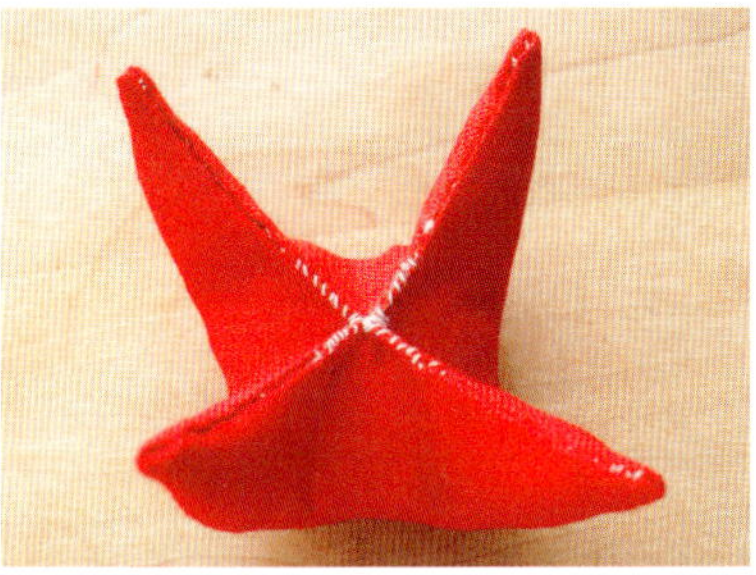

⑥ほかの3か所も同じように巻きかがり縫いし、胴の出来上がり。

4. 頭（ぼんぼん）を作る

①糸を２本どりにして、ぼんぼんの布を出来上がり線に沿って粗く並縫いする。このとき、最初に針を糸の輪に通しておくと糸がゆるまない。

②糸を引きしぼり、ぼんぼんを玉にする。

③玉の中にわたを入れ、さらに糸を引く。

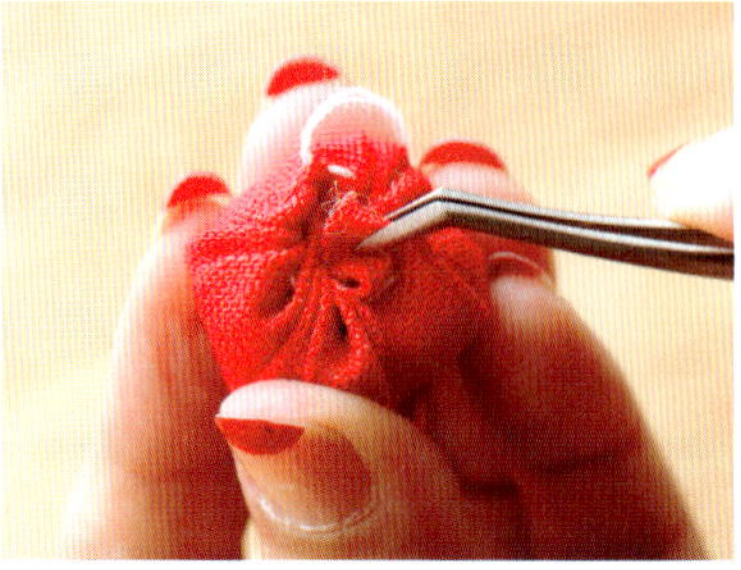

④ピンセットの先を使って、縫い代を中に入れ込む。

⑤写真のようにひだに針を何回か通して、ぼんぼんが開かないようにする。

⑥玉留めをする。

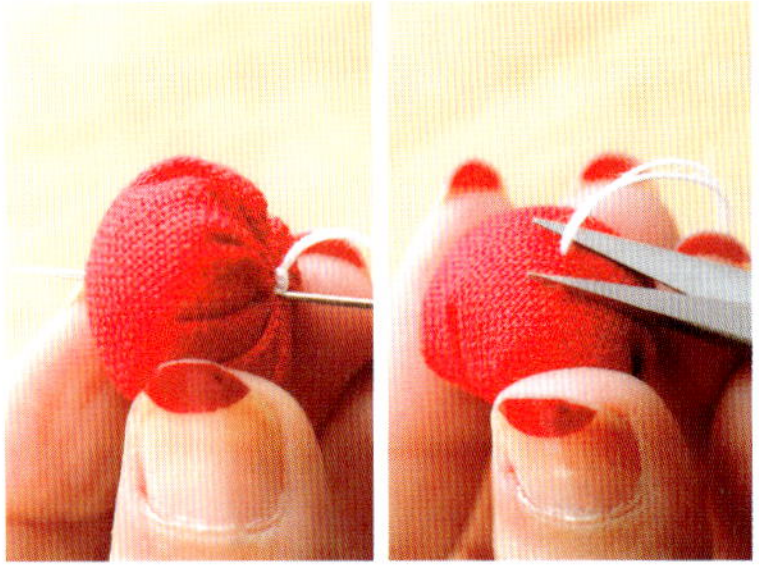

⑦針をぼんぼんの向こう側に通して、きわで糸を切る。

⑧ぼんぼんができたところ。

5. 頭を胴につけて、足をくくる。

①頭（ぼんぼん）をつける位置に針を通す。

②ぼんぼんのひだをすくいながら、胴にしっかり縫い留める。バンザイしている猿（P12 写真の左側）は、これで完成。

Point
ぼんぼんはしっかり縫い留める

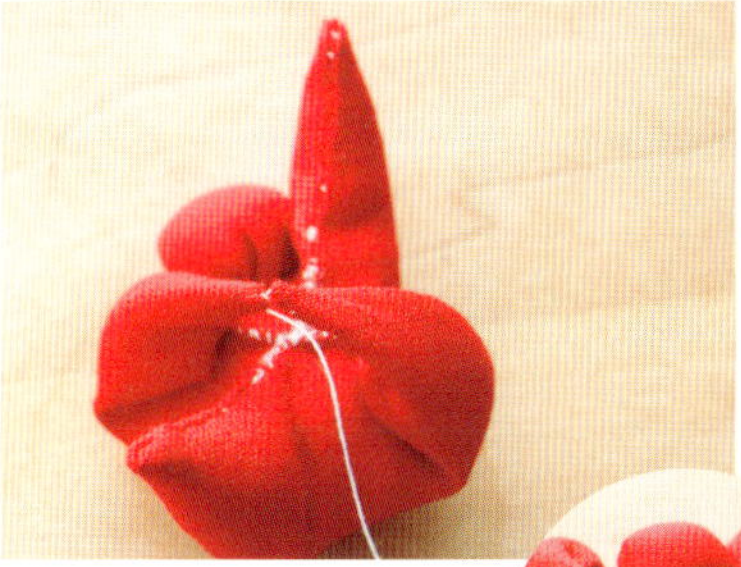

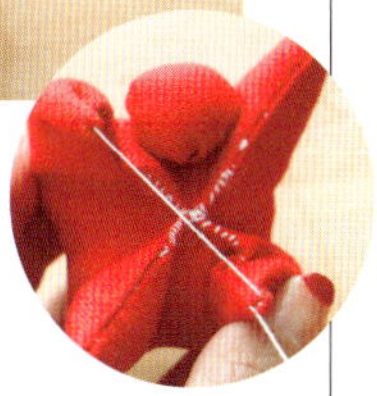

③対角線上に向かい合った手足の先を縫い留める。

④反対側の手足の先も1か所に集めて、ほどけないように何度か針を通す。

⑤くくり猿の体ができたところ。

6. 腰ひもを作って胴に結ぶ

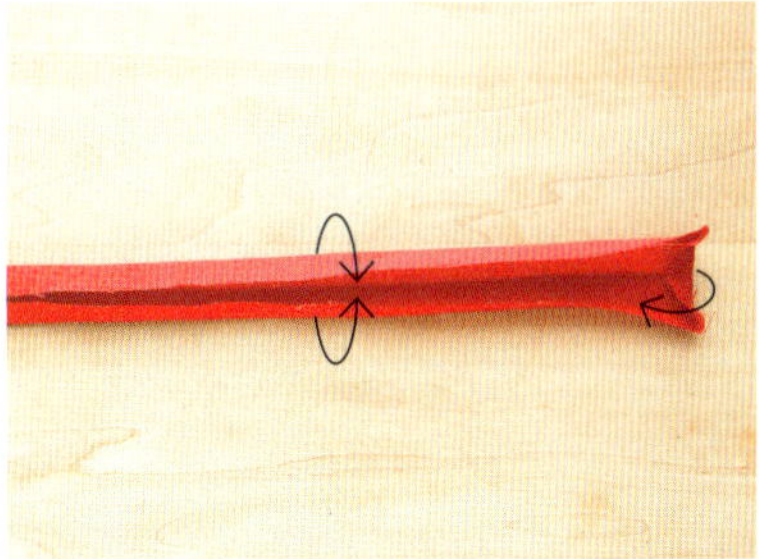

①腰ひもの両端を内側に折り、裁ち線を中に入れ込むように縦に4つに折る。

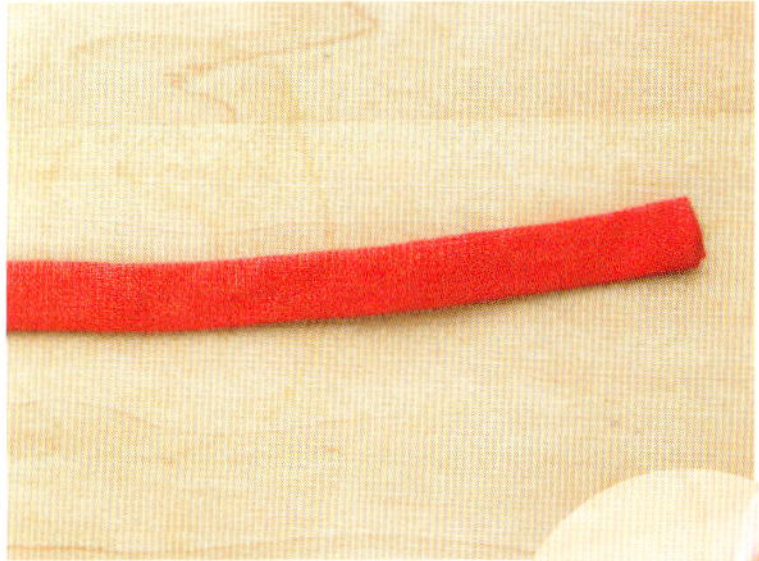

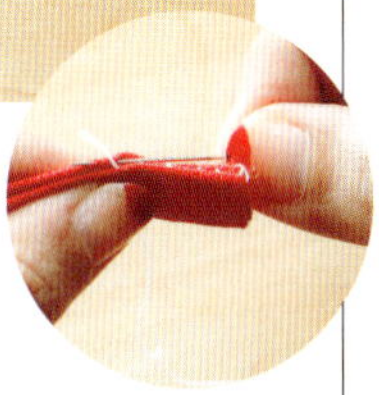

②折り目をコの字とじ（P95 参照）でとじる。

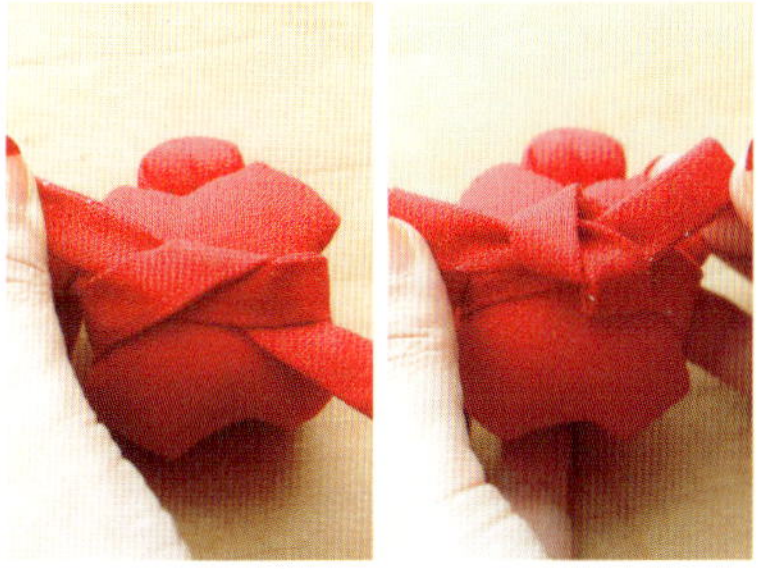

③くくり猿に腰ひもを結ぶ。1回交差させてから、両方の先端を上に向ける。

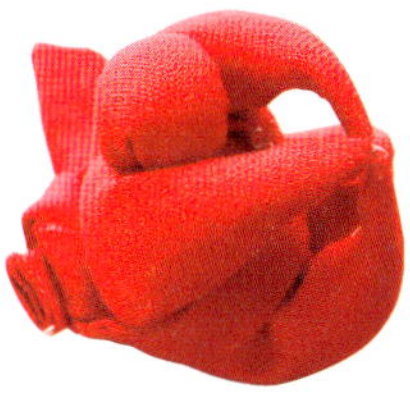

完成

もも

邪気や悪霊を払い、
延命長寿を
授けてくれるといわれる
愛らしい桃。
ピンク色の果実と花は
女の子の象徴

幸せが結実しますように。そんな願いを込めて、女の子の出産祝いや誕生祝いに差し上げてもいいですね。口べり布の色を白にすれば、また雰囲気が変わります。

作品 --- P6,8,9,10
実物大型紙 --- P67

材料（１個分）

リネン - - - - - - - 15 × 15㎝

手芸わた - - - - - 適量

蝋引きコード - - - 直径 0.2 × 20㎝

手縫い糸

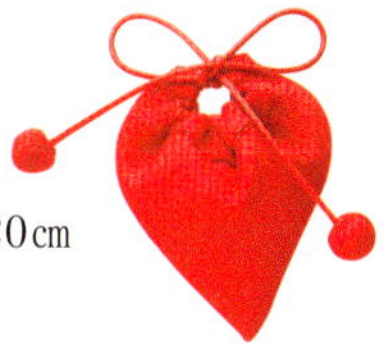

1. 布を裁つ

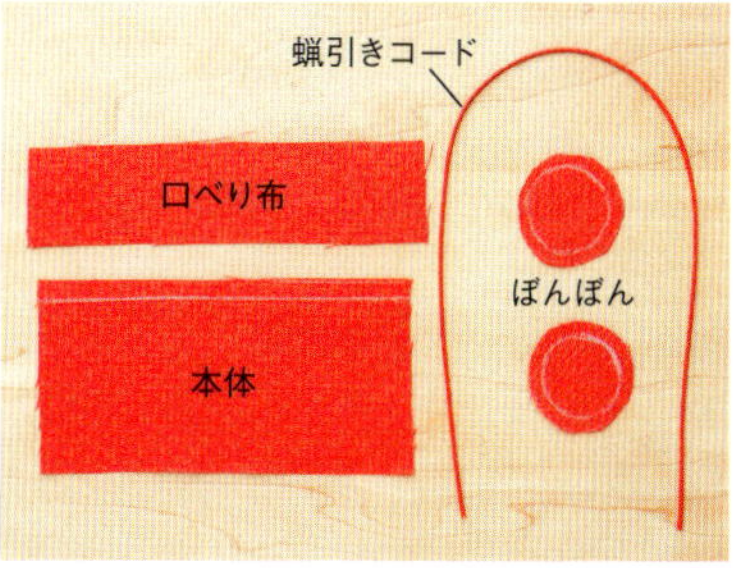

型紙を布にのせ、写真のように線に沿って布を裁ち、必要なパーツを用意する。出来上がり線や合印なども写す。(型紙の使い方は P95 参照)

2. 本体を中表に折って縫い、三角にする

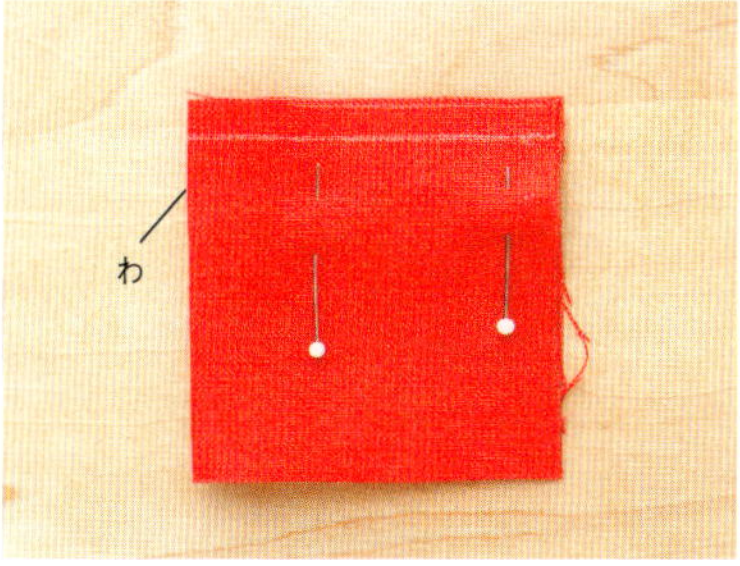

①本体の布を中表に折って待ち針で留める。

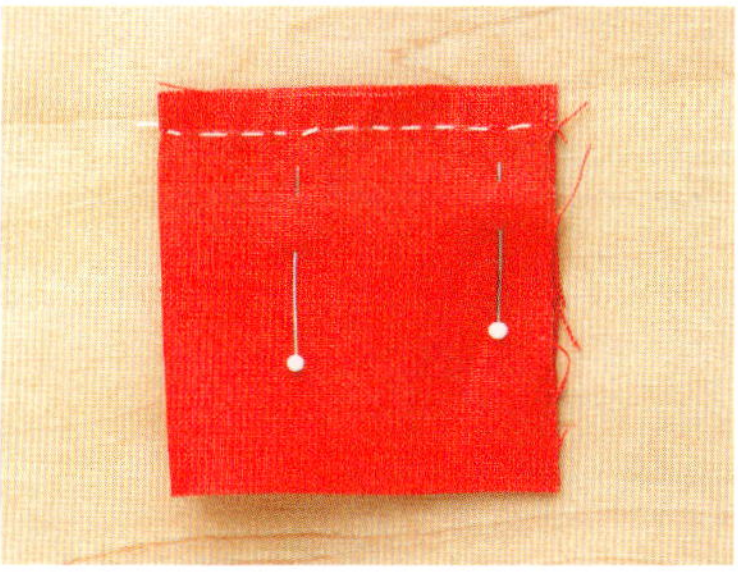

②出来上がり線を並縫いする。

③縫い目を指でしごいて平らにならす。

Point こまめに縫い目を整えると仕上がりがきれい

④わ側の縫い代の角をカットする。こうしておくと縫い代がごろごろしない。

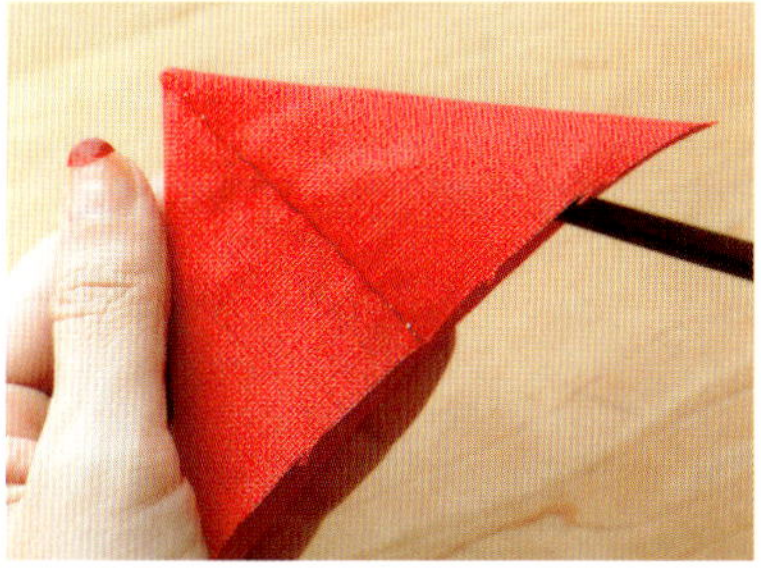

⑤表に返し、ひらいて三角にする。角は箸の先などを使ってきれいに整える。

3. 口べり布をつける

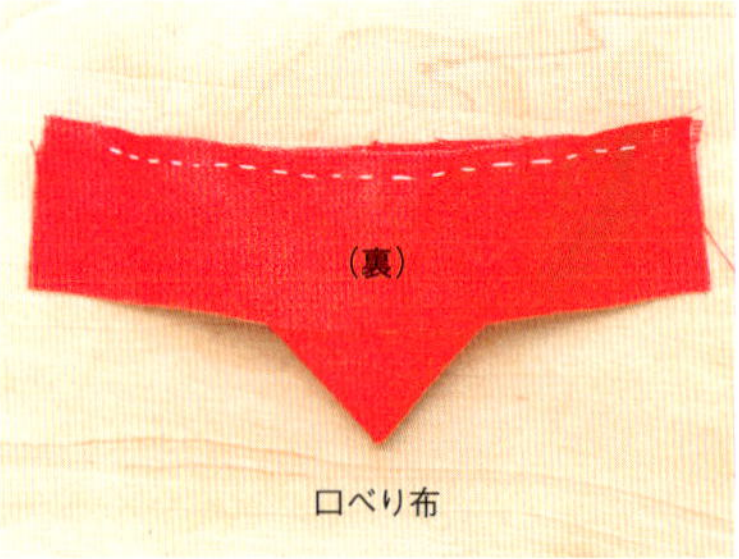

①口べり布と本体を中表に合わせて並縫いする。

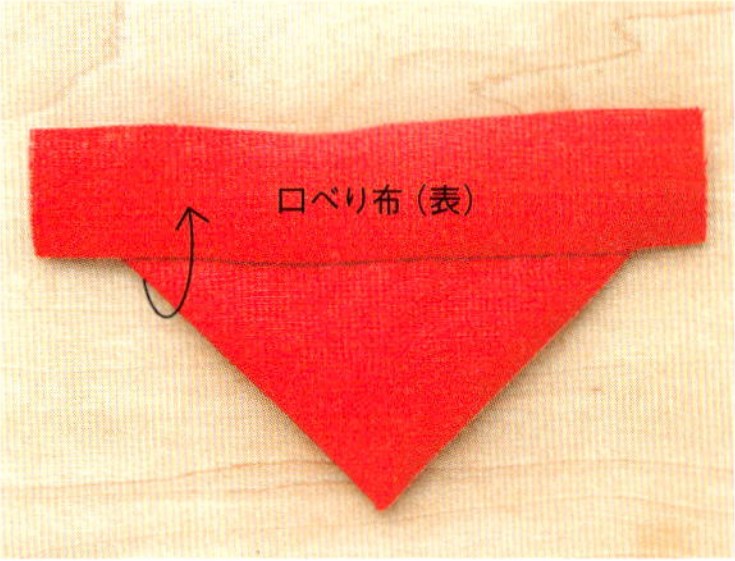

②口べり布を出来上がり線で折り上げる。

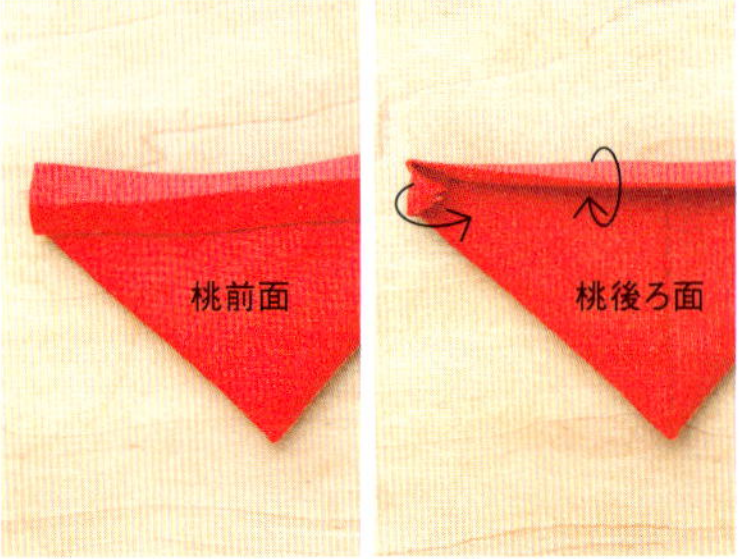

③口べり布を三つ折りする。両端は内側に折り込む。

4. わたを入れ、とじる

①わたを入れる。箸の先などを使って角までしっかり詰める。

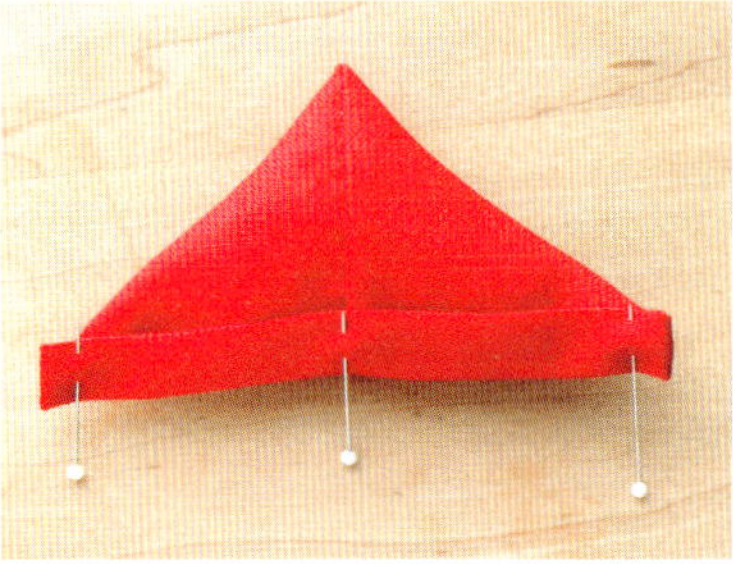

②口べり布を待ち針で留める。

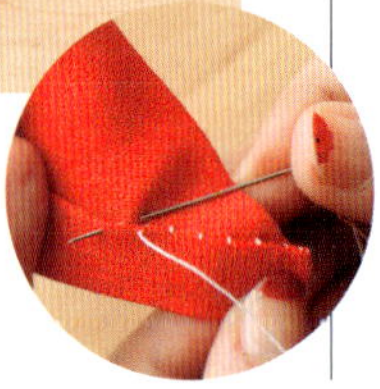

③折り山をまつって（P95参照）桃本体ができたところ。

5. 蝋引きコードを通して蝶結びに

①口べり布に蝋引きコードを通す。

②蝋引きコードをまず交差させて…。

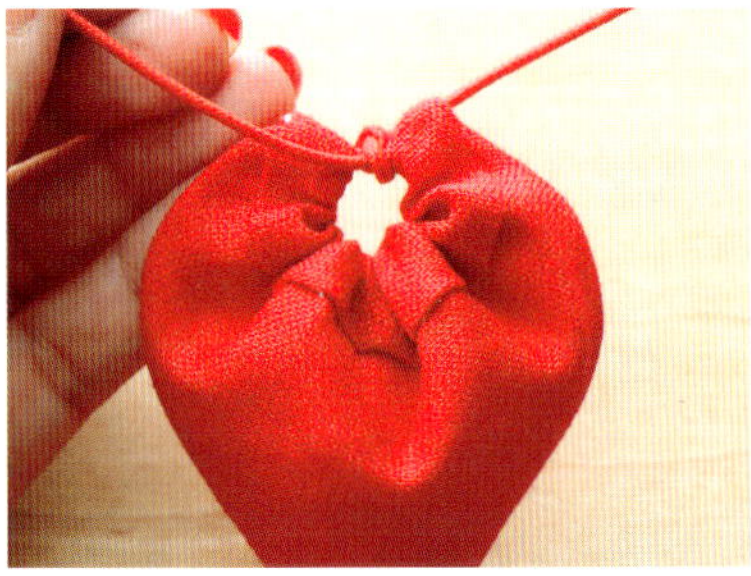

③片結びする。

つるし飾りのつなぎ方

ほとんどのつるし飾りをこの方法でつなぐことができます（違う方法でつなぐものは後ページで説明しています）。固定していないので、飾りと飾りの間の間隔をあとから自由に変えられて便利です。

①出来上がったつるし飾りとぬいぐるみ用針、赤いサマーヤーンを用意する。細い糸だとつるし飾りが重さで下がってしまうので、太さのあるサマーヤーンが向いている。

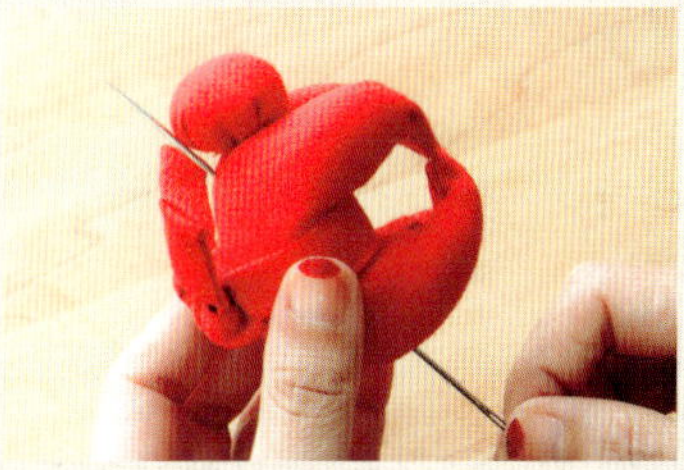

②一番下のつるし飾り（ここではくくり猿）からスタート。サマーヤーンを針に通して玉結びし、くくり猿のお尻から頭に向かって糸を通す。

③次はぼんぼん。縫い目が下にくるように持ち、糸を通す。

④次は桃。やはり下から上に向かって糸を通す。たくさんつなぐ場合も同じ要領で続ける。

完成

6. ぼんぼんを作り、コードの先につける

①ぼんぼんを2個作る（作り方はP16参照）。

②蝋引きコードの先に手芸用接着剤を少量つける。

③ピンセットを使って、蝋引きコードの先をぼんぼんの縫い代の中に入れ込む。

Point ぼんぼんはしっかり接着する。

④左側のコードで輪を作る。

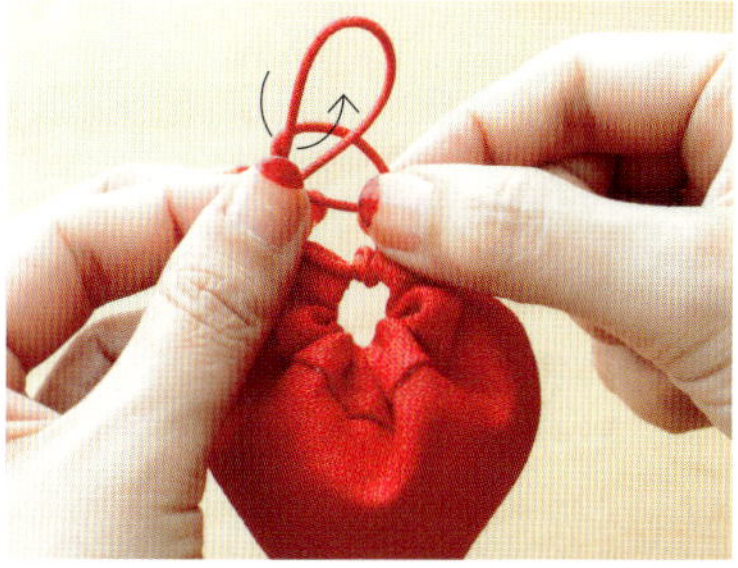

⑤右側のコードをくぐらせながらもうひとつの輪を作る。

⑥最後に形を整えながら輪を引いて、蝶結びの出来上がり。

うめ

紅梅は甘い香りをふりまいて
春いちばんに咲く
縁起のいい花。
周りをしあわせにできる
女性に育ちますように

北風に負けずにほかの花に先がけて咲く梅は、気高さや長寿の象徴でもあります。ふっくらとした6枚の花びらをまとめます。

作品 --- P7,9
実物大型紙 --- P69

作り方ポイント

縫い目からわたが出ないように、
布端をしっかり縫い留める。

材料（1個分）

リネン ----------25 × 20cm
手芸わた --------適量
手縫い糸

1. 布を折る（6 個作る）

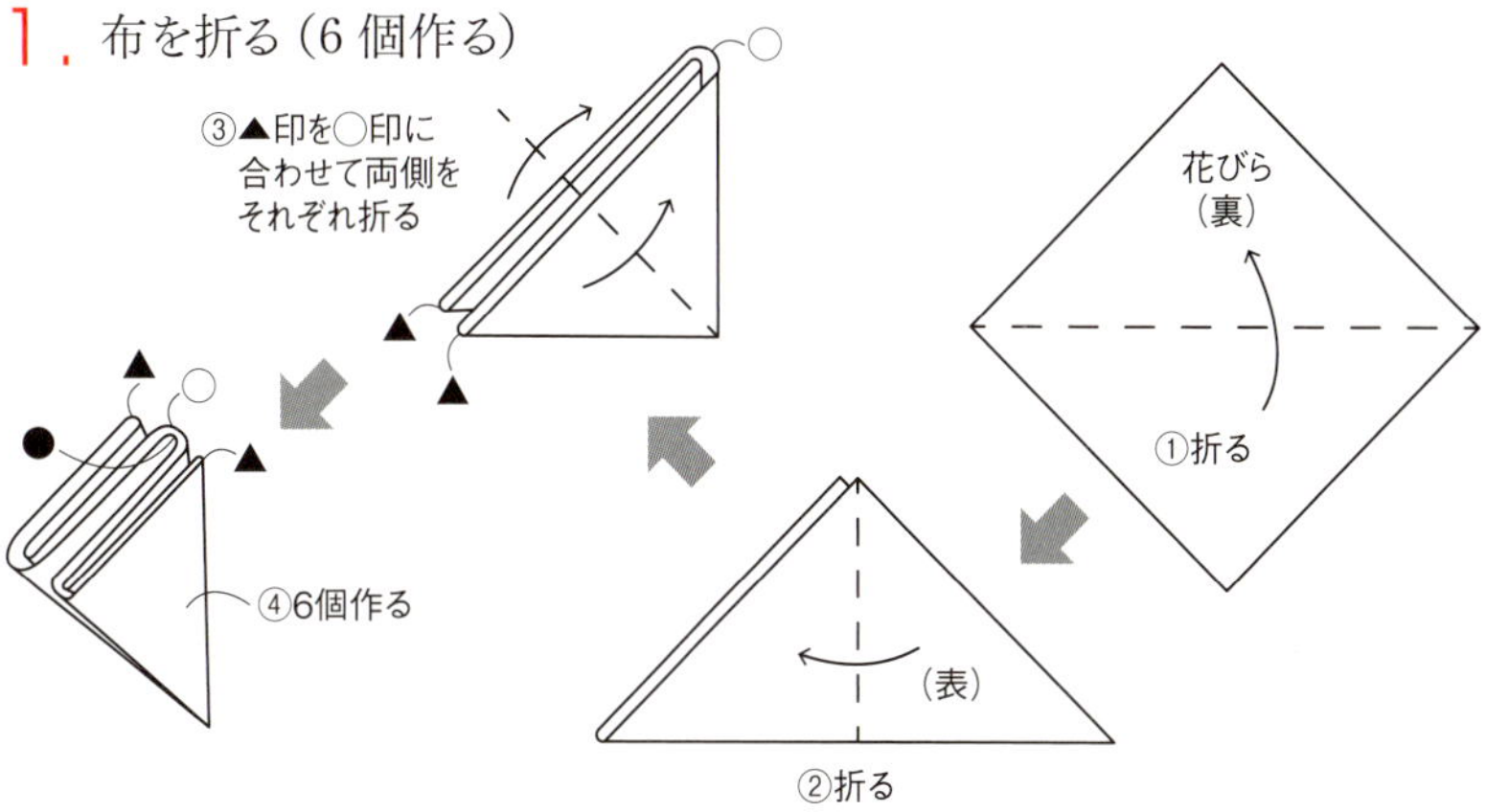

2. わたを入れてふくらませる

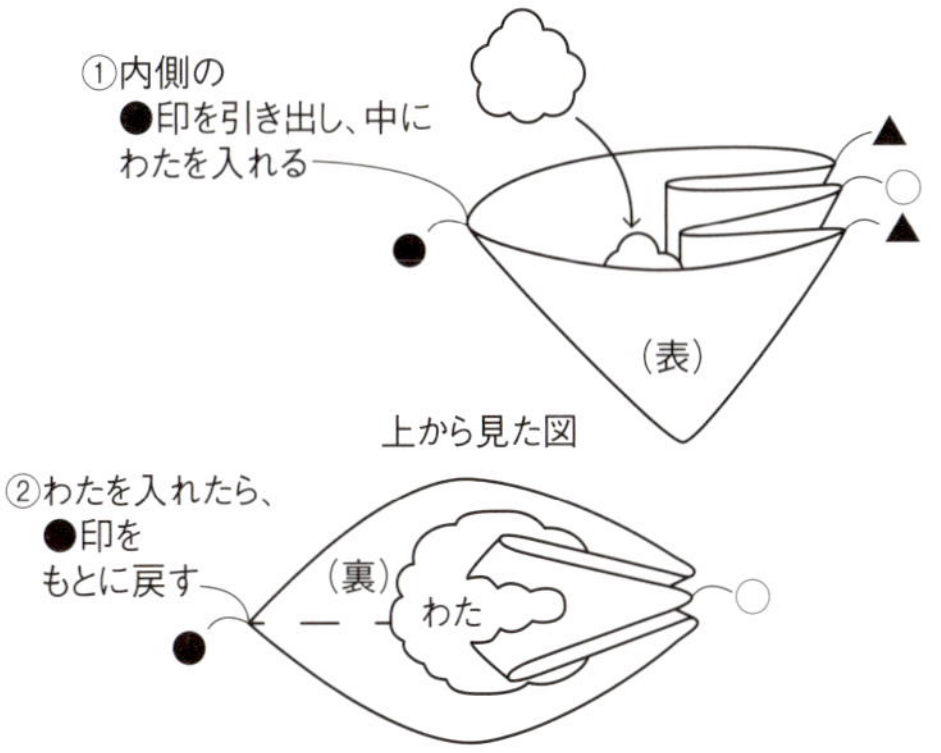

3. わたが出ないように端を縫い留める

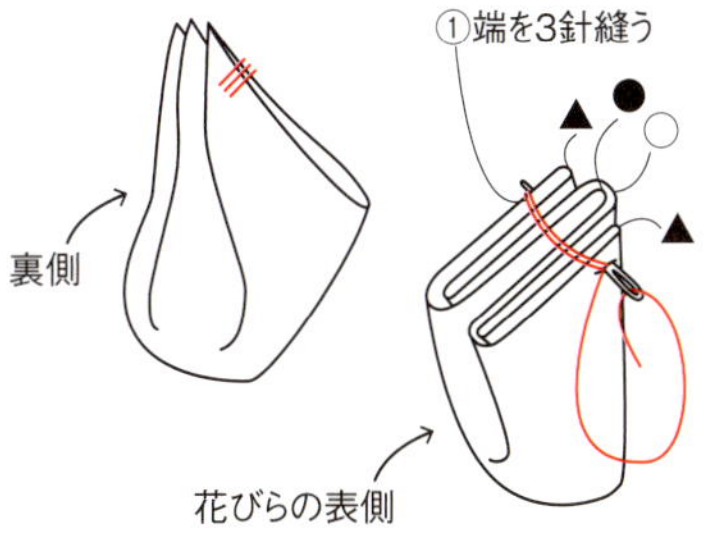

4. 花びらの表側に針を通して 6 枚をつなぎ、糸を引きしぼる

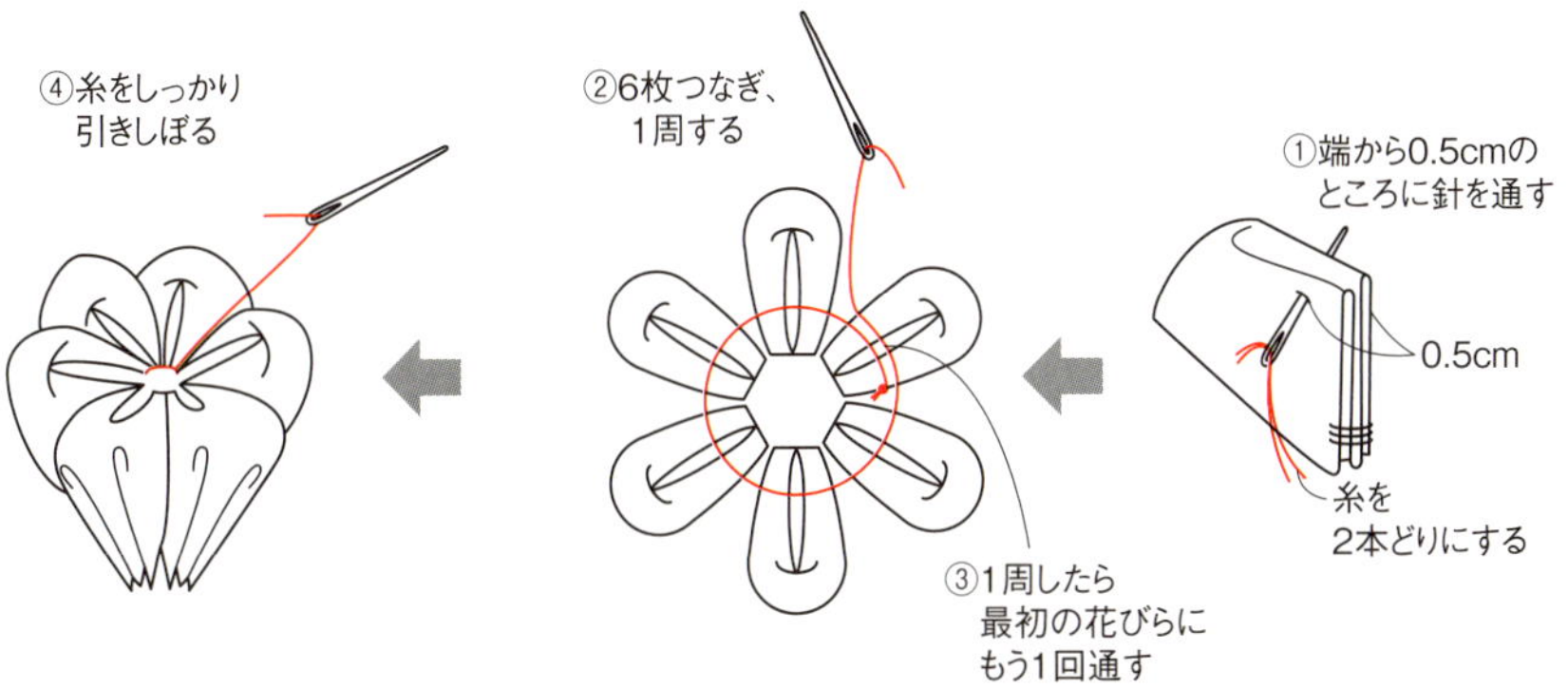

5. 花びらの裏側にも針を通して糸を引きしぼる

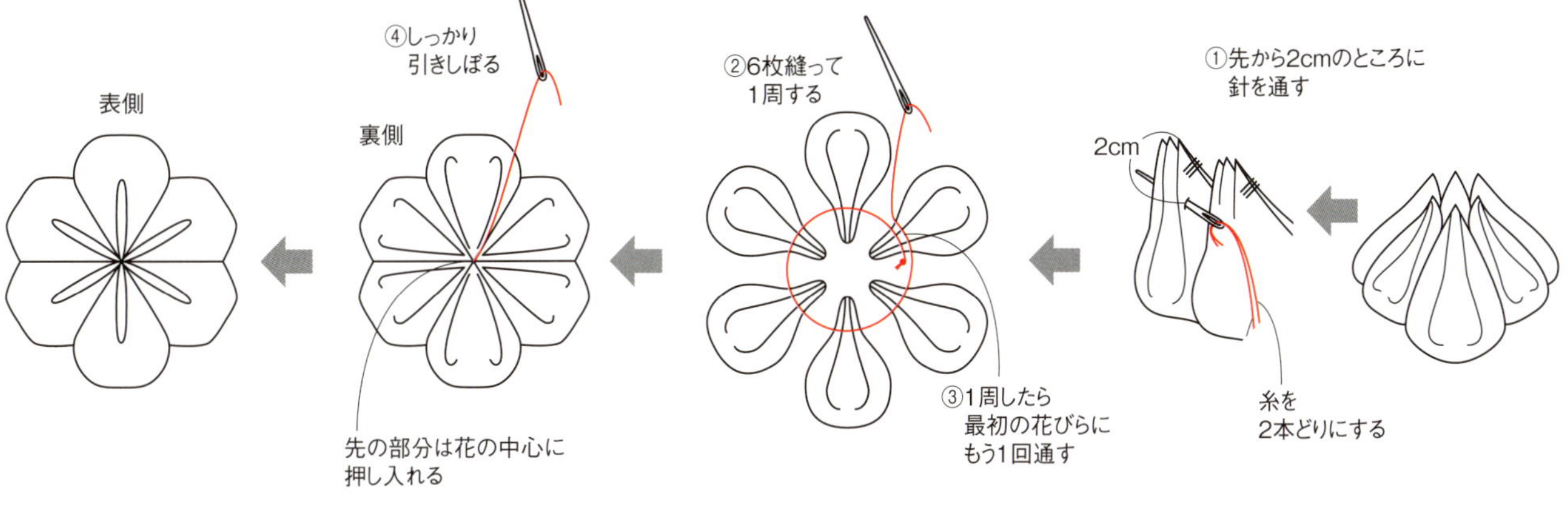

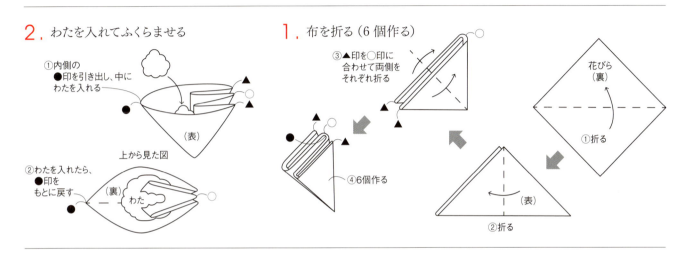

ちょうちょ

蝶は美や喜びを約束する
モチーフ。
ひらひらと舞うその姿に、
女の子の華やかで
優雅な成長を託して

幼虫からさなぎへ、そして成虫へと、変化しながら美しく生まれ
変わりを繰り返す蝶。見ると幸運が訪れるという言い伝えも。

作品 --- P6,9,10,11,49
実物大型紙 --- P69

作り方ポイント

羽の角部分は細かい針目の返し縫い（P95 参照）で縫う。

材料（1 個分）

リネン ----------25 × 15cm
蝋引きコード ------直径 0.2 × 18cm
手芸わた --------適量
手縫い糸
手芸用接着剤

1. 羽を中表に折り、返し口をあけて周りを縫う

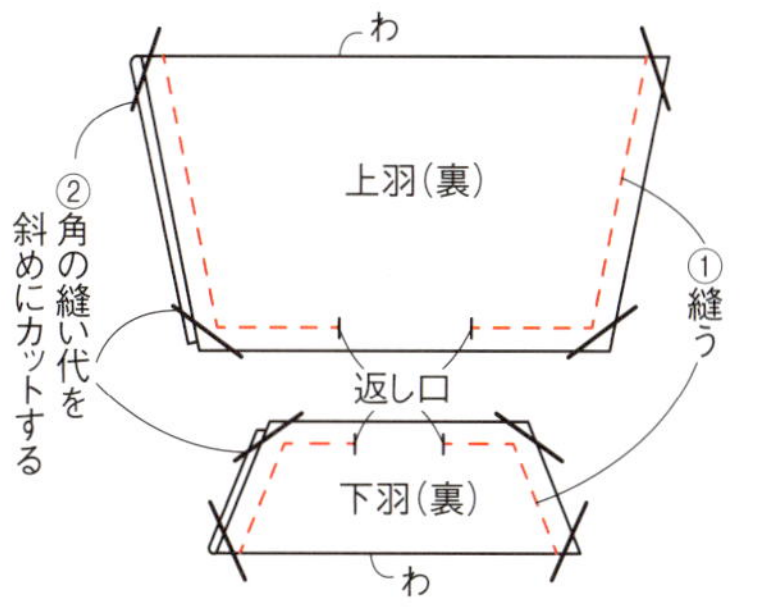

2. 表に返し、返し口からわたを入れる

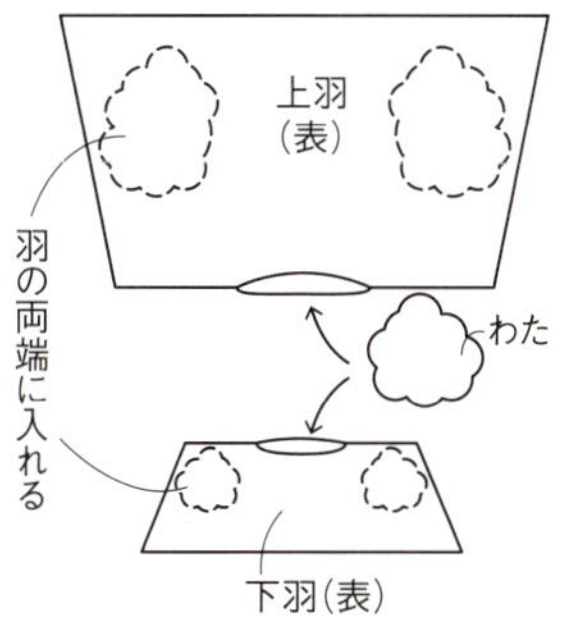

3. 返し口をコの字とじでとじる

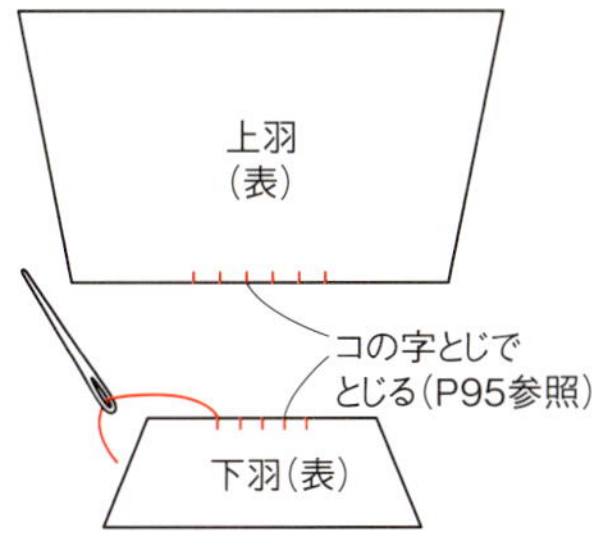

4. 羽の中央をつまみ、糸を巻いてしぼる

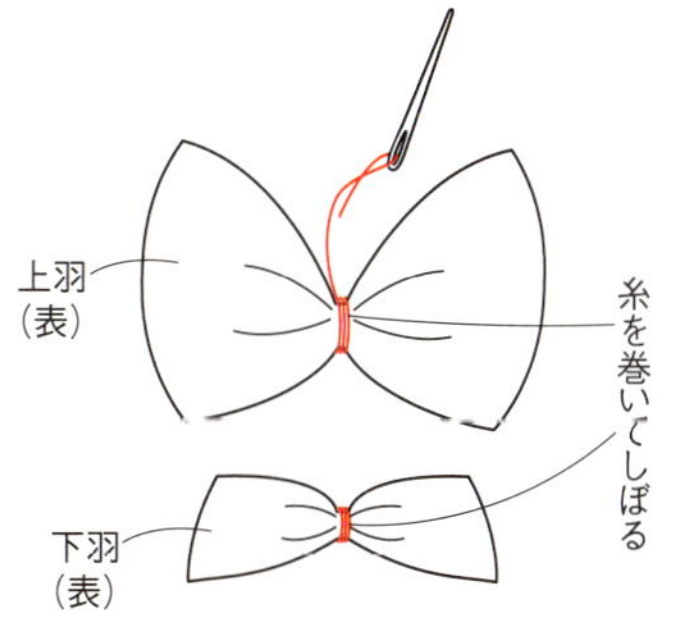

5. 上羽の下に下羽を重ね、中央を縫い留める

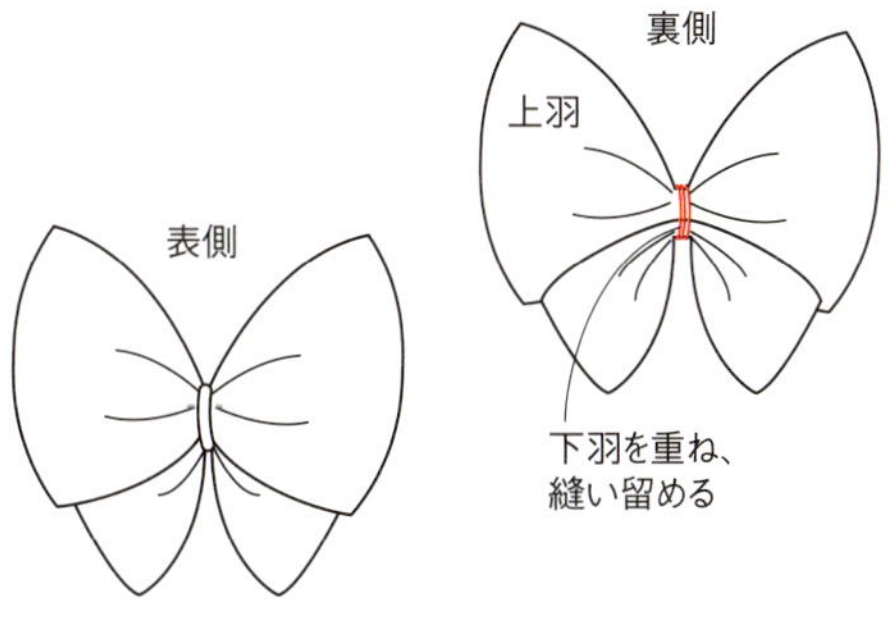

6. 羽の中央にコードをつける

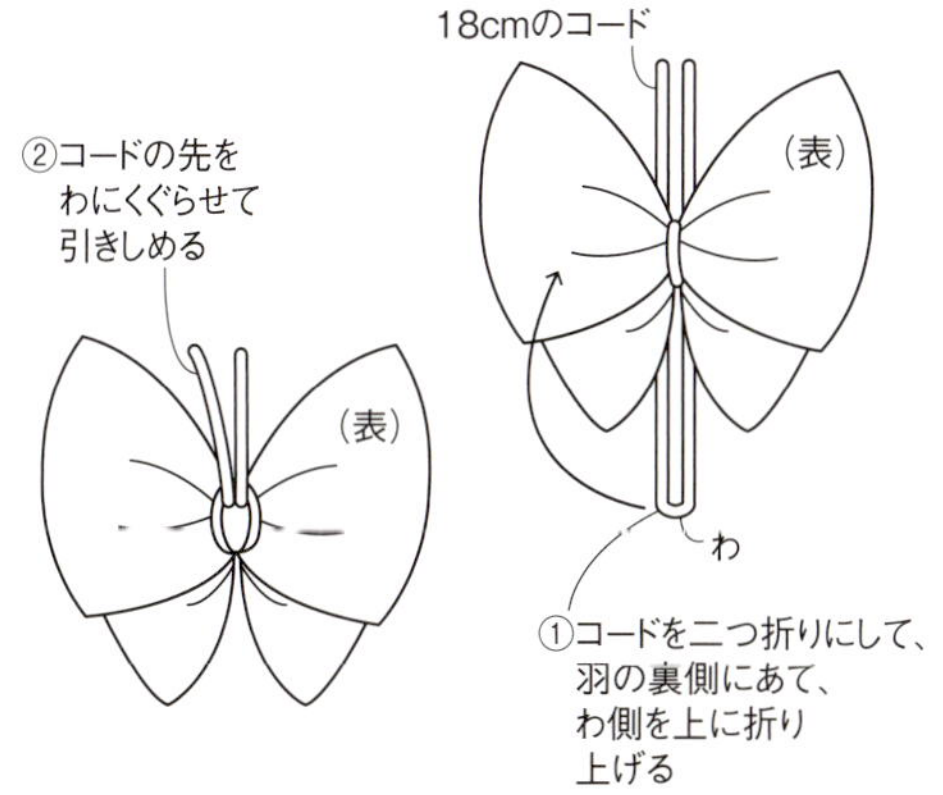

7. 触角の先のぼんぼんを 2 個作る

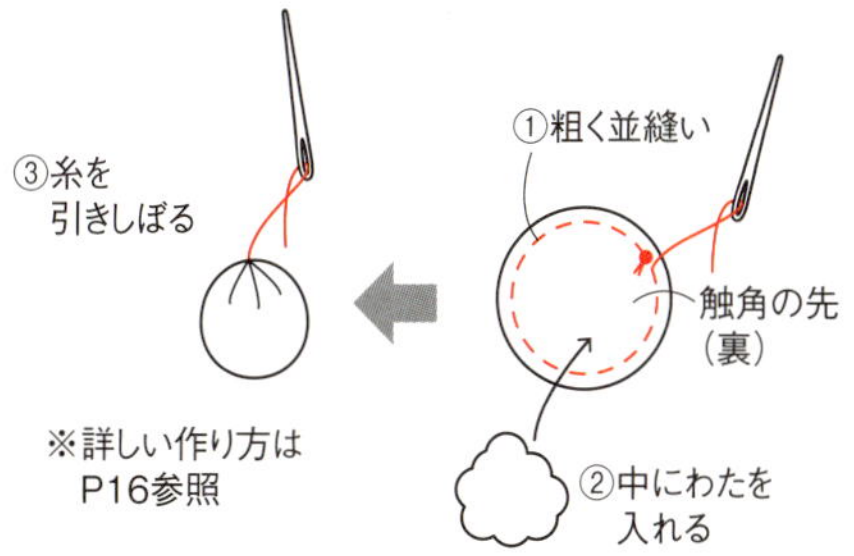

8. コードの先にぼんぼんをつける。

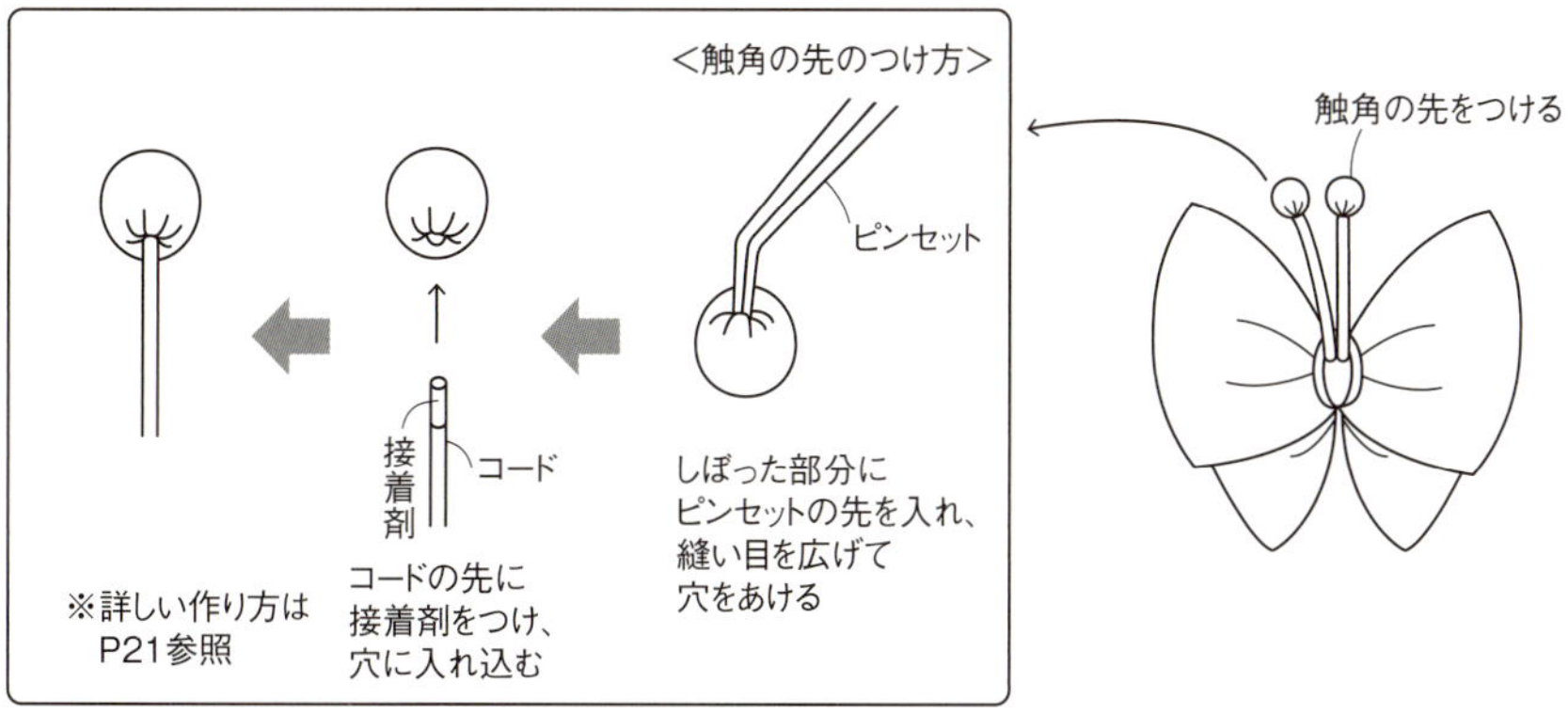

うさぎ

ぴょんぴょんと野原を
自由に飛び跳ねる姿が、
飛躍や向上心を
あらわします

子孫繁栄や学業成就の意味もあるといわれる縁起のいいうさぎ。金色の糸で刺しゅうをして、愛らしい表情に仕上げます。

作品 --- P6,10,11,49
実物大型紙 --- P71

作り方ポイント

顔周りや耳の先などカーブ部分は細かい針目の返し縫い(P95参照)で。表に返したとき、形がきれいに出るように縫い代に切り込みを入れる。

材料（1個分）

リネン ----------30 × 20cm
手芸わた --------適量
金色の糸 --------適量
手縫い糸
手芸用接着剤

1. 胴2枚を中表に合わせて縫い、縫い代に切り込みを入れる

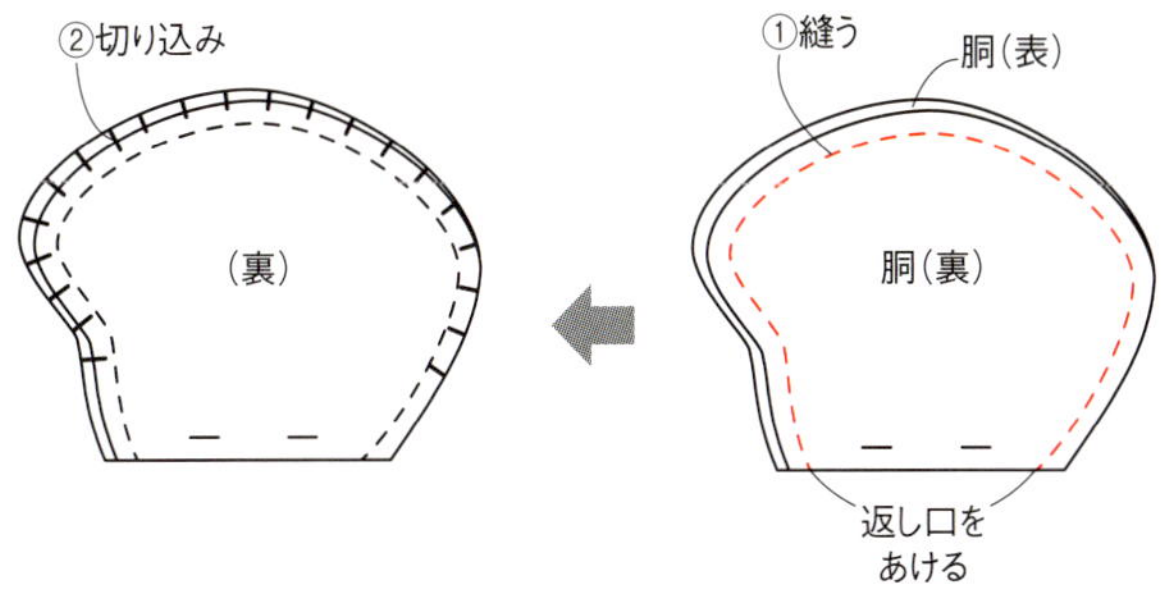

2. 表に返してわたを入れ、返し口を粗い並縫いをしてしぼる

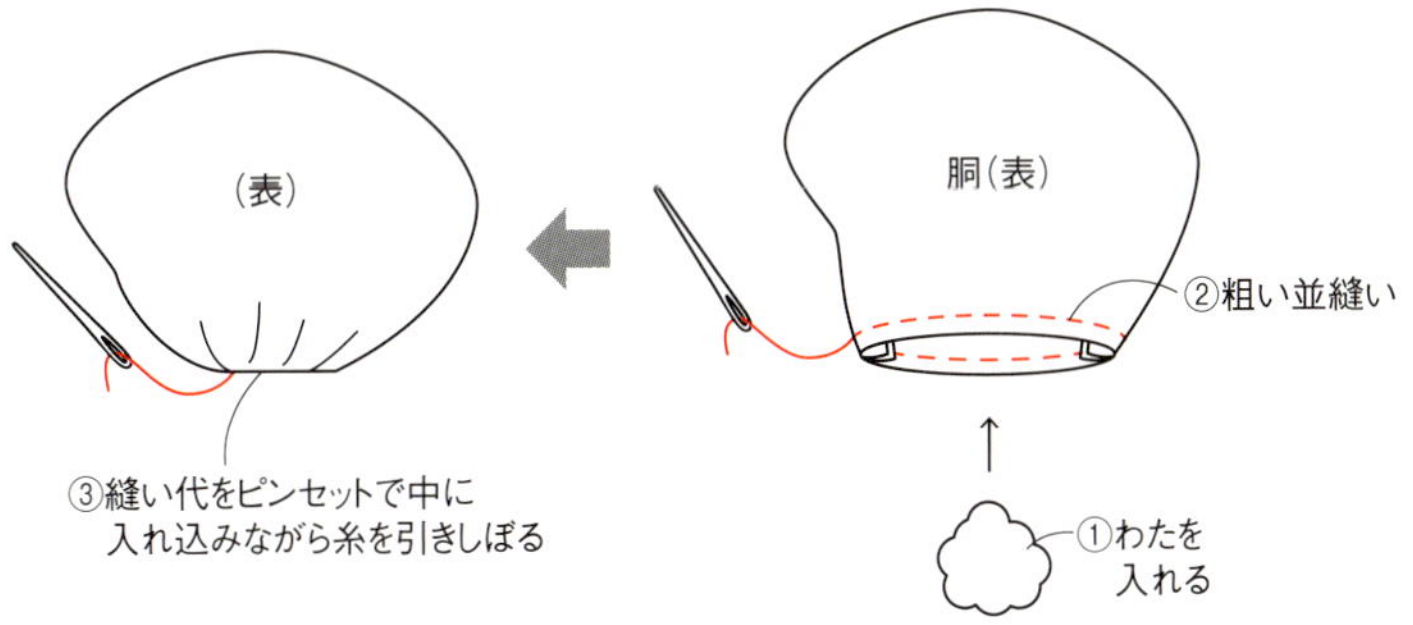

3. 耳2枚を中表に合わせて縫い、表に返してわたを入れる

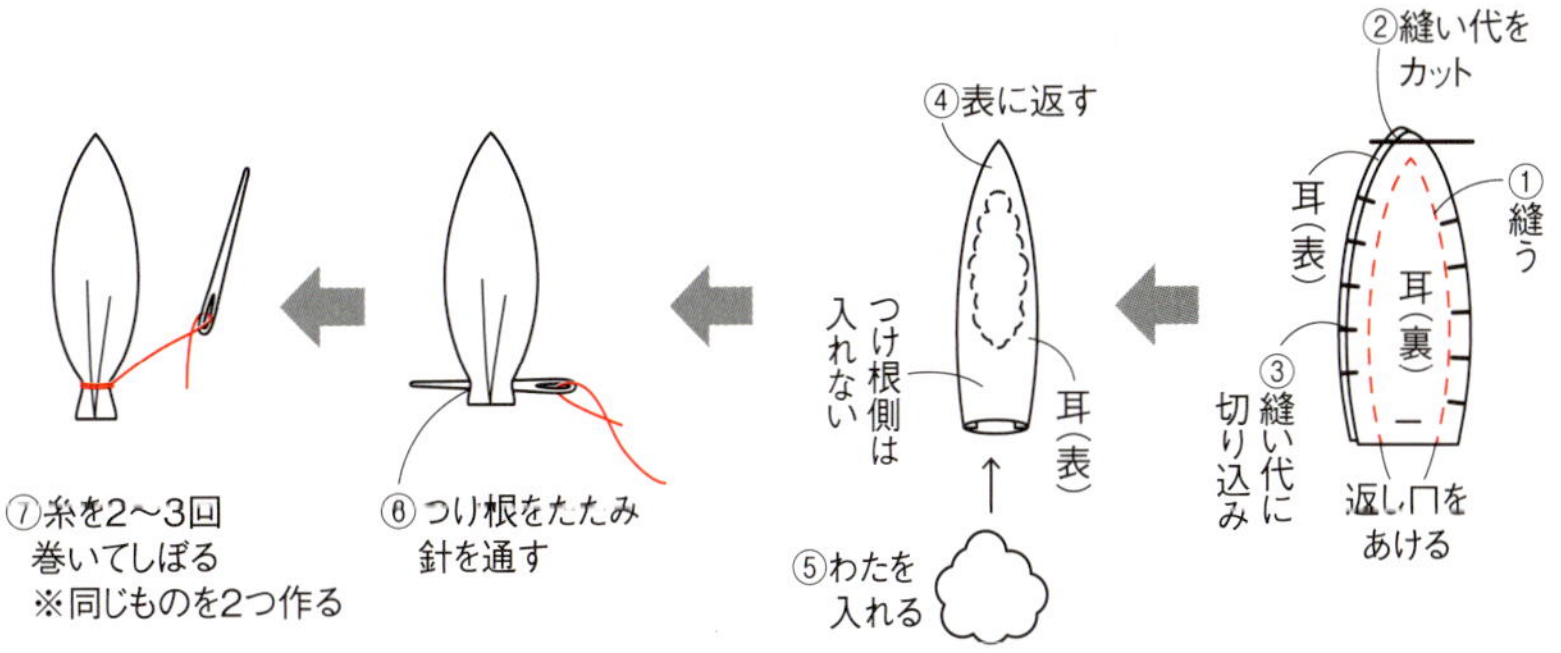

4. 耳をつける位置にはさみの先で切り込みを入れる

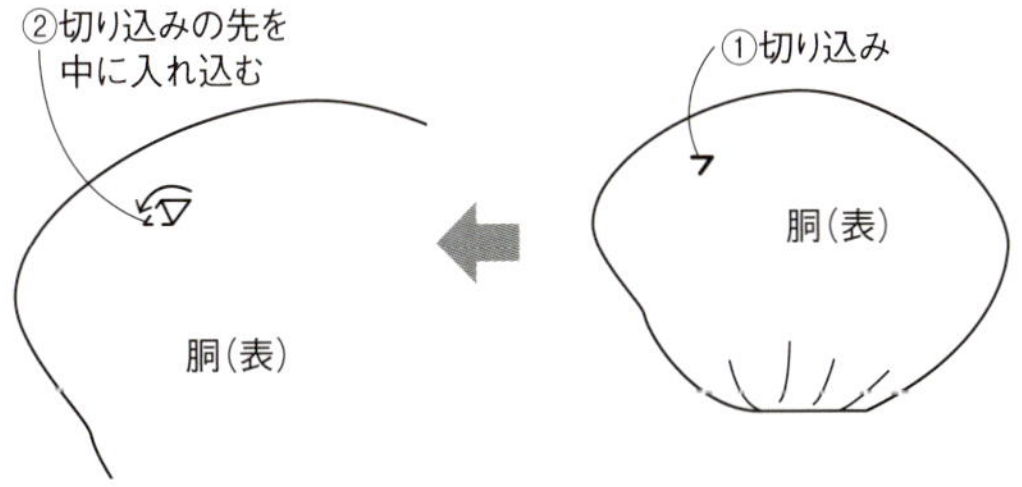

5. 切り込みに耳を差し込み、耳の裏を縫い留める

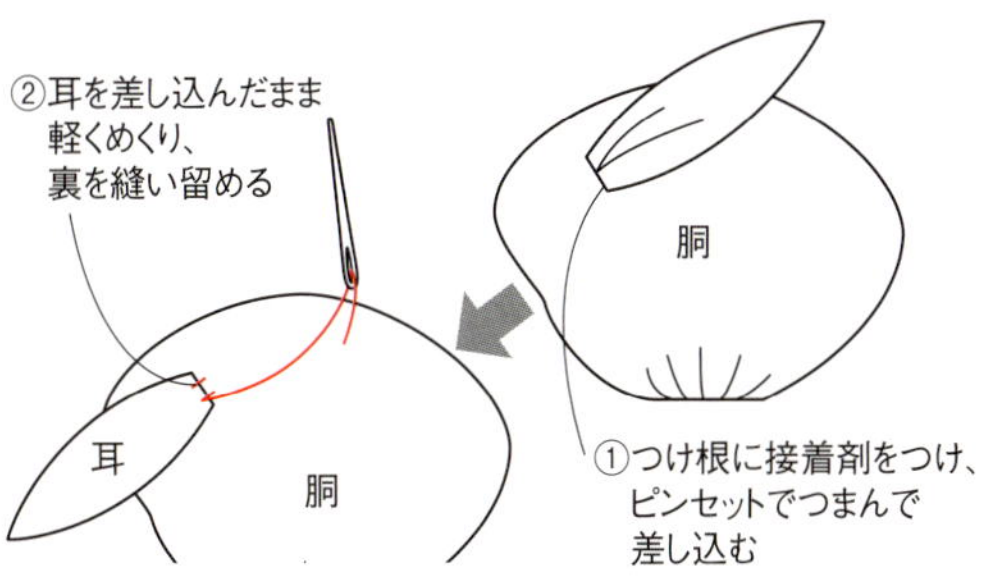

6. しっぽのぼんぼんを作る

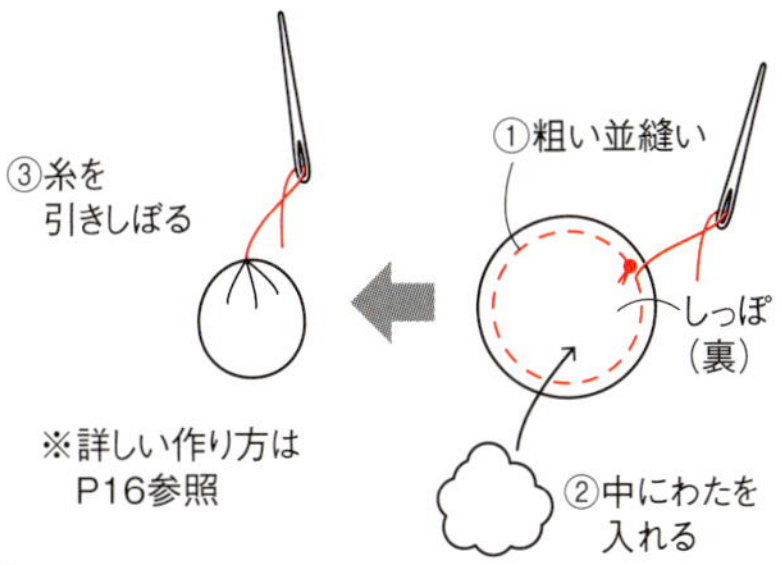

※詳しい作り方はP16参照

7. 目と口を刺しゅうし、しっぽを縫いつける

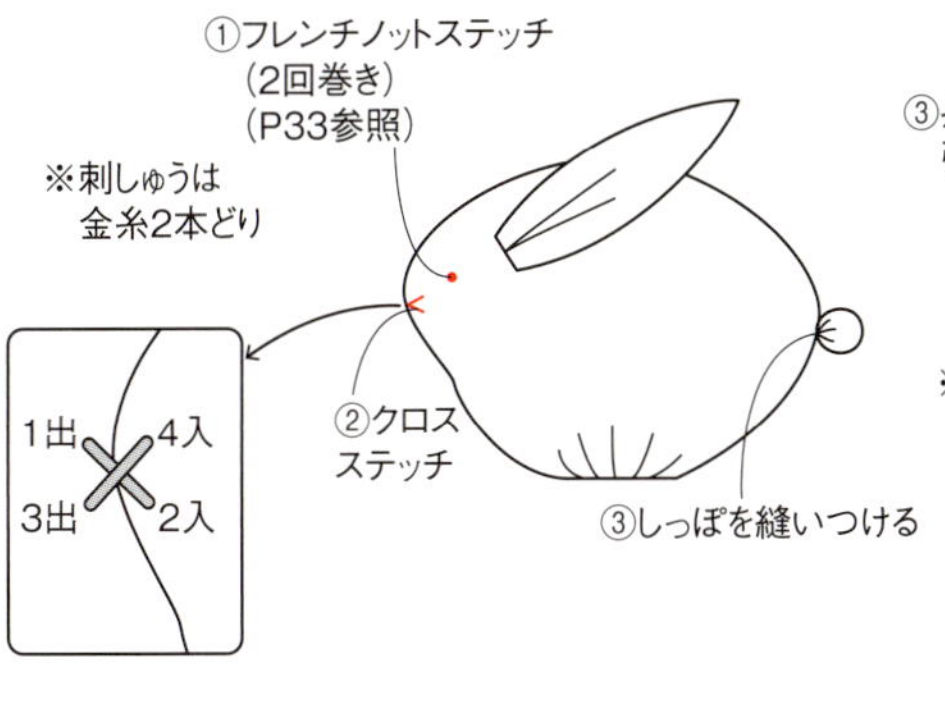

たい

〝おめでたい〟の鯛。
人生におめでたい日が
たくさんやってきますように

赤い色からもめでたさが伝わる鯛は、平たく美しい形から「調和」の意味も。ひれをつけて海を元気に泳ぐ姿を作りましょう。

作品 --- P7,10,47
実物大型紙 --- P73

作り方ポイント

顔周り、尾びれなどカーブ部分は細かい針目の返し縫い(P95参照)で。表に返したとき、形がきれいに出るように縫い代に切り込みを入れる。

材料（1個分）

リネン ‐‐‐‐‐‐‐‐‐‐30×15cm
手芸わた ‐‐‐‐‐‐‐‐適量
金色の糸 ‐‐‐‐‐‐‐‐適量
手縫い糸
手芸用接着剤

1. 胴2枚を中表に合わせて縫い、表に返してわたを入れる

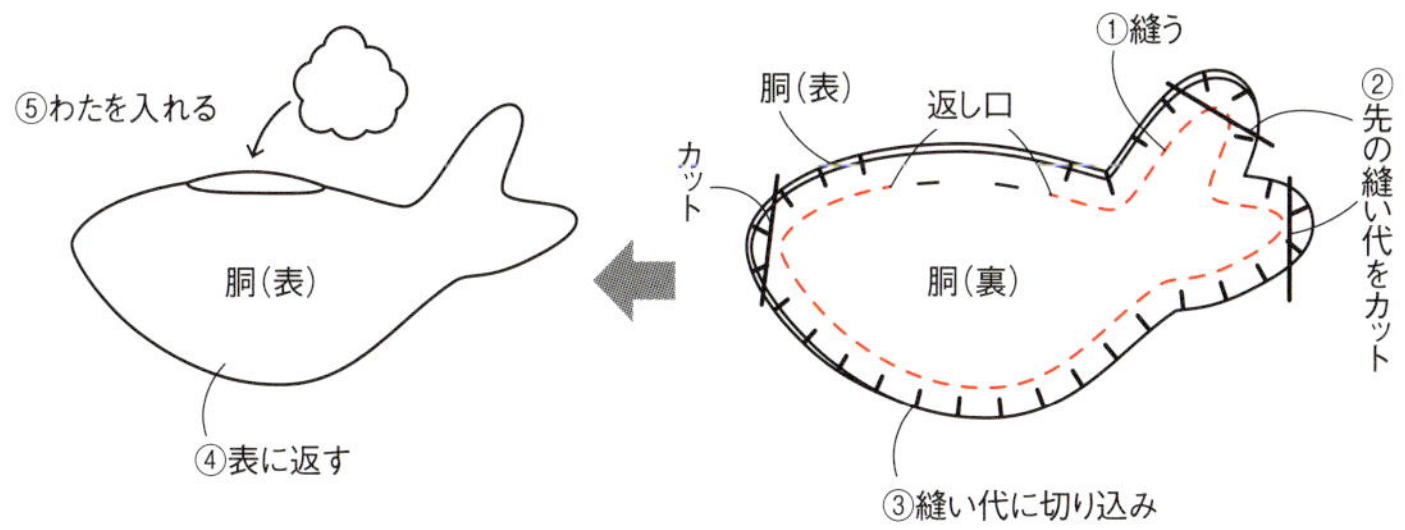

2. 胸びれを中表に折って縫い、表に返してわたを入れる

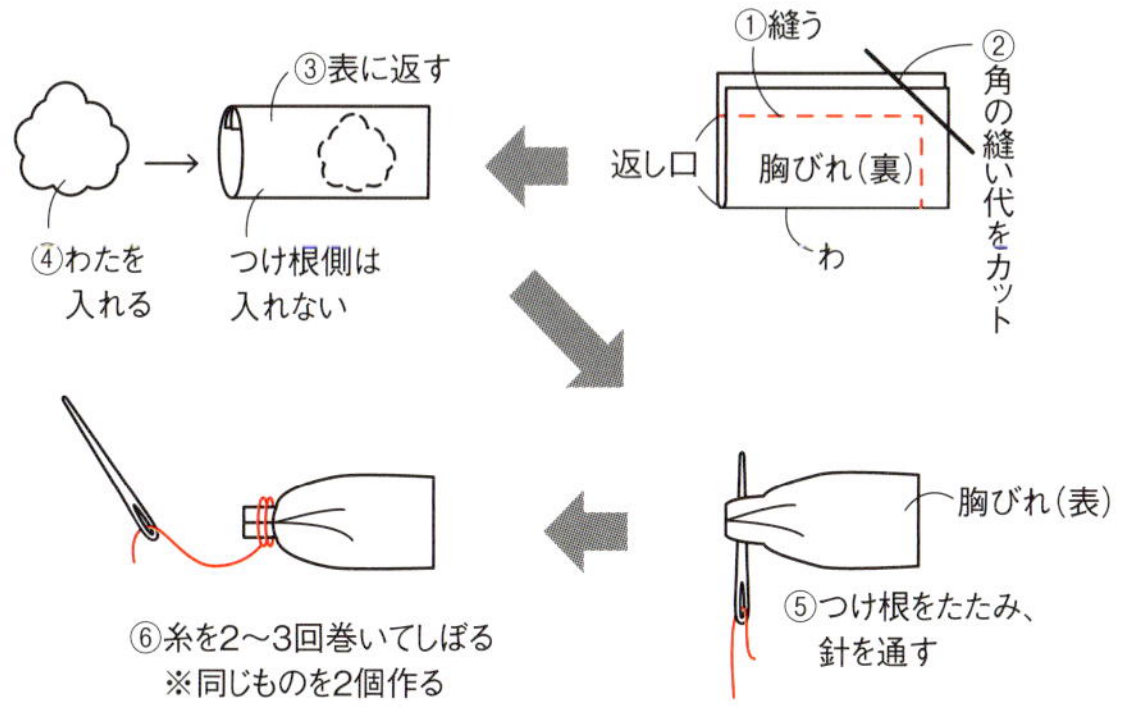

3. 背びれの両端を折り、二つ折りする

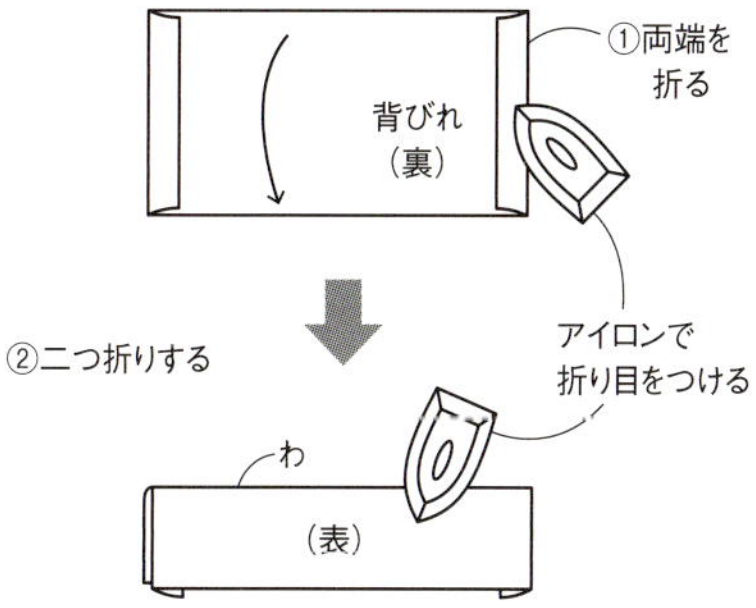

4. 二つ折りした背びれをプリーツ状にたたむ

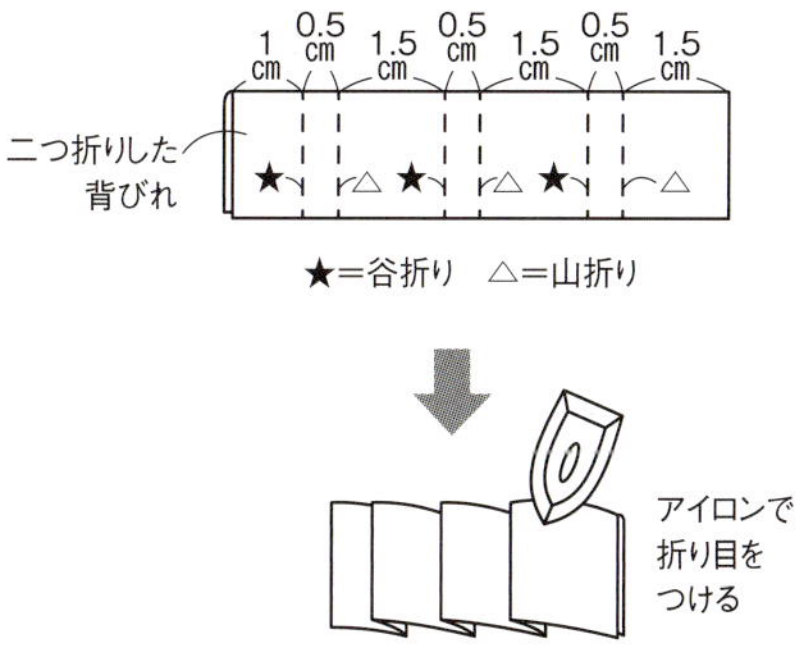

5. 返し口に背びれを入れ、縫いつける

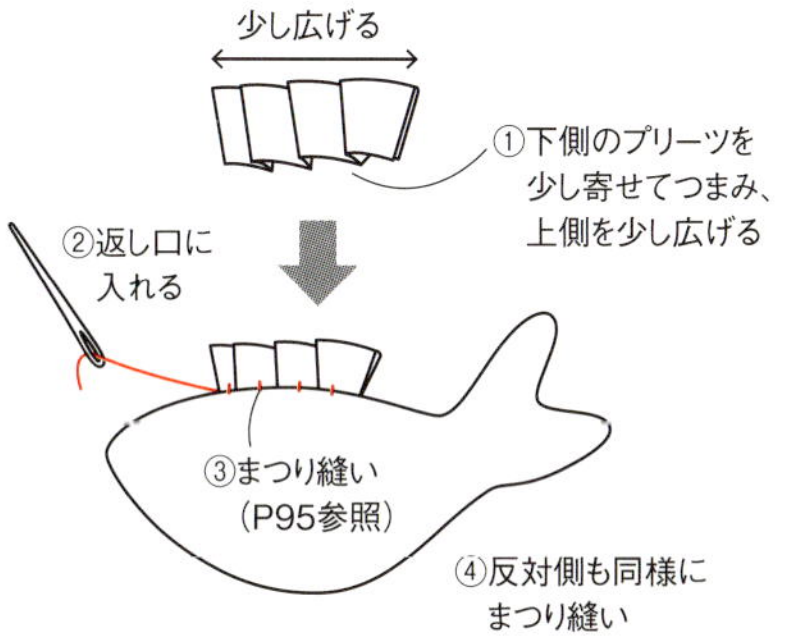

6. 胸びれをつける位置にはさみの先で切り込みを入れる

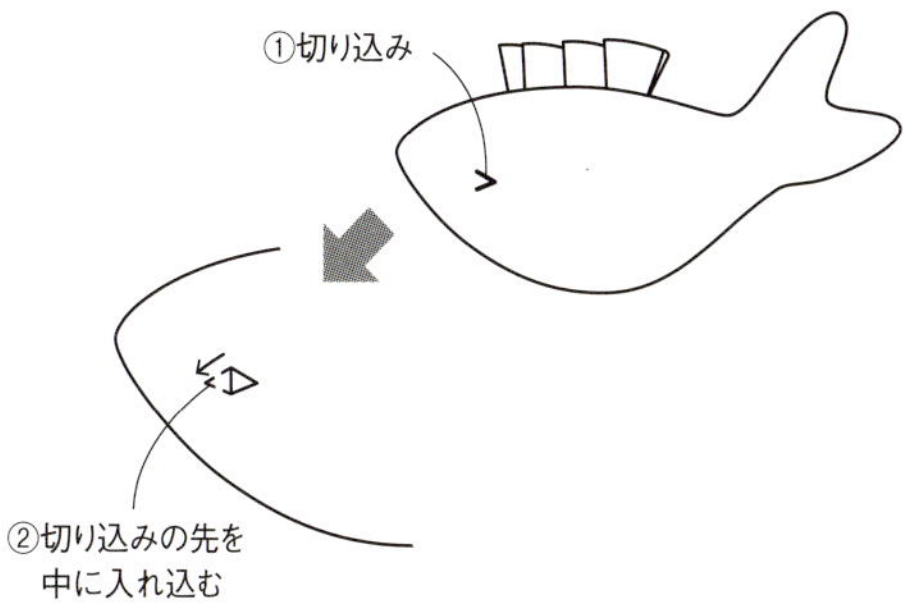

7. 切り込みに胸びれを差し込み、ひれの裏を縫い留める

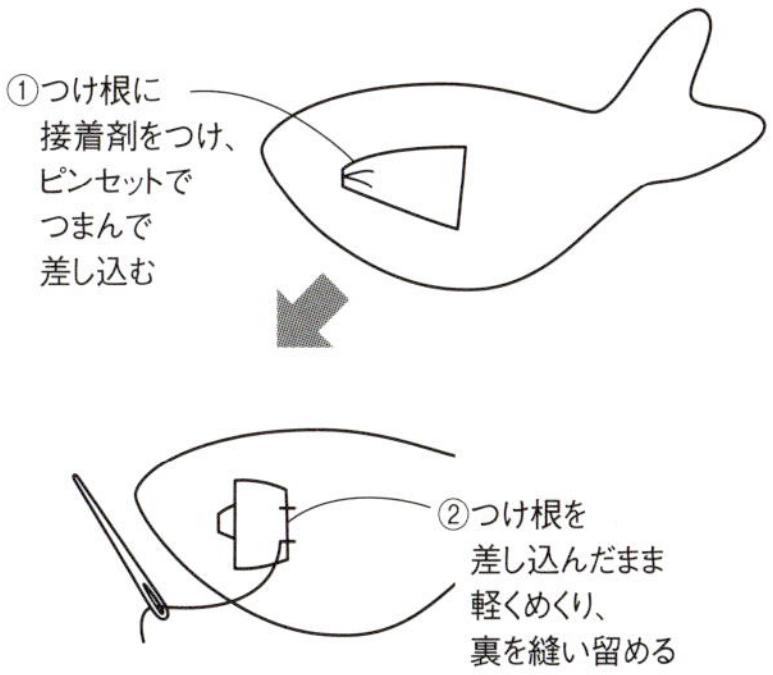

8. 目と口を刺しゅうする

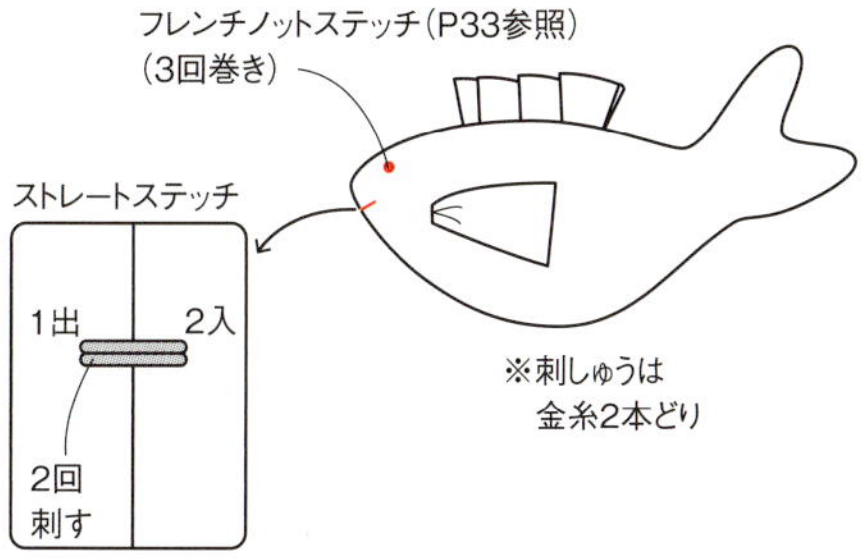

さんかく（小）

昔、薬袋は三角形でした。
娘が病気に無縁でありますように
という願いを込めて

角が上を向いている三角は、運が上昇する意味でも使われます。サイズ違いを作り、大中小の三角をつるしてもかわいいですよ（P48）。
作品 --- P6,8,9,10,44,45,48,49
実物大型紙 --- P75

1. 三角を中表に折り、返し口をあけて周りを縫う

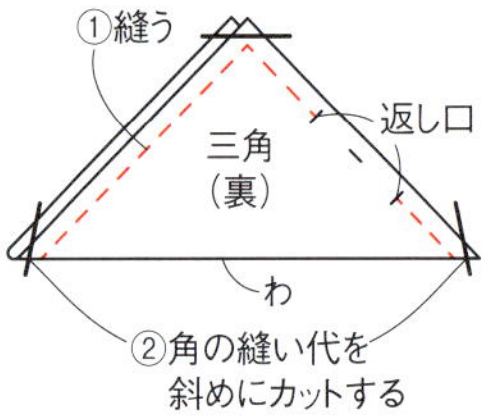

2. 表に返し、わたを入れ、返し口をコの字とじでとじる

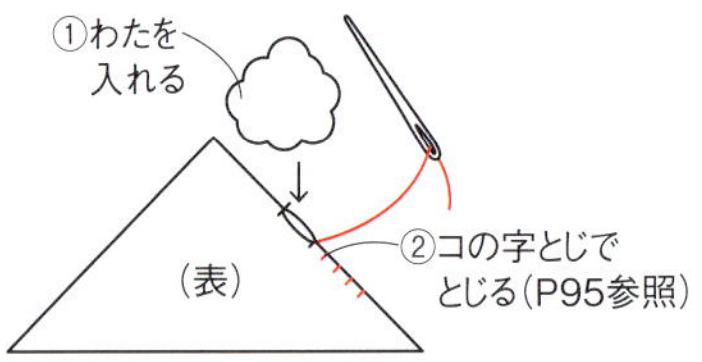

3. ぼんぼんを 2 個作る

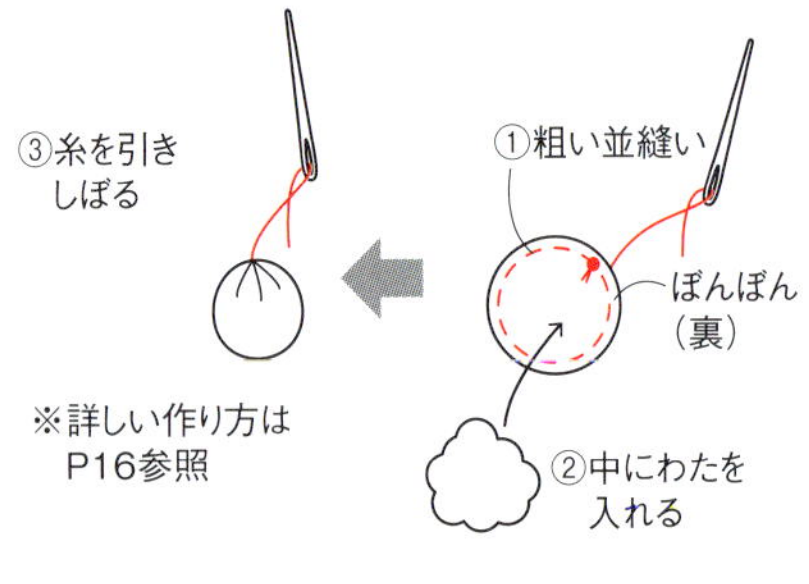

4. ぼんぼんを両端に縫いつける

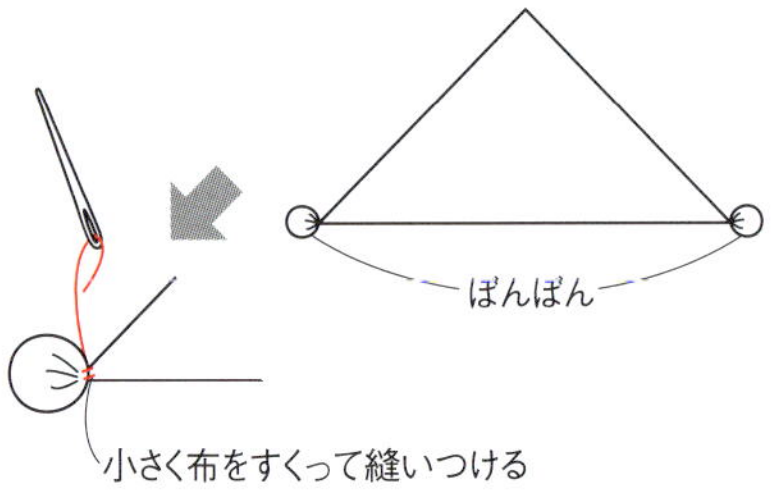

材料（1個分）

リネン ----------15 × 10cm
手芸わた --------適量
手縫い糸

作り方ポイント

三角の先や角部分は細かい針目の返し縫い（P95 参照）で縫う。

ざぶとん

座布団の周りで
赤ちゃんがいっぱいハイハイをして、
早くお座りできますように

もともと位の高い人が使うものだった座布団には、
相手を敬う意味も込められています。飾り糸を四隅
につけてよりそれらしく。

作品 --- P6,10
実物大型紙 --- P75

材料（1個分）

リネン -----20 × 10cm
手芸わた ---適量
飾り糸 -----適量
手縫い糸

作り方ポイント

角部分は細かい針目の返し縫い（P95 参照）で縫う。

1. 座布団を中表に折り、返し口をあけて周りを縫う

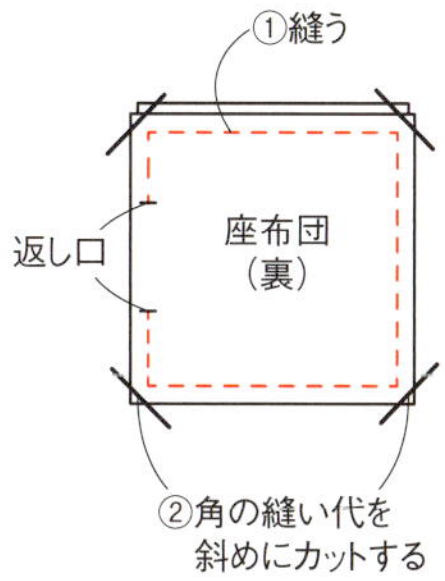

※飾り糸は木綿のサマーヤーン、
25番刺しゅう糸（6本どり）、レース糸など。

2. 表に返し、わたを入れ、返し口をコの字とじでとじる

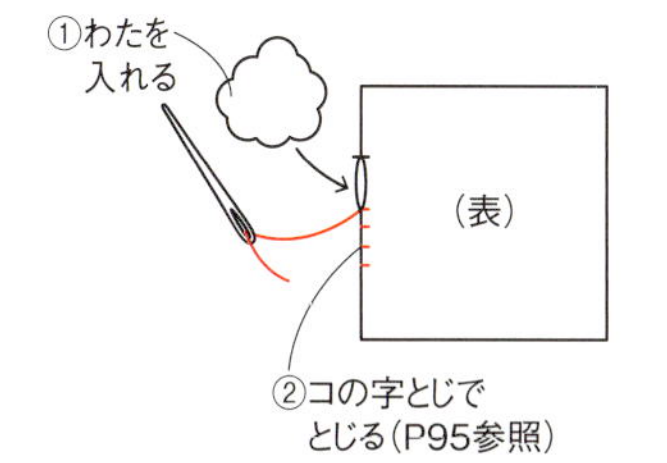

3. 中央を縫い留め、角に飾り糸をつける

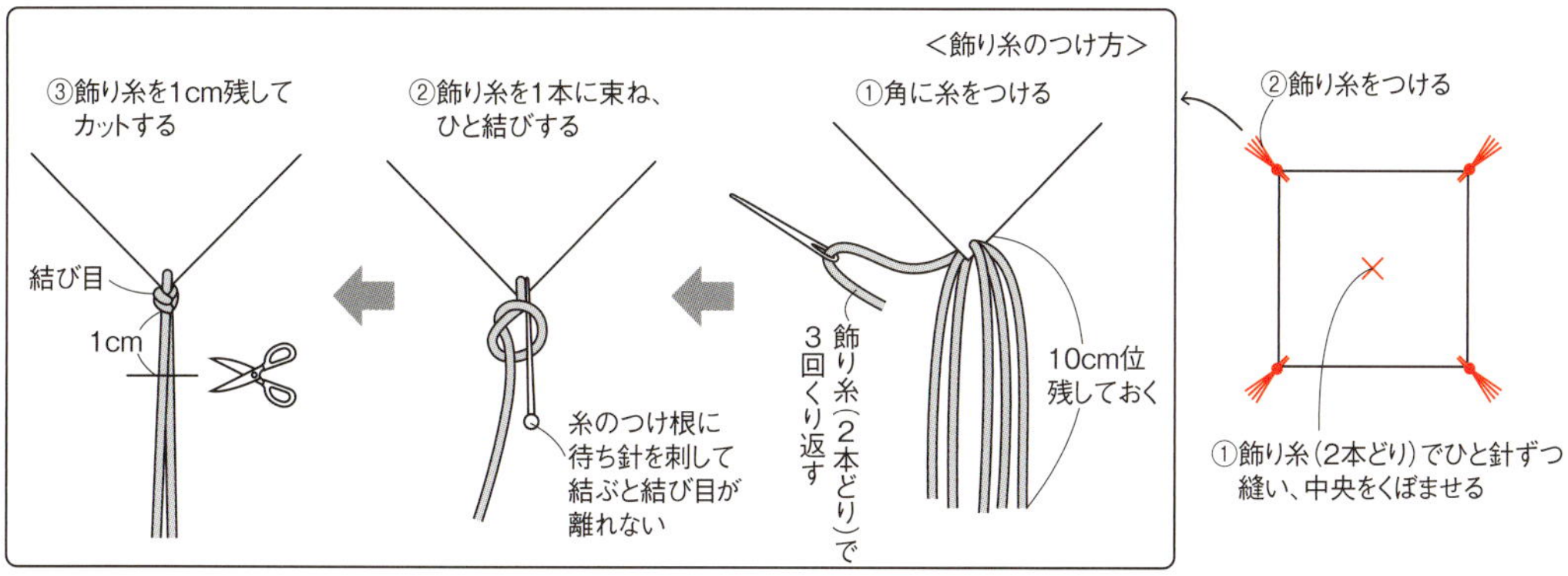

とり

大空に羽ばたく鳥のように、
子どもが広い世界に
羽ばたける
未来を願って

飛翔や解放、知性の象徴でもある鳥のモチーフ。2枚の羽をつけて、新しい世界に飛び込んでいく姿をあらわしましょう。

作品 --- P6,10,11
実物大型紙 --- P73

作り方ポイント

カーブ部分は細かい針目の返し縫い（P95 参照）で縫う。表に返したとき、形がきれいに出るように縫い代に切り込みを入れる。

材料（1個分）

リネン ---------- 30 × 15cm
手芸わた -------- 適量
金色の糸 -------- 適量
手縫い糸
手芸用接着剤

1. 胴2枚を中表に合わせ、返し口をあけて周りを縫う

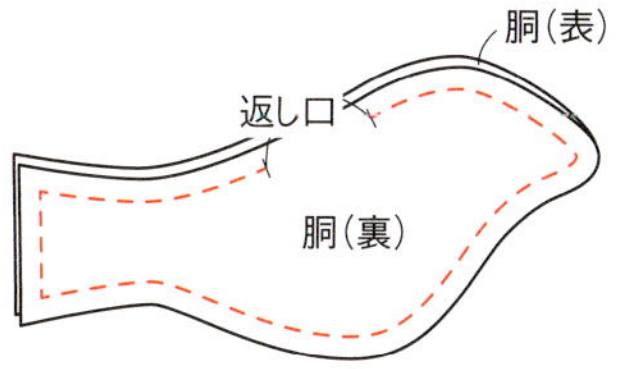

2. 縫い代に切り込みを入れる

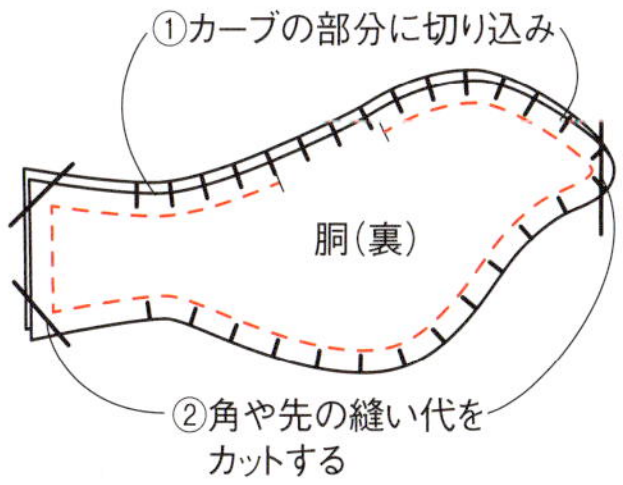

3. 表に返してわたを入れ、返し口をコの字とじでとじる

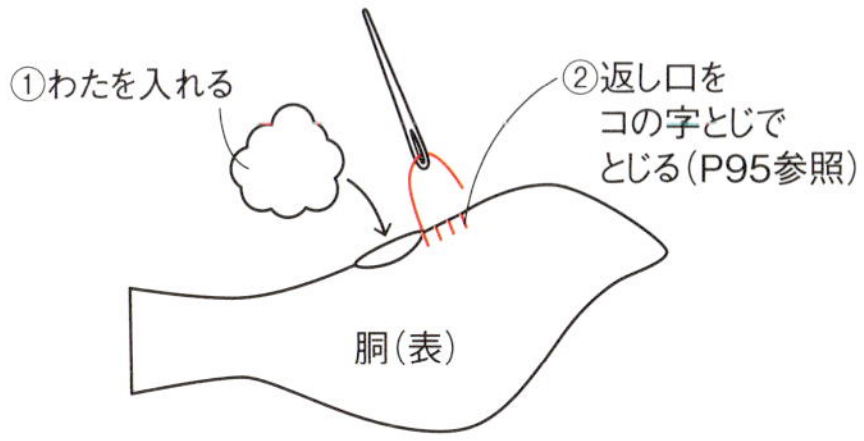

4. 羽2枚を中表に合わせて縫い、縫い代に切り込みを入れる

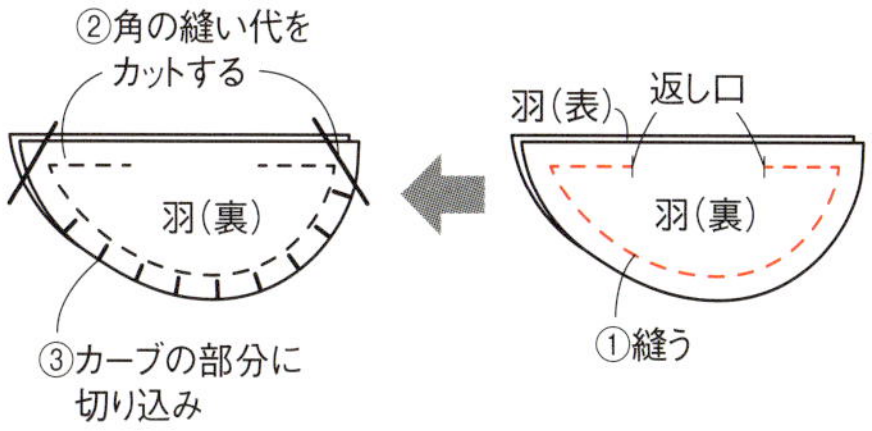

5. 表に返してわたを入れ、返し口をコの字とじでとじる

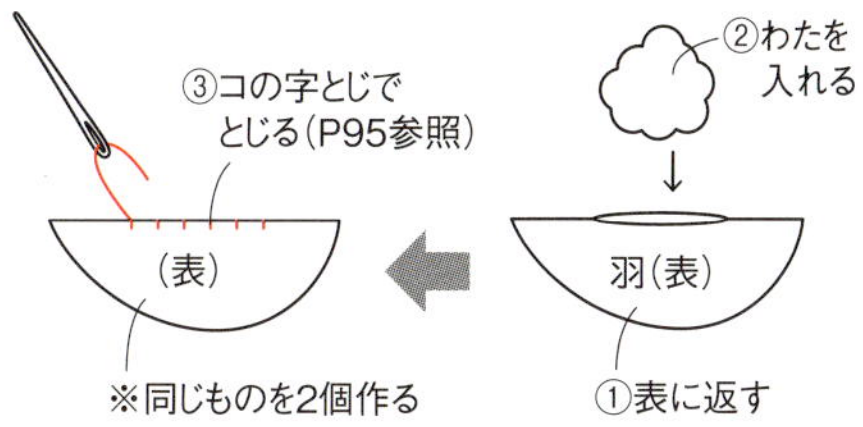

6. 羽をつける位置にはさみの先で切り込みを入れる

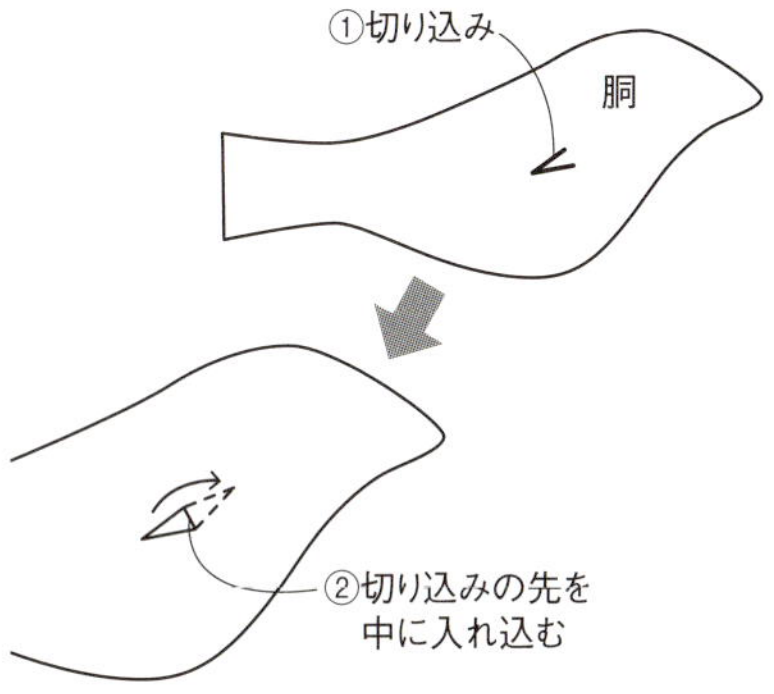

7. 切り込みに羽の先を差し込み、羽の裏を縫い留める

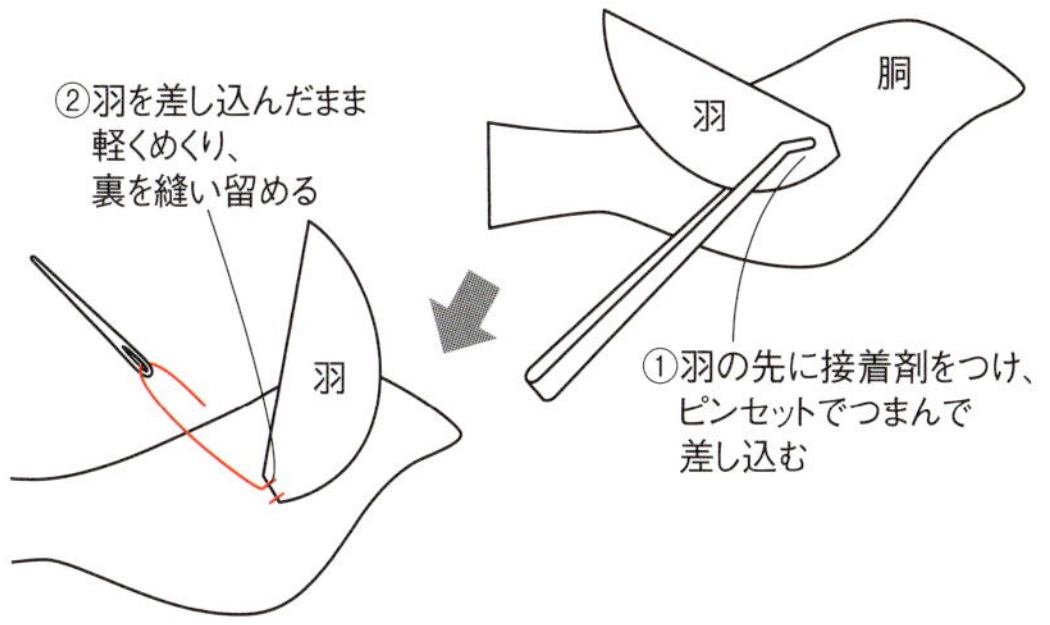

8. 目と尾羽を刺しゅうする

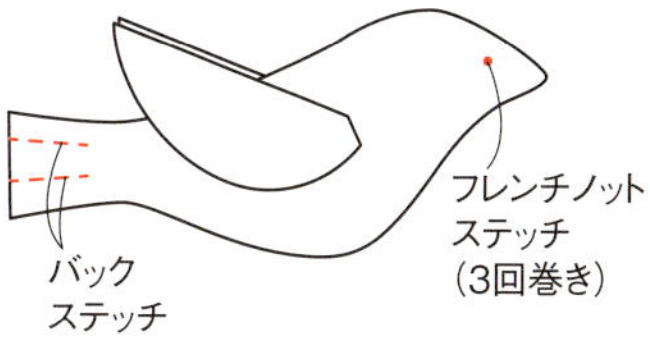

※反対側も同様に刺す

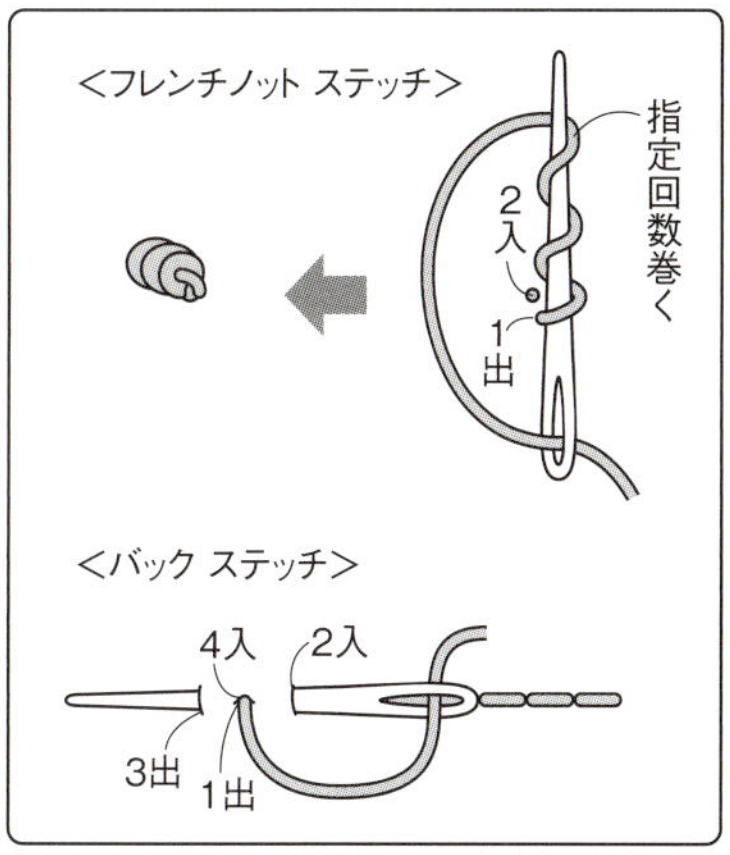

なんてん

〝難を転じて福となす〟
にかけて南天。
厄災をしりぞけて
運を引き寄せる
パワーがあります

冬に実をつけるのでお正月にも生けられる南天（P44 参照）は
よき家庭の象徴でもあります。コードの先にたくさんつけて。

作品 --- P6,9,10,44
実物大型紙 --- P71

作り方ポイント

ほかのモチーフとつなぐときは、葉の根元に針を通し、右写真のように蝋引きコードを一緒に巻き留める。

材料（1個分）

リネン ‑‑‑‑‑‑‑‑‑‑25 × 15cm
蝋引きコード ‑‑‑‑‑‑直径 0.2 × 52cm
手芸わた ‑‑‑‑‑‑‑‑適量
手縫い糸
手芸用接着剤

1. 葉を中表に折って縫い、三角にする

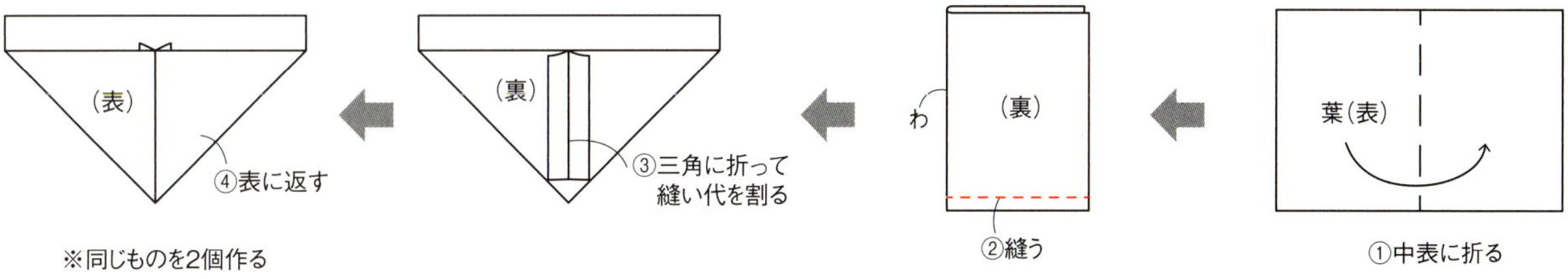

2. 葉の上端を三つ折りして縫う

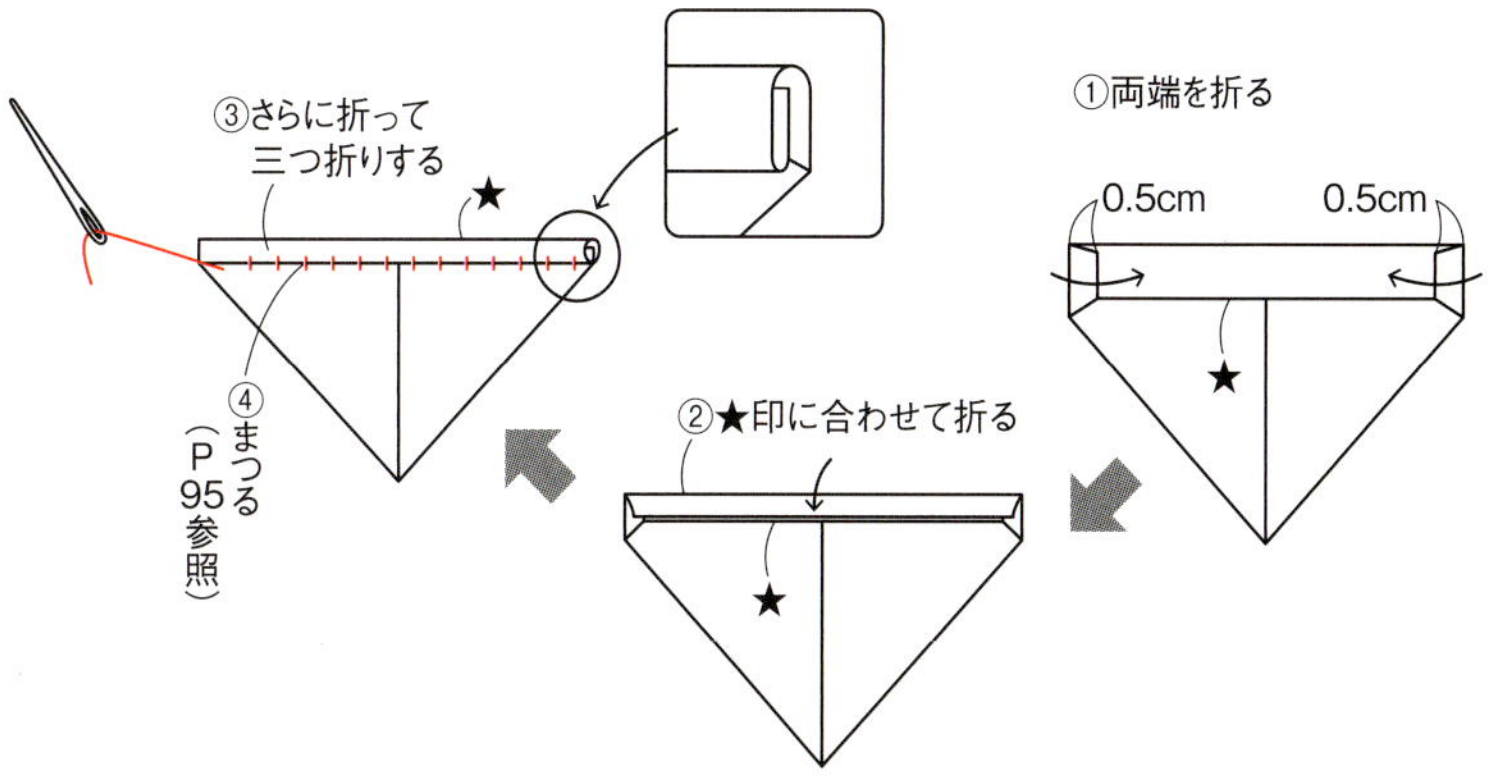

3. 三つ折り部分に糸を通して結ぶ

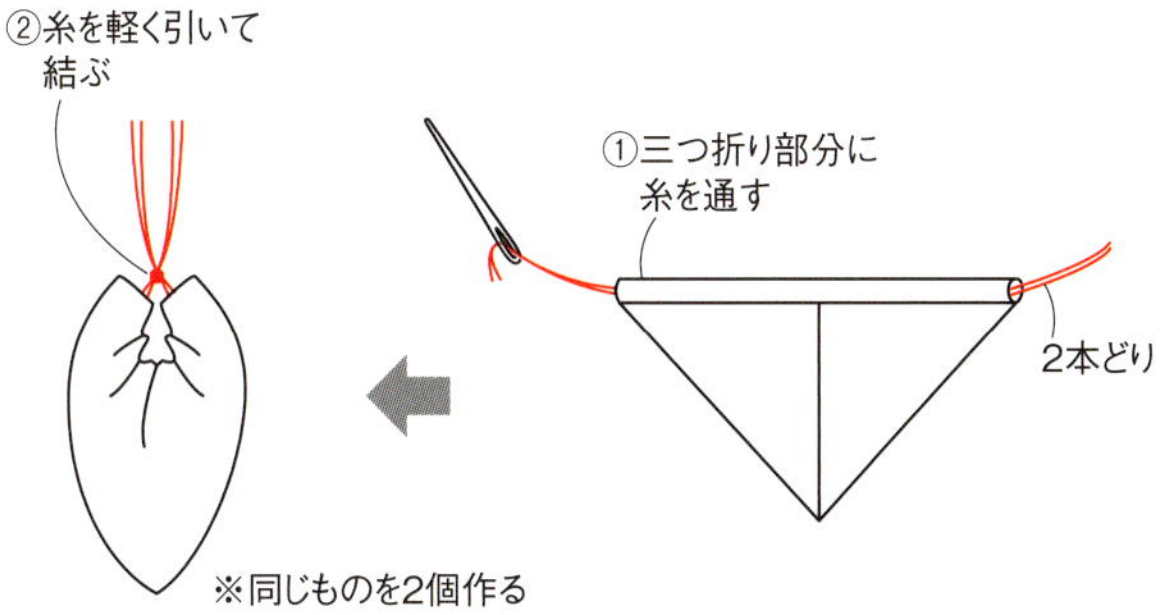

4. ぼんぼんを 8 個作り、コードの先につける

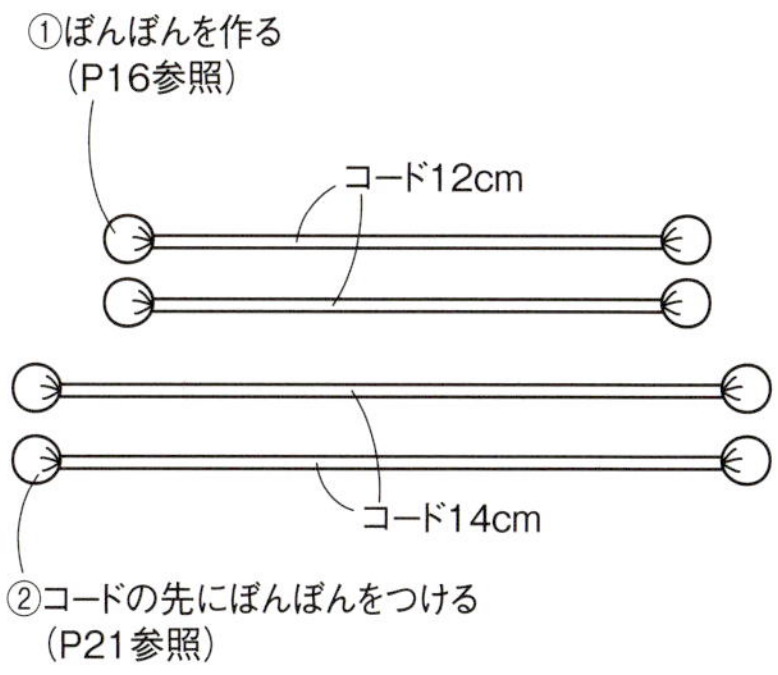

5. コードを束ね、葉を縫いつける

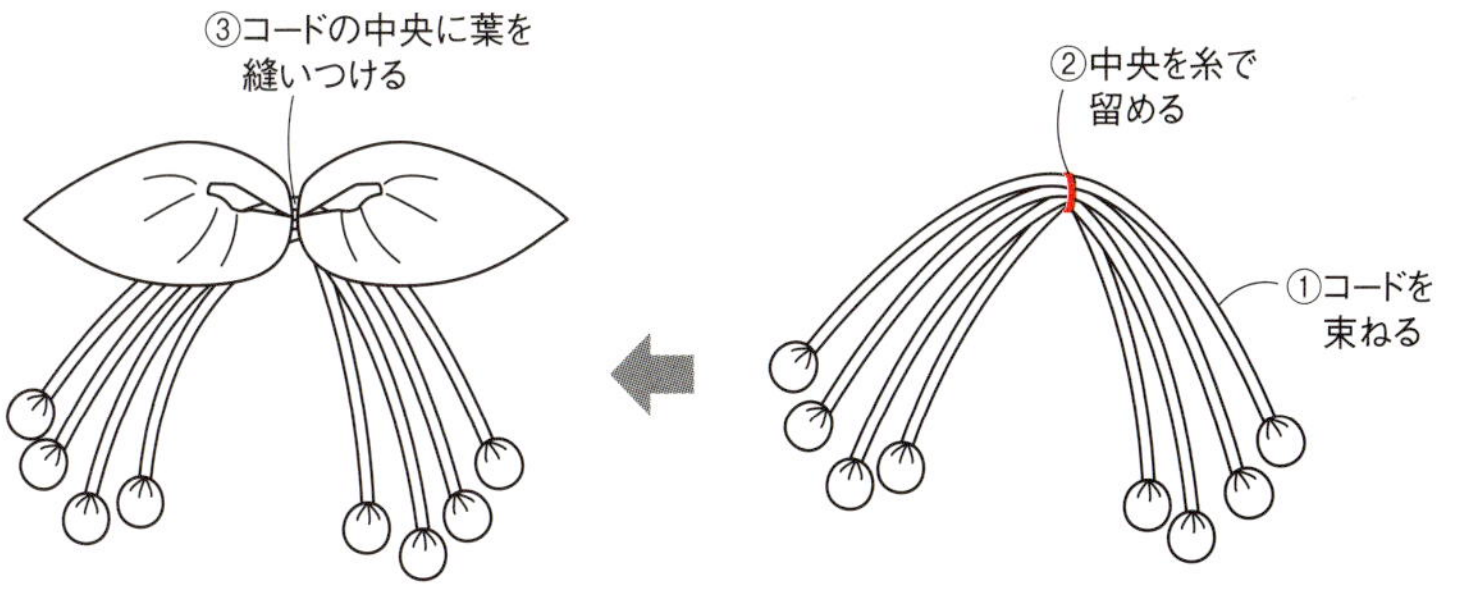

いぬ

犬のお産が軽いことに
あやかり、
子宝・安産・健康を願います。
女の子の健やかな
未来を思う母心です

日本に伝わる戌の日の安産祈願を、犬のつるし飾りで。ぽんぽんをつけたコードを結んで、愛くるしい表情に仕上げます。

作品 --- P7,9,11,49
実物大型紙 --- P77

作り方ポイント

各パーツの縫い合わせ、耳は細かい針目の返し縫い（P95 参照）で縫う。

材料（1個分）

リネン - - - - - - - - - - -30 × 15cm
蝋引きコード - - - - - -直径 0.2 × 30cm
手芸わた - - - - - - - - -適量
金色の糸 - - - - - - - - -適量
手縫い糸
手芸用接着剤

1. 胴内側 2 枚を中表に合わせて縫う

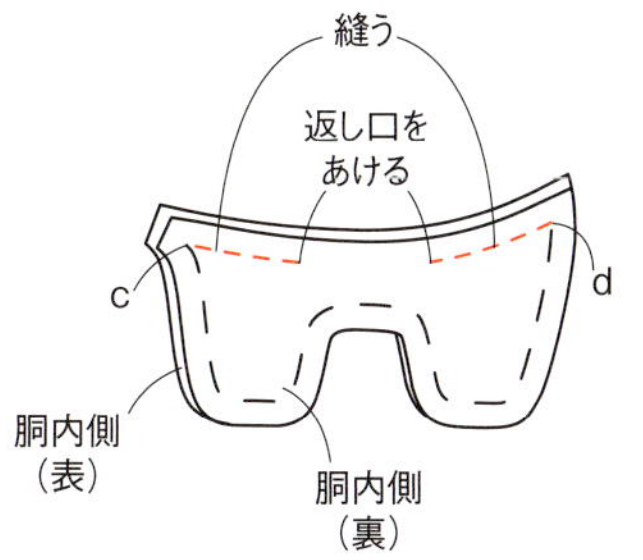

2. 胴内側と胴 2 枚を中表に合わせて縫う

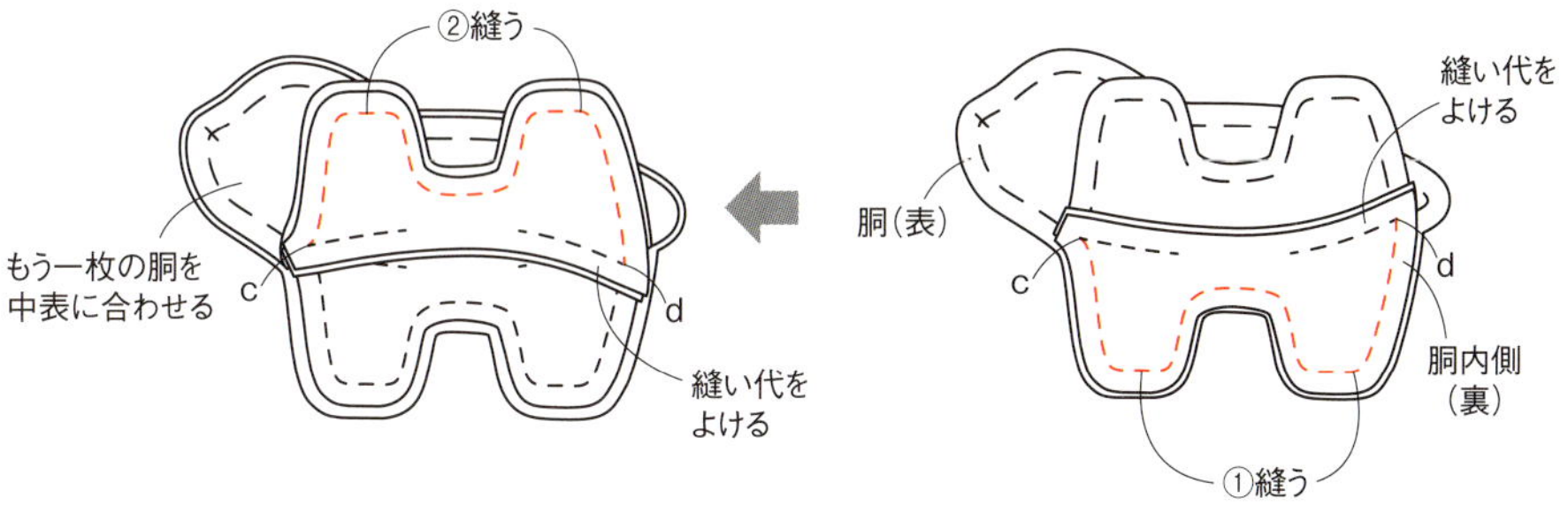

3. 胴 2 枚を縫い、頭中央を縫い合わせる

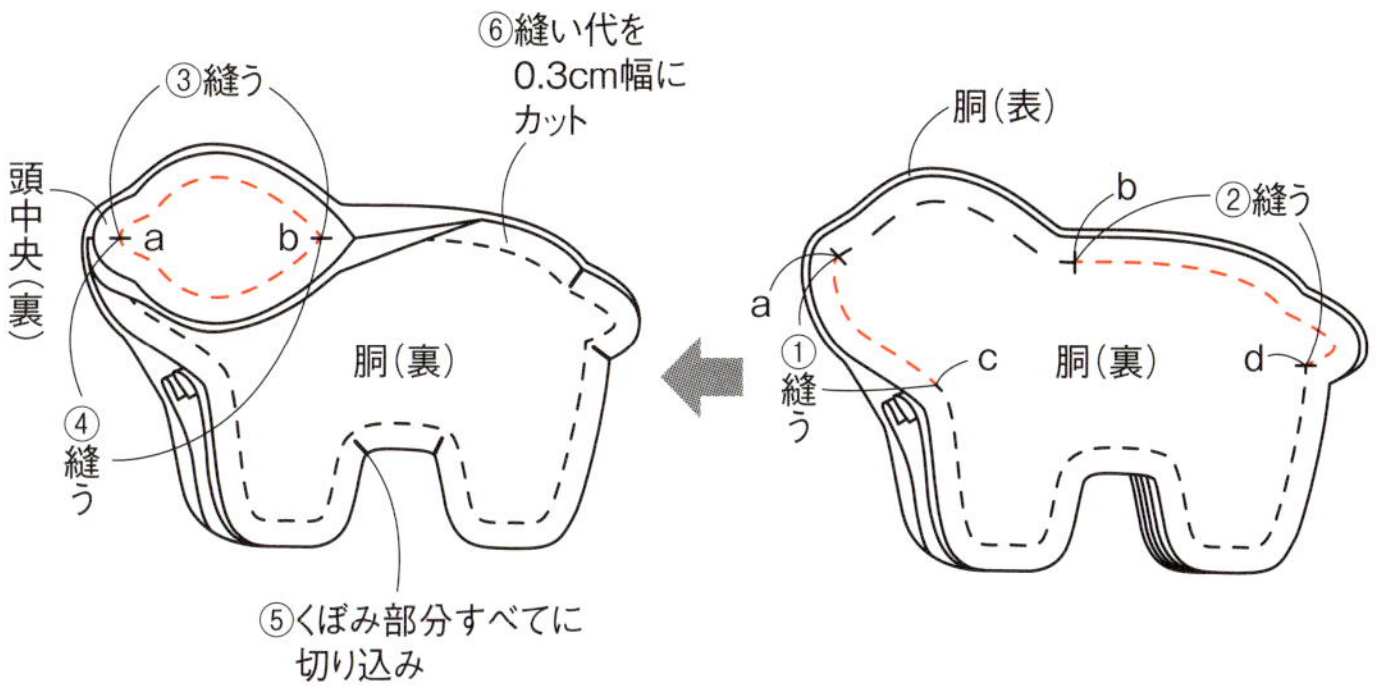

4. 表に返してわたを入れ、返し口をコの字とじでとじる

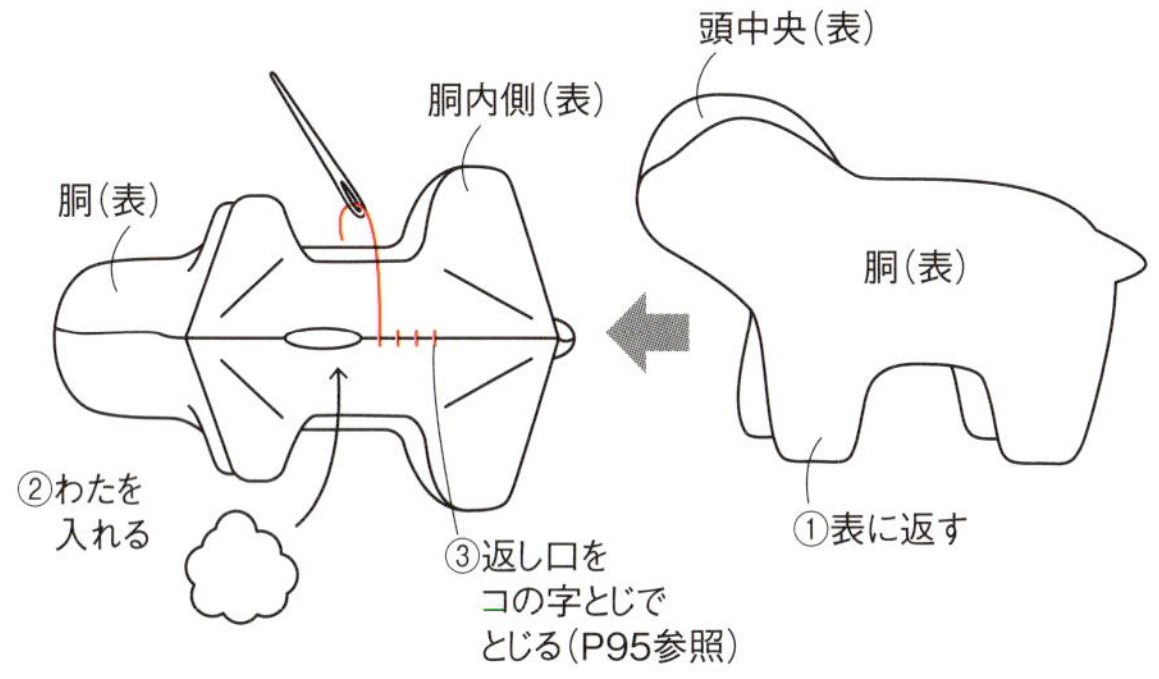

5. 耳 2 枚を中表に合わせて縫い、表に返してわたを入れる

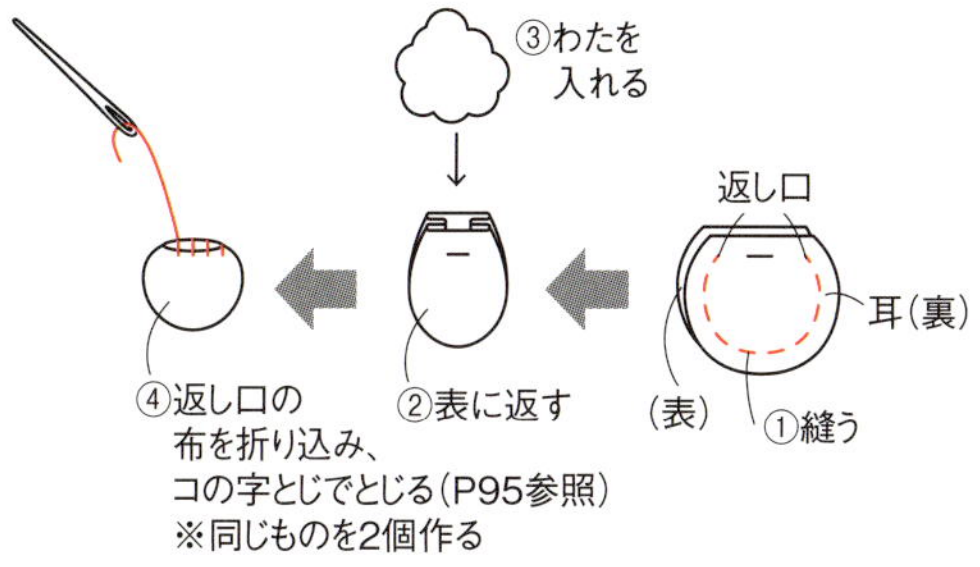

6. 耳をつけ、目・鼻・口を刺しゅうし、コードを結んでぼんぼんをつける

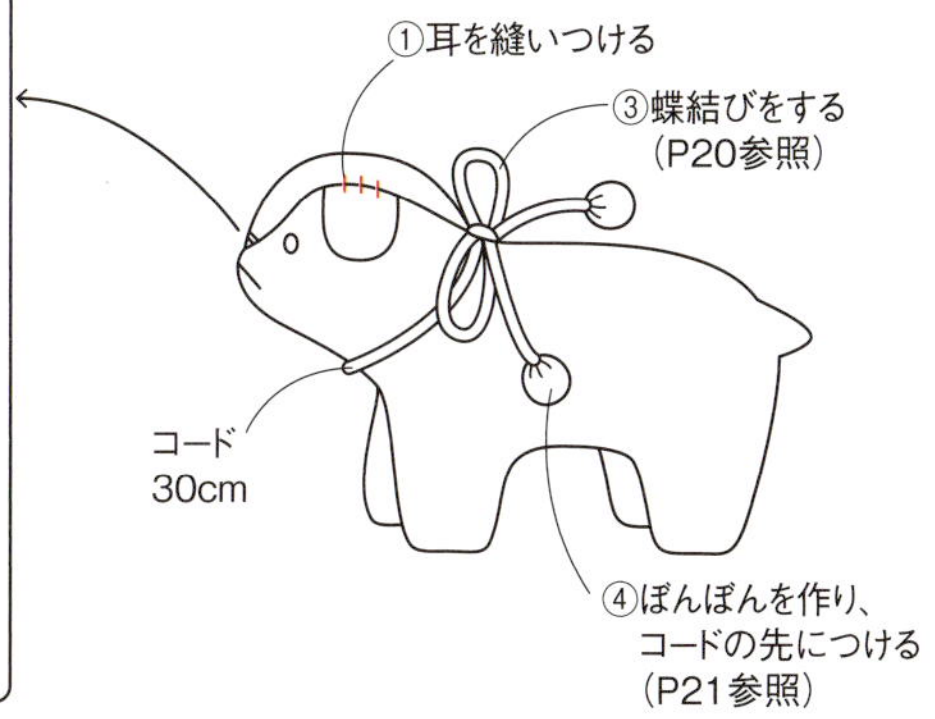

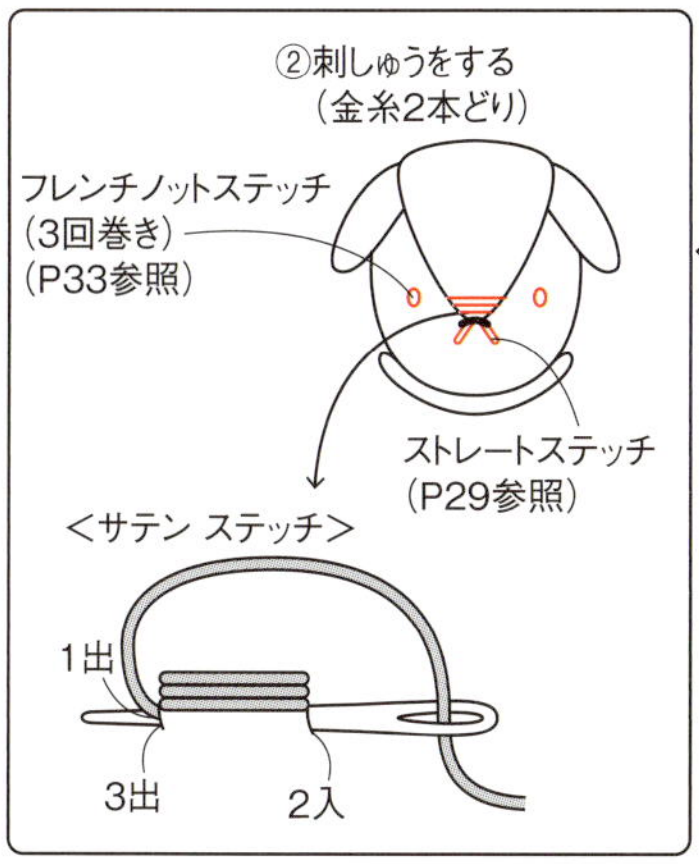

きんぎょ

金魚は金運の象徴。
生涯とおして、
豊かな暮らしが
できますようにと願って

たくさん卵を産むことから、金魚は子孫繁栄も意味します。大きなひれをつけて、水の中を優雅に泳ぐ姿をあらわしましょう。

作品 --- P7,10,11
実物大型紙 --- P79

作り方ポイント

各パーツの縫い合わせ、ひれの角部分は、細かい針目の返し縫い（P95 参照）で縫う。

材料（1個分）

リネン ----------35 × 15cm
手芸わた --------適量
金色の糸 --------適量
手縫い糸

1. 胴 2 枚としっぽを中表に合わせて縫う

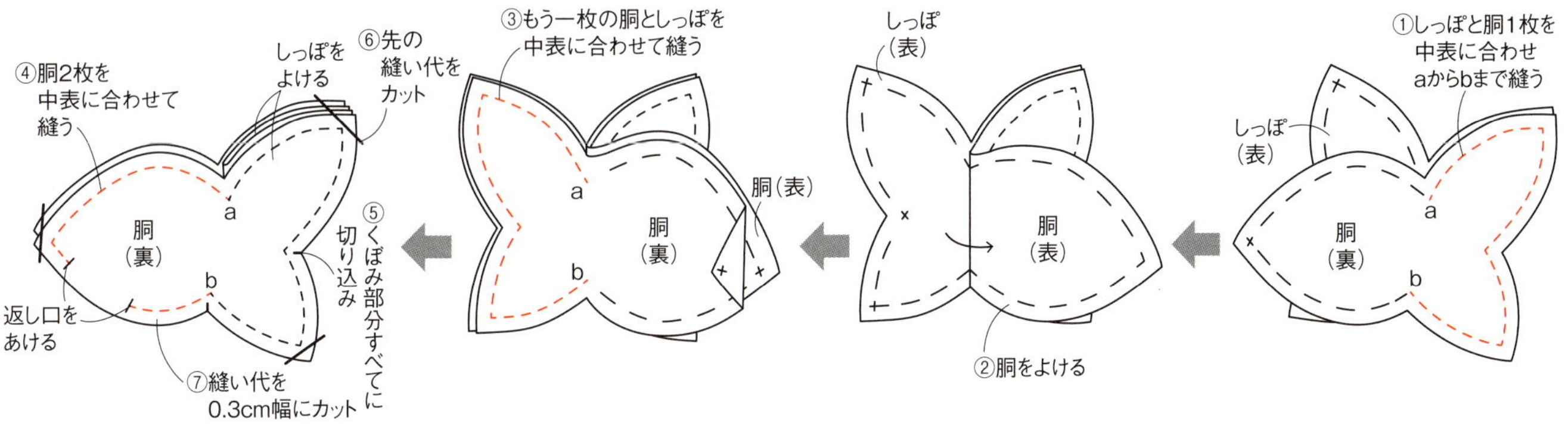

2. 表に返してわたを入れ、返し口をコの字とじでとじる

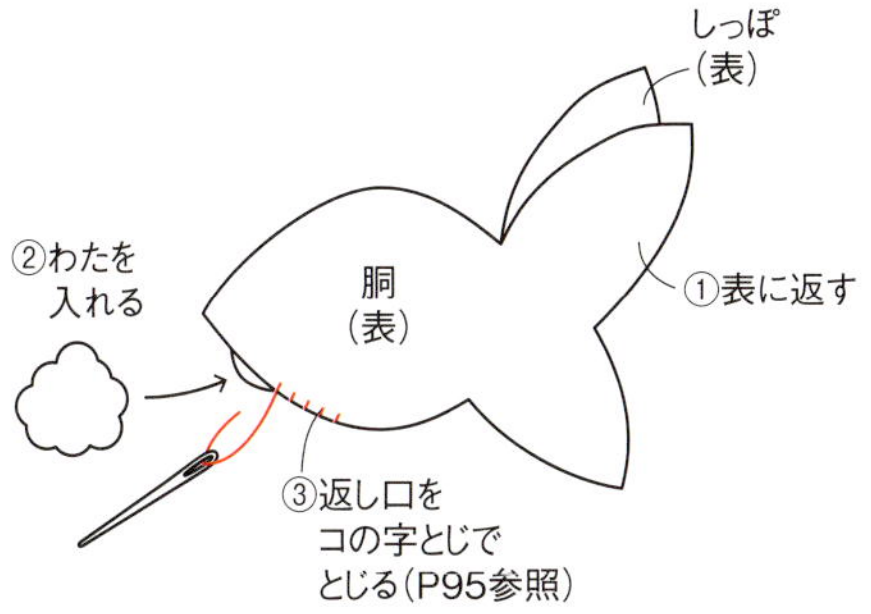

3. ひれを中表に折って縫い、表に返してわたを入れる

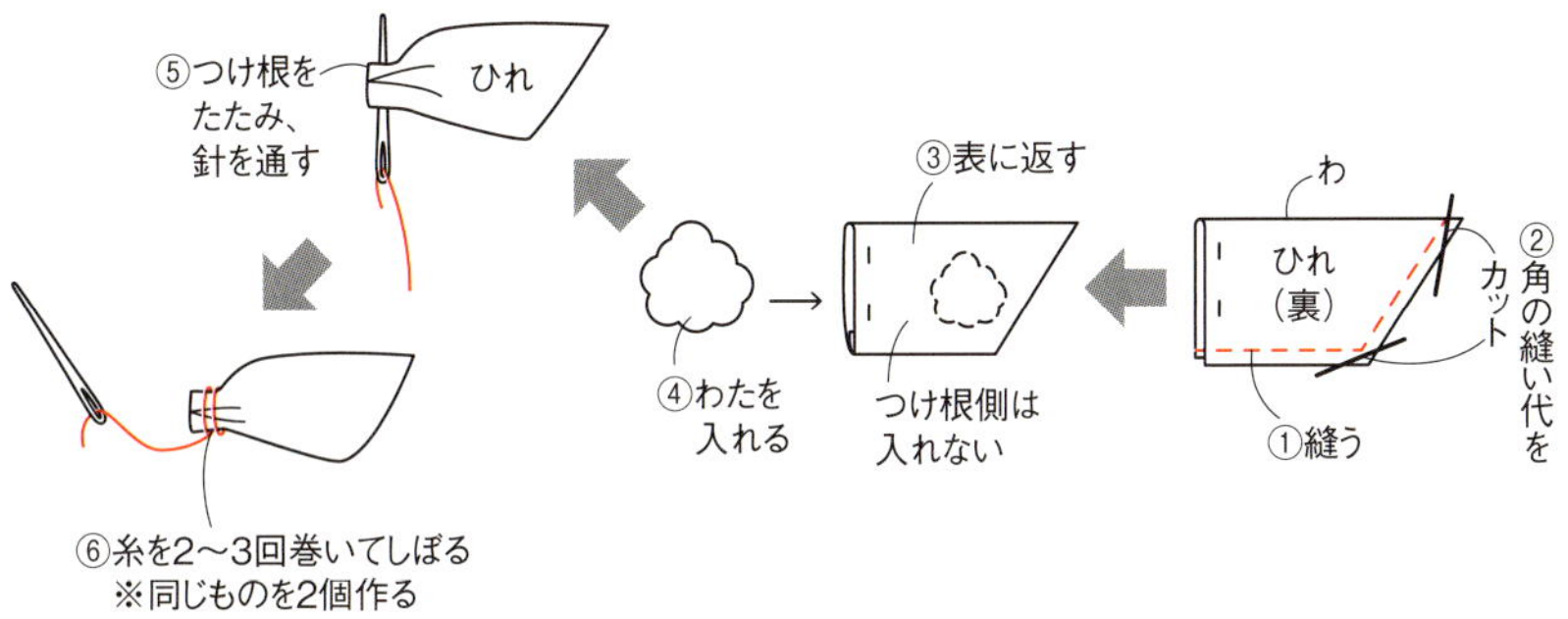

4. ひれをつける位置にはさみの先で切り込みを入れる

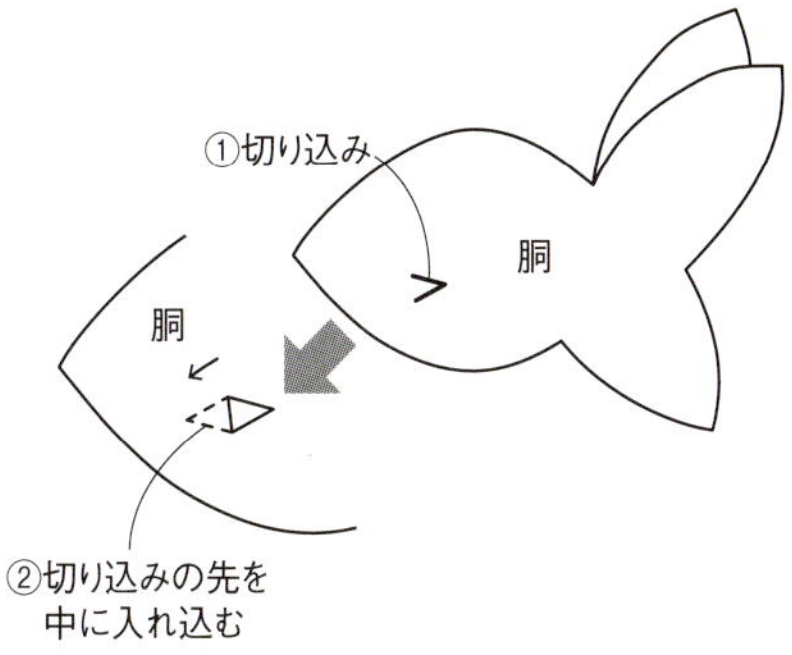

5. 切り込みにひれの先を差し込み、ひれの裏を縫い留める

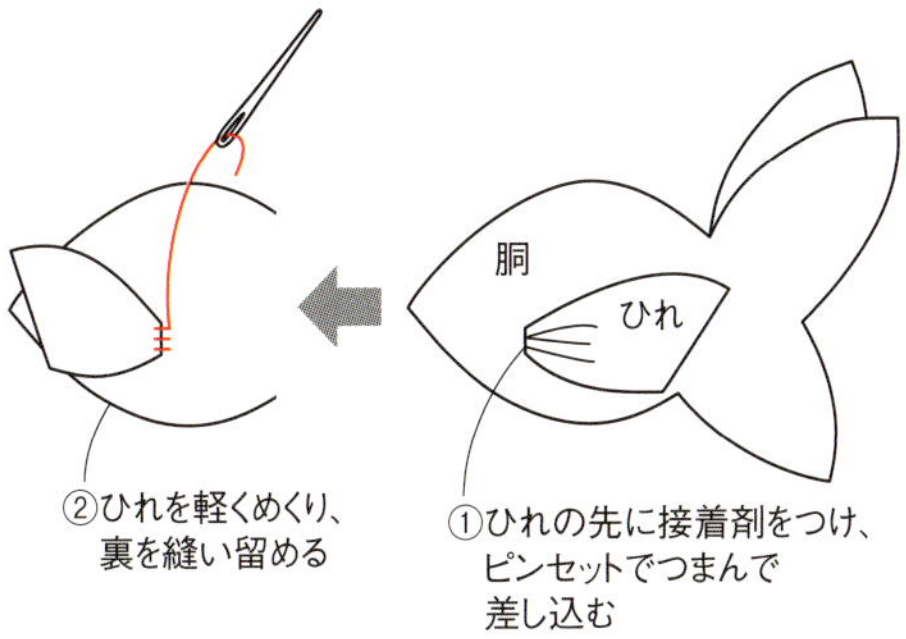

6. 目と口を刺しゅうする

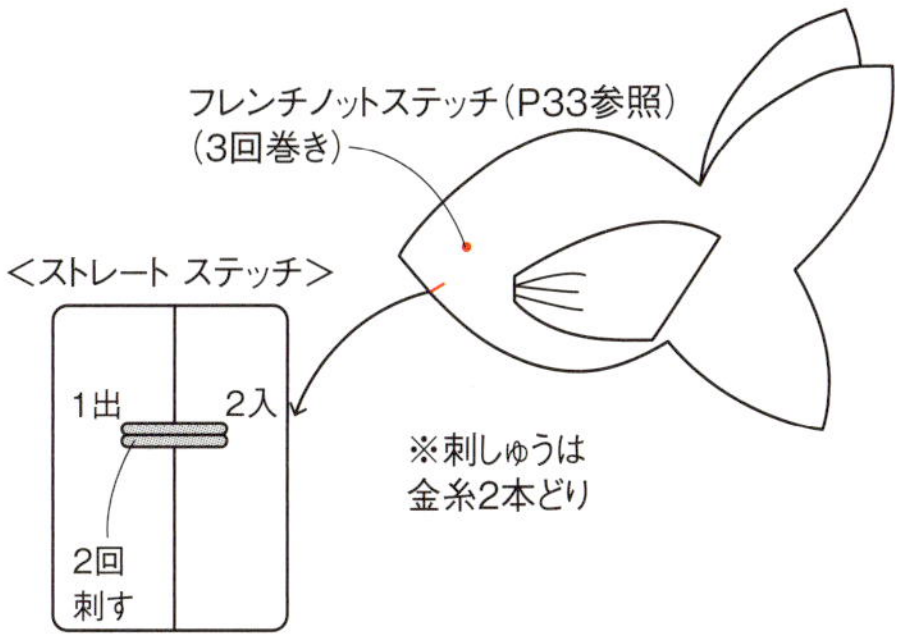

きんちゃく

ゆったりふくよかな形のきんちゃくは、
将来、お金に困ることなく
平穏な人生を歩めますように
という親心

女性たちがお守り袋やお金など、大切なものを入れて持ち歩くきんちゃく。コードをきれいな蝶結びにすると形が決まります（P20 参照）。

作品 --- P7,9,10,47
実物大型紙 --- P81

材料（1個分）

リネン -------- 30 × 10cm
蝋引きコード ---- 直径 0.2 × 36cm
手芸わた ------ 適量
手縫い糸
手芸用接着剤

作り方ポイント

カーブやくぼみ部分は細かい針目の返し縫い（P95 参照）で縫う。

1. 袋布と口布を中表に合わせ、口周りを縫う

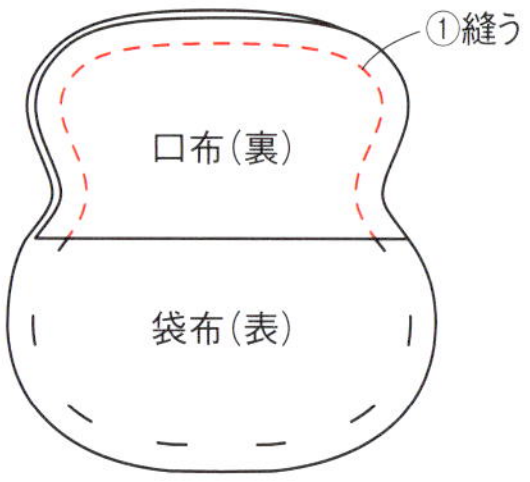

2. 縫い代に切り込みを入れ、口布を表に返す

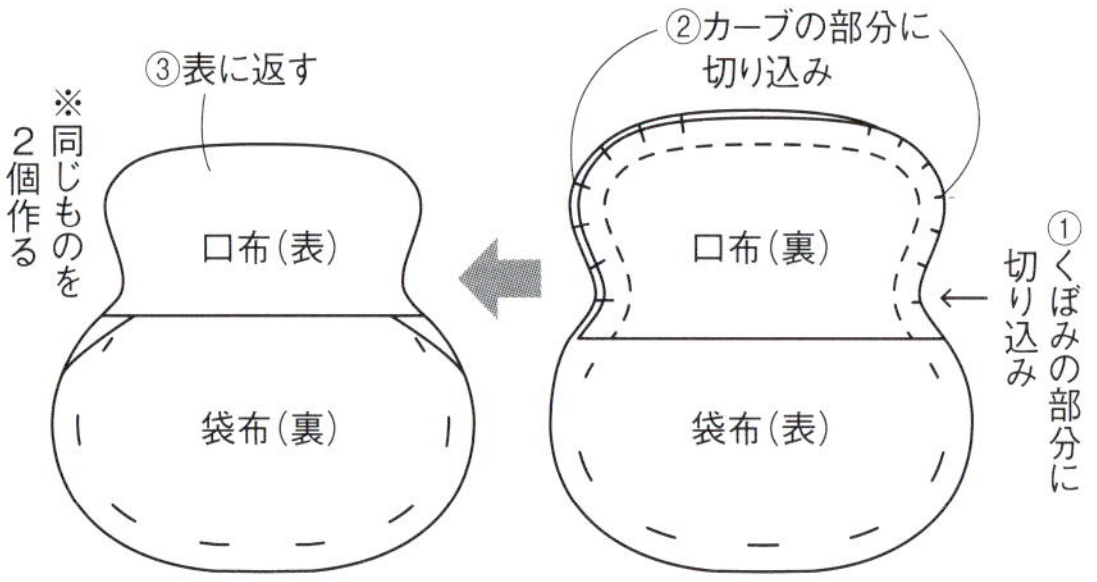

3. 袋布2枚を中表に合わせ、あき止まりからあき止まりまで縫う

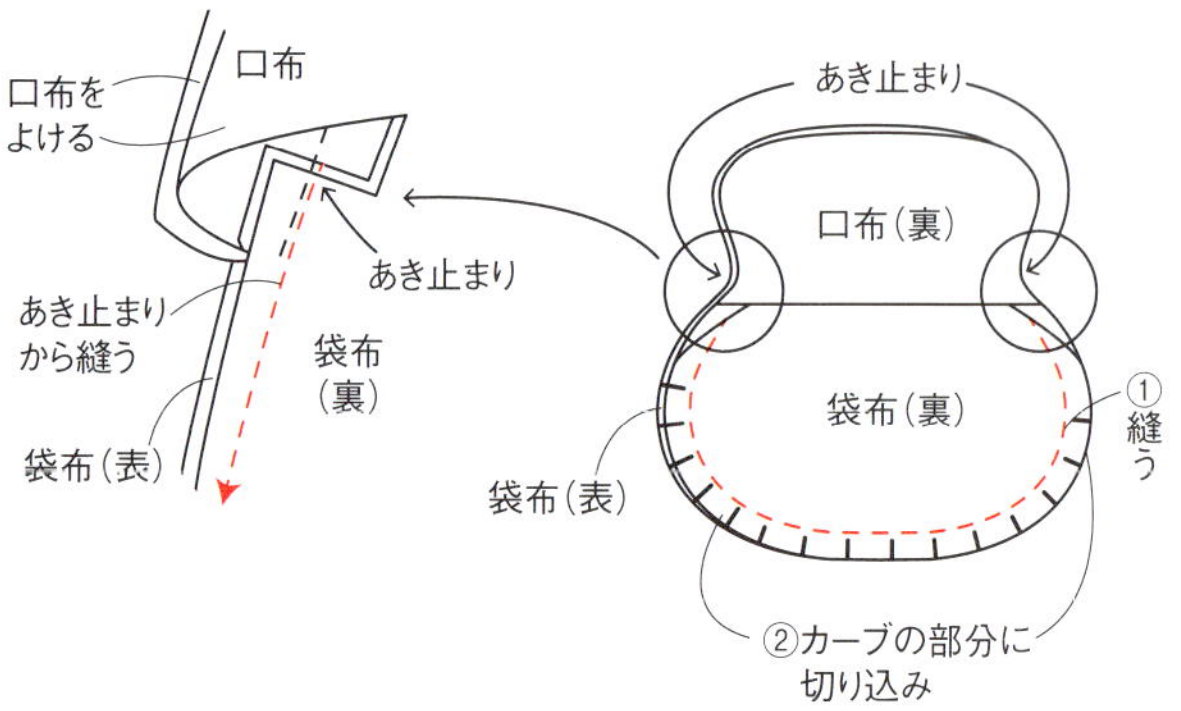

4. 袋布を表に返し、わたを入れる

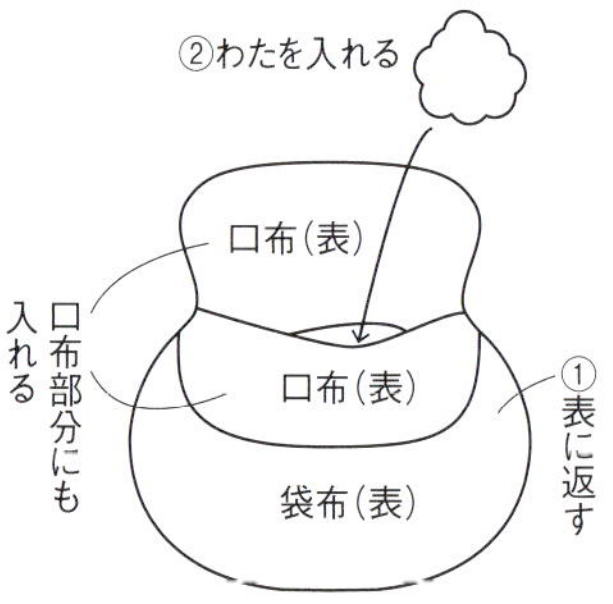

5. コードを結び、コードの先にぼんぼんをつける

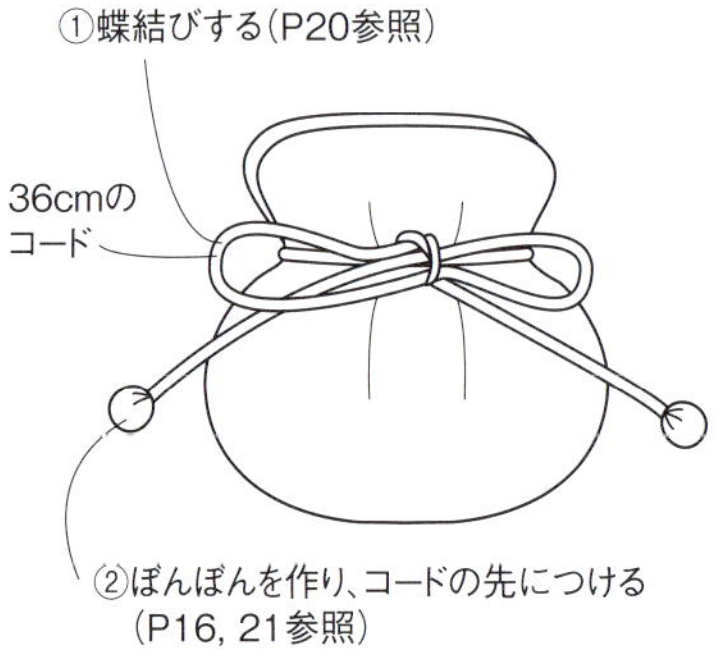

見ると幸運に恵まれるといわれる三日月は、物事の始まりをあらわします。三日月形の布2枚をはぎ合わせるだけだから、とても簡単です。
作品 --- P6,10,49
実物大型紙 --- P81

つき

夜空をやさしく
照らしながら、
満ち欠けを繰り返して
姿を変える月。
女性の成長と癒やしの象徴です

1. 月2枚を中表に合わせ、返し口をあけて周りを縫う

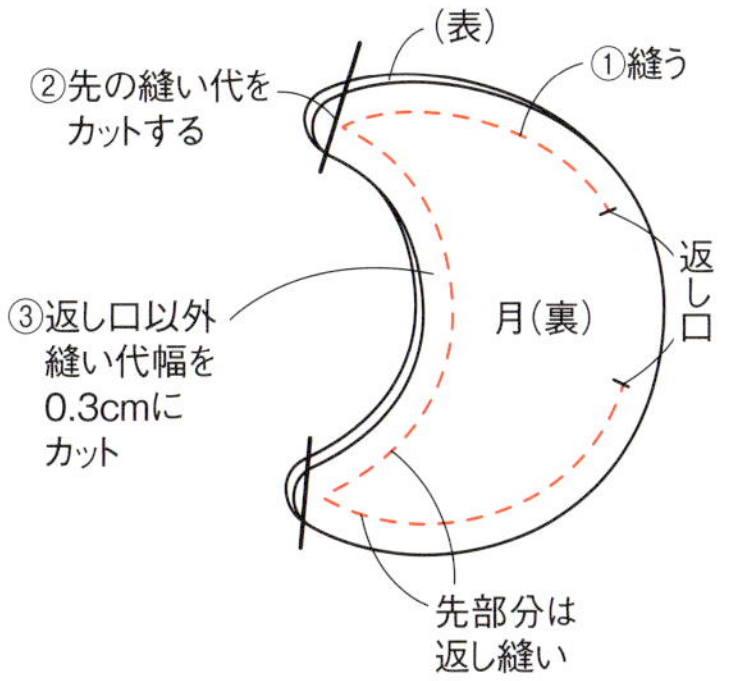

2. 表に返してわたを入れ、返し口をコの字とじでとじる

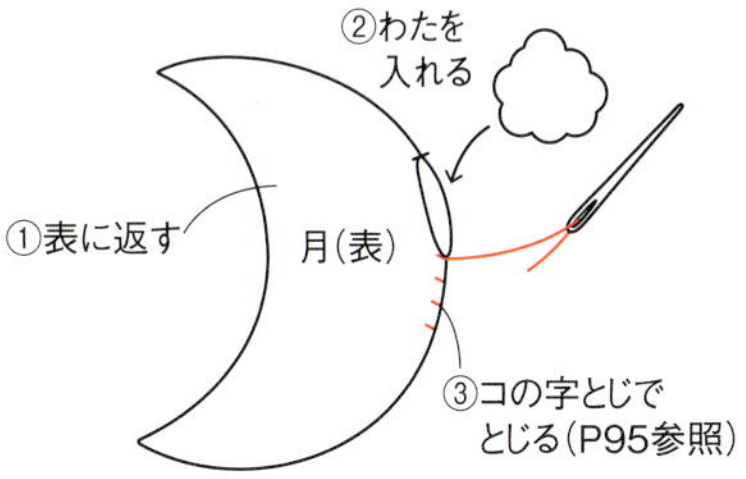

材料（1個分）

リネン ----------15×10cm
手芸わた --------適量
手縫い糸

作り方ポイント

月の先やカーブがきつい部分は細かい針目の返し縫い（P95 参照）で。表に返したとき、形がきれいに出るように返し口以外の縫い代幅を 0.3cm にカットする。

つるし飾りは
リビングの
小さなスペースで
楽しめるのが
うれしい

［つるし飾りのおはなし①］

祈りを込めて。季節行事の楽しみ

ふだんの暮らしの中で季節行事を楽しみたいときに、私が実践している簡単な方法がつるし飾りです。お正月、ひな祭り、端午の節句、七夕・・・。年中行事のひとつひとつには意味がありますが、難しく考えず、自分に分かりやすい事だけを取り入れています。

お正月には「いい一年になりますように」

ひな祭りには「娘がかわいく大きくなりますように」

端午の節句には「息子が元気にすくすく成長しますように」（自分の子どもたちが大きくなってからは、みんなの成長を願って飾っています（笑））

七夕飾りには「家族みんなが健康でいられますように」と願いを込めて飾ります。

何もしないでいると、すーっと流されていく季節の行事に、折り目をつけて立ち止まれることがうれしいのです。リビングに小さなつるし飾りがあるだけで、子どもを守ってくれるような気がするし、暮らしを良い方向に導いてくれるように思います。日本人に根づいた「祈り」を信じる文化なのかもしれません。

自分が好きだと思えるものを飾りたい。そんな思いから、リネンのつるし飾りは出来上がりました。ハッピーになれる自分らしいつるし飾りを、みなさんが作ってくださるとうれしいです。

色や形、
組み合わせを変えて。
季節に合った

つるし飾りの歳時記

Chapter 2

桃の節句の飾りとして生まれた、
つるし飾り。
おめでたくて愛らしいモチーフを
季節の行事や人生の節目にも
飾りませんか？
色や形をアレンジして、ますます楽しく。

赤いつるし飾りに、行事を彩る新顔を加えて

お正月には、おめでたい紅白の鶴と亀

晴れやかな気持ちで迎えたい新年に、紅白のつるし飾りを。縁起のいいモチーフである千年生きるといわれる鶴と、万年生きるといわれる亀を加えています。いい一年になりますようにという願いを込めて。

くくり猿や三角などのモチーフも、布の一部を白いリネンに替えて紅白にすればぐっとお正月らしくなります。

how to make --- 折り鶴 P50、亀 P52

端午の節句は、モノトーンのかぶとと鯉のぼりで

男の子の成長と幸せを願う気持ちは、かぶとと鯉のぼりに込めて。白&黒のリネンで作ればきりりとした雰囲気。たくましさも加わります。日常の小さな空間にさりげなく飾れるのもうれしいところです。

上からかぶと、鯉のぼり、くくり猿、三角。くくり猿は手足をくくらずバンザイのポーズにして男の子のやんちゃさをあらわしています。

how to make --- かぶと P54、鯉のぼり P56

2枚のリネンを両面接着シートで貼り合わせて強度をもたせ、形がしっかり見えるようにしています。赤い糸のステッチがアクセント。

how to make --- 梶の葉・糸巻・短冊 P58

七夕の笹飾りは 梶の葉、糸巻、そして短冊

紙の短冊に願い事を書く代わりに、白いリネンで作ったわたを入れないつるし飾りもいいものです。今年も織姫さまと彦星さまが会えますように。そんな物語を子どもに伝えながら、一枚ずつ笹につるしませんか？

敬老の日は、赤いちゃんちゃんこがなくちゃ

還暦祝いや敬老の日には、赤いちゃんちゃんこ！　一緒にお茶を飲みながらゆらゆら揺れる飾りを眺めて、昔話に花を咲かせる、そんな時間をどうぞ。遠く離れて暮らす両親へのプレゼントにもきっと喜ばれます。

ちゃんちゃんこにおめでたい鯛、お金がたまるきんちゃくなどを組み合わせて。親を思う意味が込められているんですよ。

how to make --- ちゃんちゃんこ P60

タテに3列、7つずつ…。七五三の飾りです

すくすく育ってくれてありがとう。そんな親の思いをくくり猿と三角に託します。くくり猿は大小2種類。三角は大中小3種類を組み合わせて飾ることで、リズムが生まれます。七五三ですからその数にもこだわって。

三角の形を利用して、その両角から小さいモチーフをつるしました。
温かい屋根が雨風から守ってくれているようにも見えますね。

how to make --- 三角大&中・くくり猿小 P59

わが家にベビーがやってきた！
その喜びを、愛らしいリボンとスプーンで

リボンの蝶結びは、何度でも結び直すことができる縁起のいい結び方。人生に何度起こってもうれしい出来事があったときにぴったりのモチーフです。ベビーに似合うかわいいスプーンと一緒に飾ります。

蝶々やうさぎ、月などと一緒に、家族みんなが眺められる場所につるして幸せを分かち合いましょう。出産祝いにプレゼントしても。

how to make --- リボン P62、スプーン P63

おりづる

千年生きるといわれる
吉祥の鳥、鶴。
家族の長寿や健康を祈って
お正月飾りに

つがいになると一生連れ添うことから、家庭円満の意味もある鶴。紅白の布を重ねて作れば、おめでたさもひときわです。

作品 --- P44
実物大型紙 --- P83

作り方ポイント

頭・尾、羽の先は細かい針目の返し縫い（P95 参照）で縫う。

材料（1個分）

リネン ----------50 × 15cm
手芸わた --------適量
手縫い糸

1. 羽を中表に合わせて縫い、表に返して折る

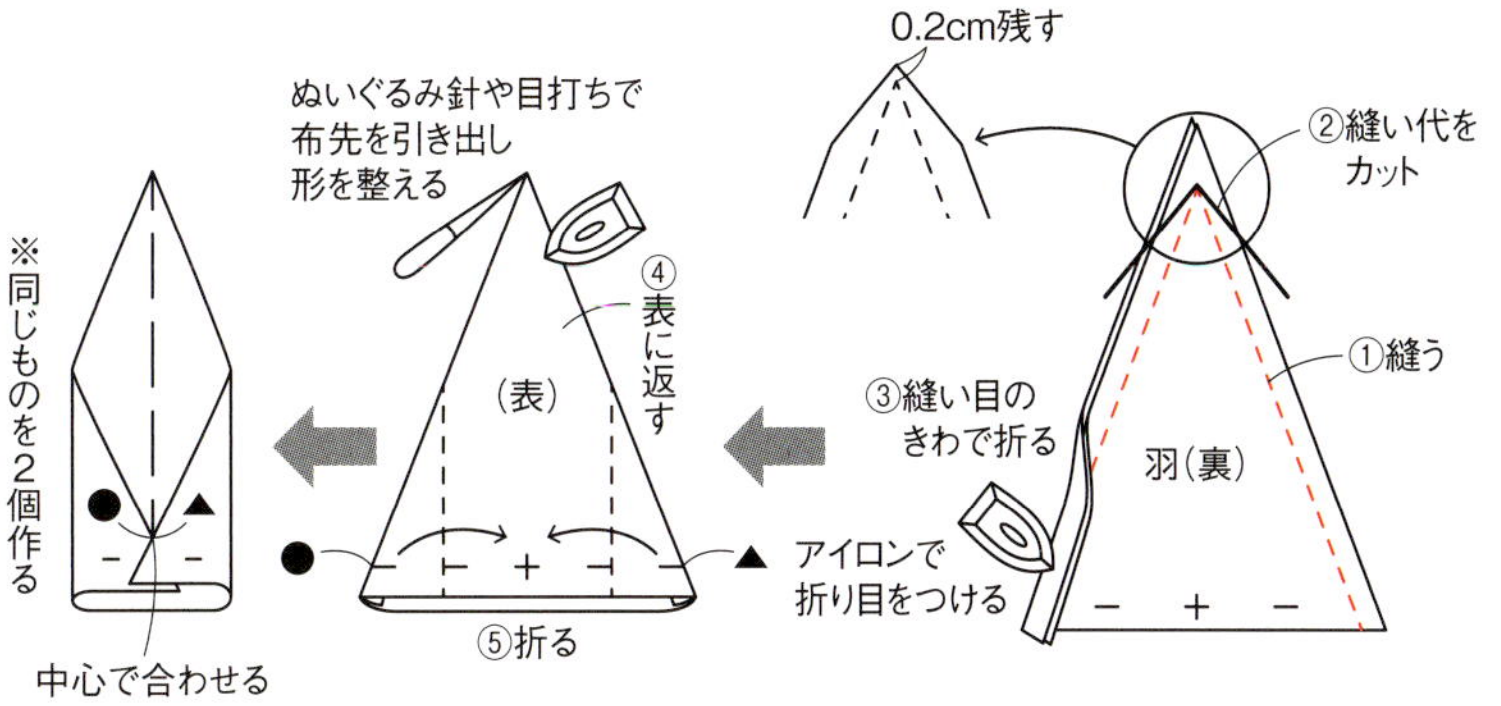

2. 頭・尾を羽と同じ要領で縫い、表に返して形を作る

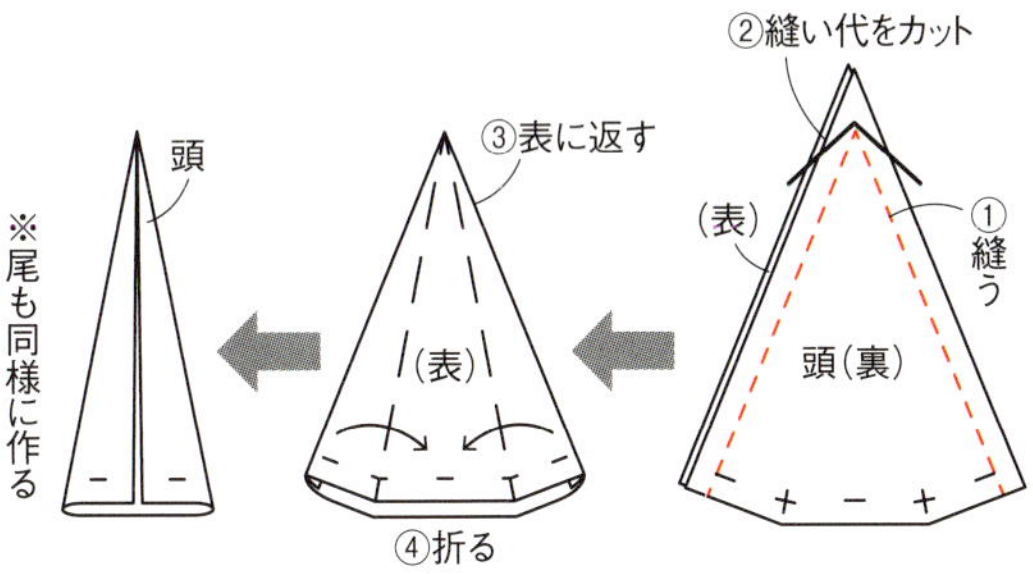

3. 胴を図の手順で折る

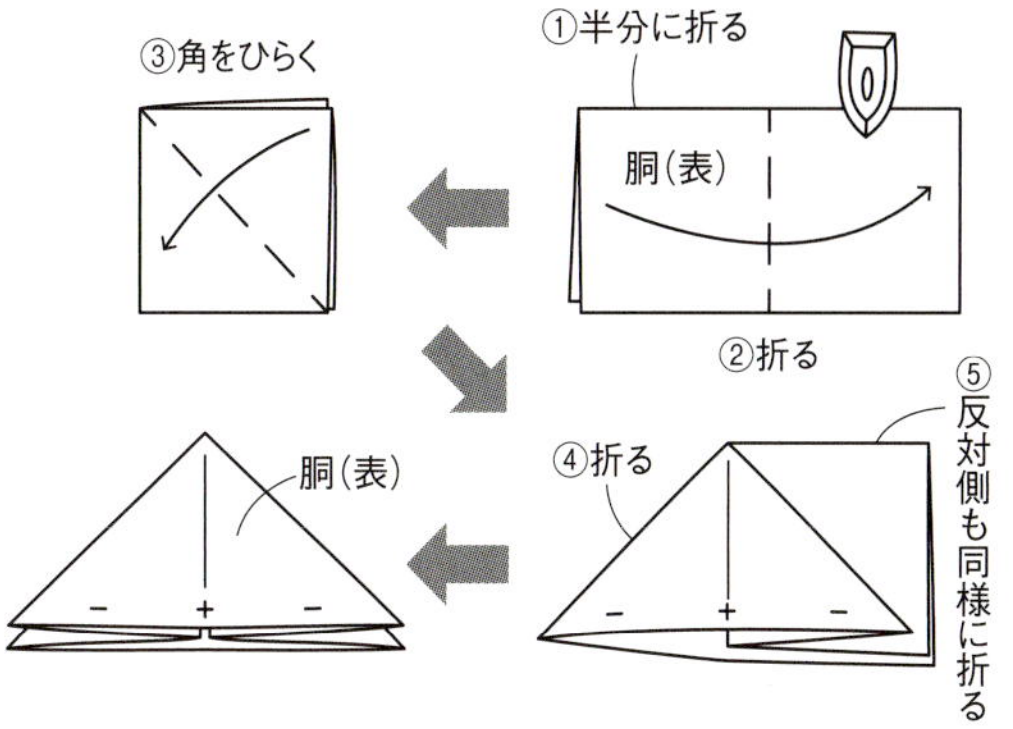

4. 胴に羽、頭、尾を仮留めする

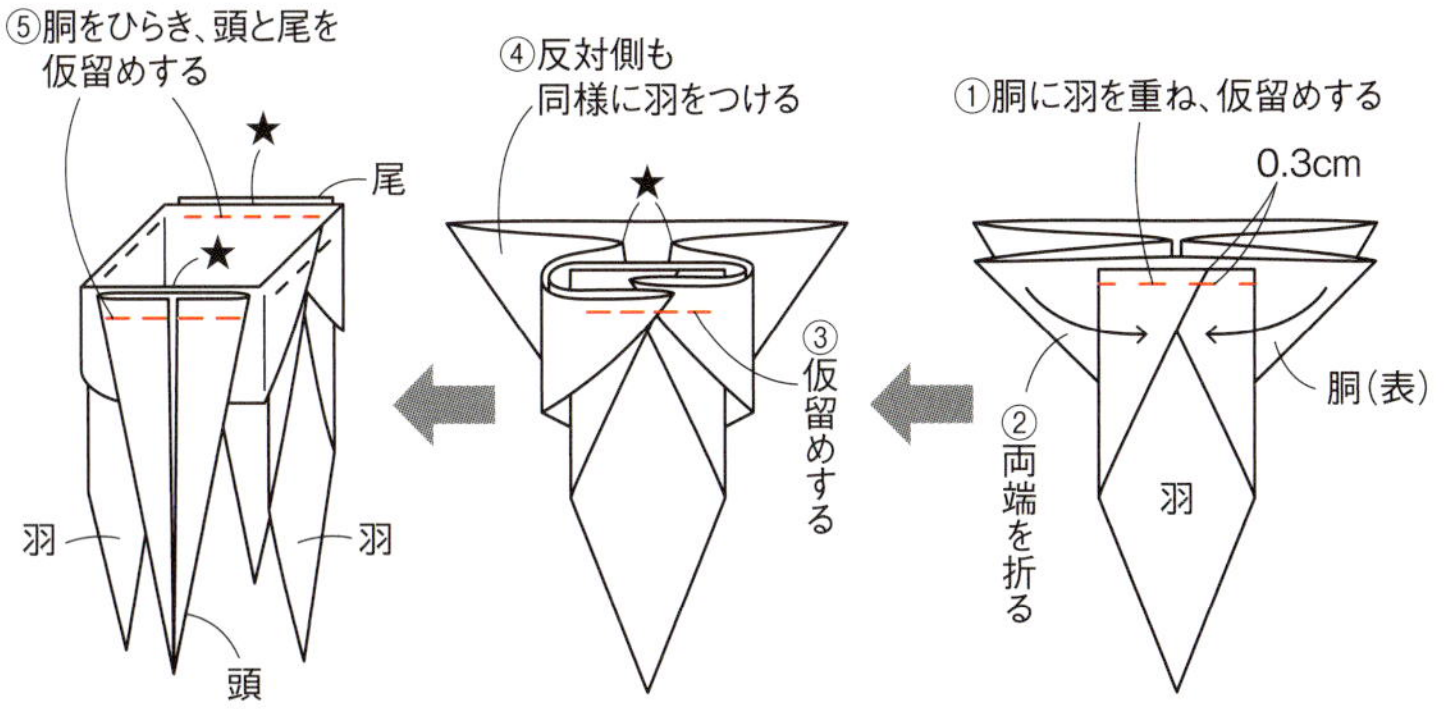

5. 口べり布を縫い、胴と縫い合わせ、わたを入れて糸を引きしぼる

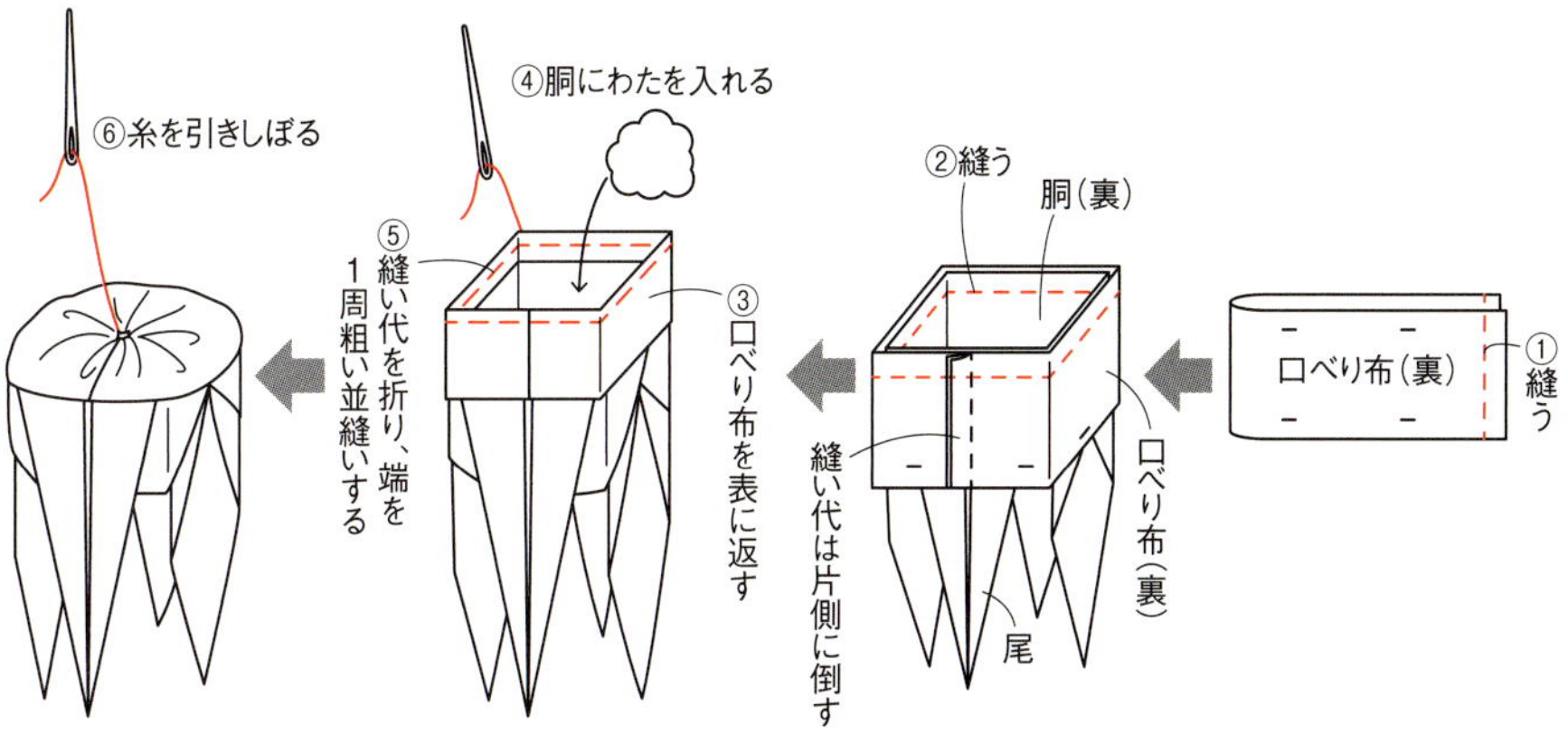

6. 頭の先を折り、頭と尾を縫い留める

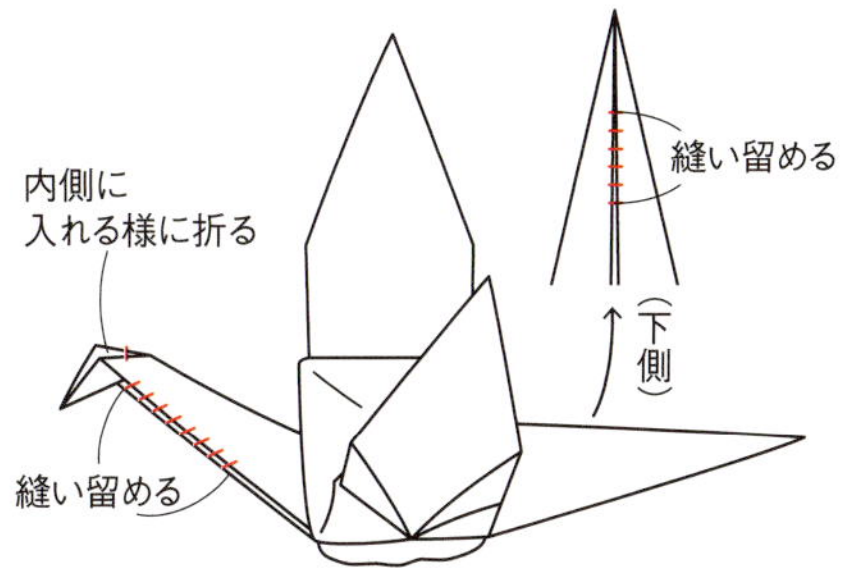

かめ

万年生きるといわれる亀は
長寿と繁栄の象徴。
幸せが長く続きます
ようにと願って

亀は世界でも縁起のいい動物。中国では仙人の使い、インドでは
地球を支えるといわれます。甲羅にわたを入れてふっくら仕上げます。

作品 --- P44
実物大型紙 --- P85

作り方ポイント

頭・足・しっぽは小さい針目の返し縫い（P95 参照）で縫う。

材料（1個分）

リネン ----------50 × 15cm
蝋引きコード ------直径 0.2 × 25cm
手芸わた --------適量
金色の糸 --------適量
手縫い糸
手芸用接着剤

1. ひだを外表に折り、タックをたたみ、アイロンで押さえる

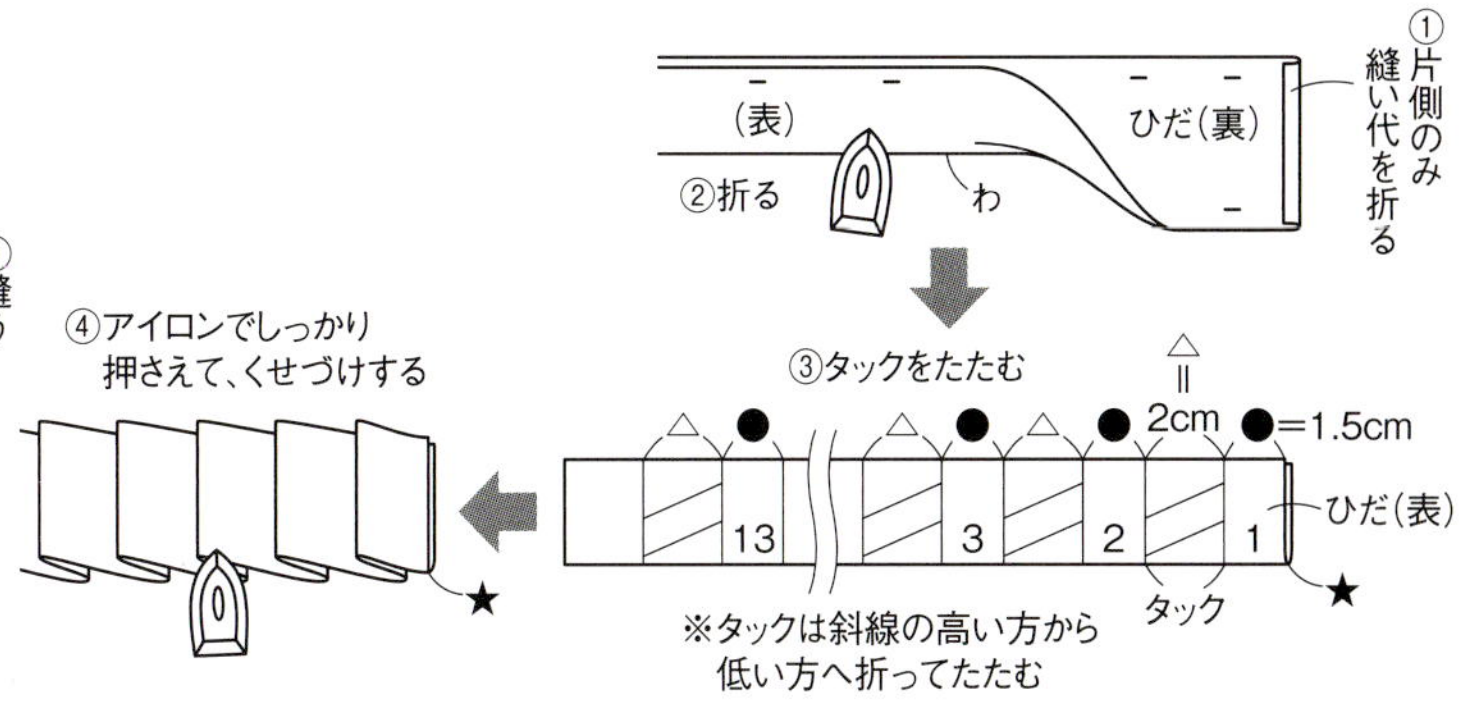

2. 甲羅を中表に折って縫い、ひだを仮留めする

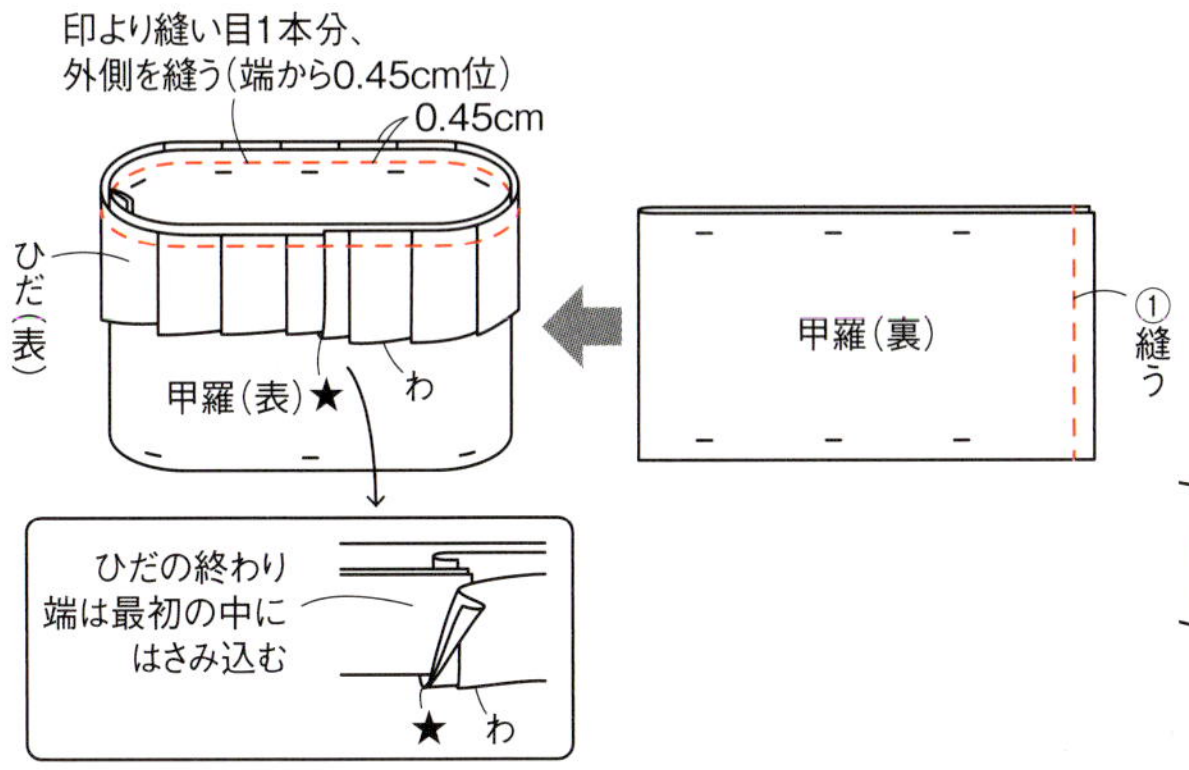

3. ひだのついた甲羅と腹を中表に合わせ、つけ位置をあけて縫う

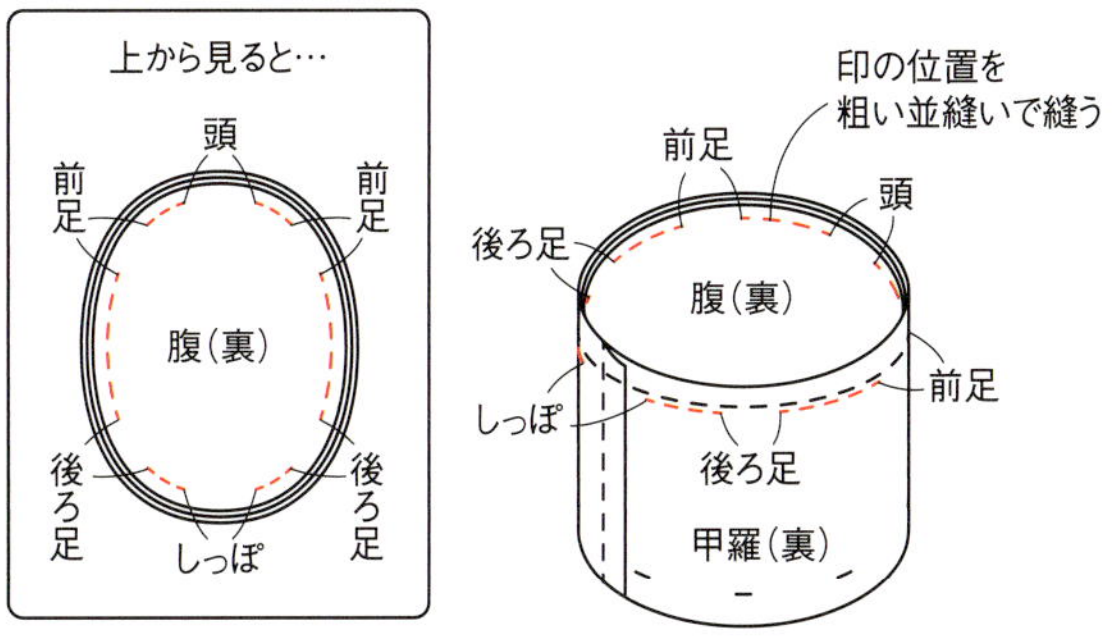

4. 甲羅を表に返し、端を折ってぐし縫いし、わたを入れて引きしぼる

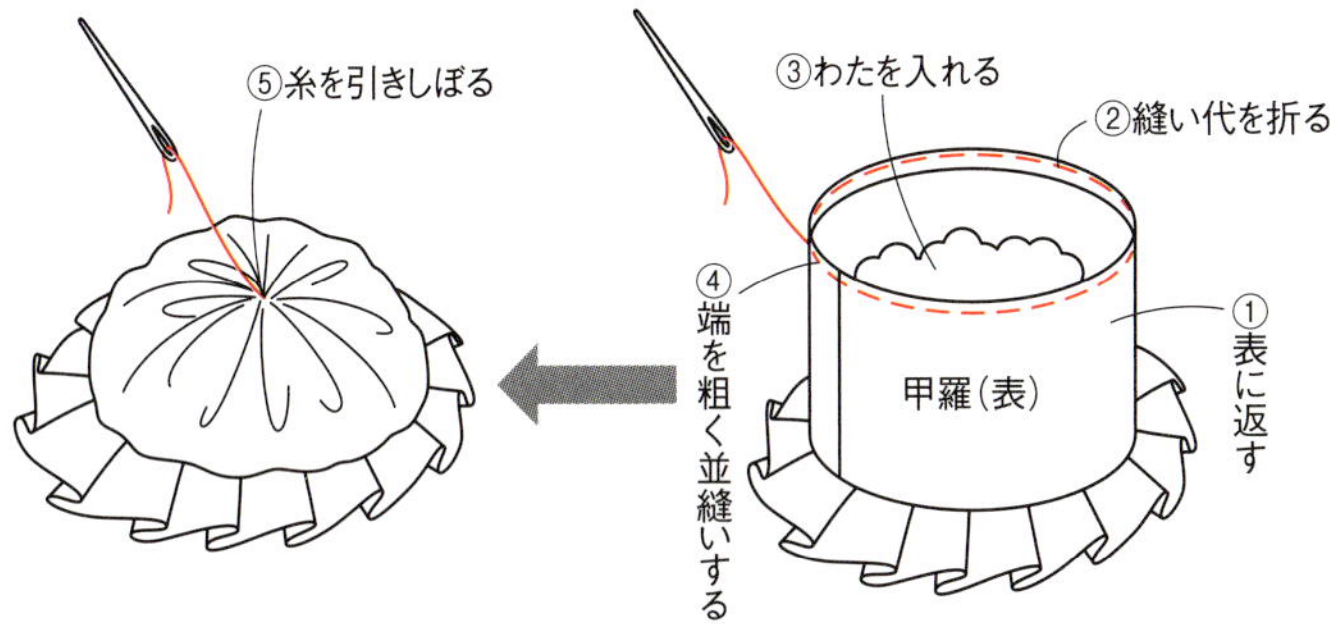

5. 頭・足・しっぽを縫い、中にわたを入れる

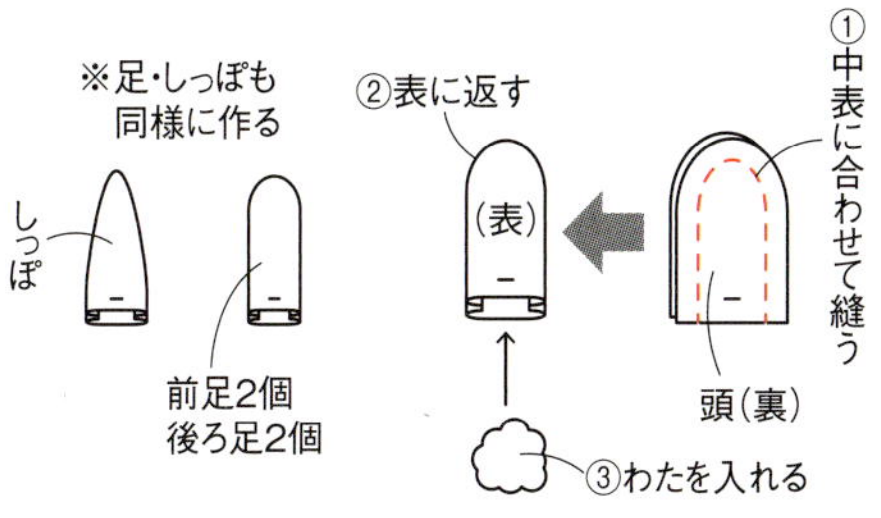

6. 各パーツを差し込み、バランスを確認してから縫い留める

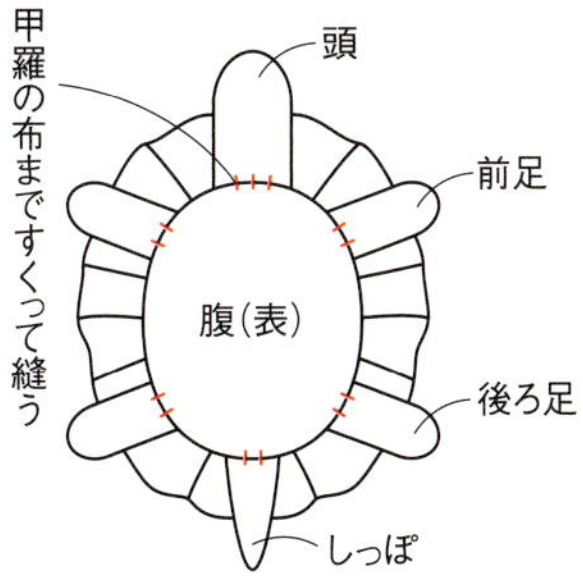

7. 目・口・つめを刺しゅうし、コードの先にぼんぼんをつける

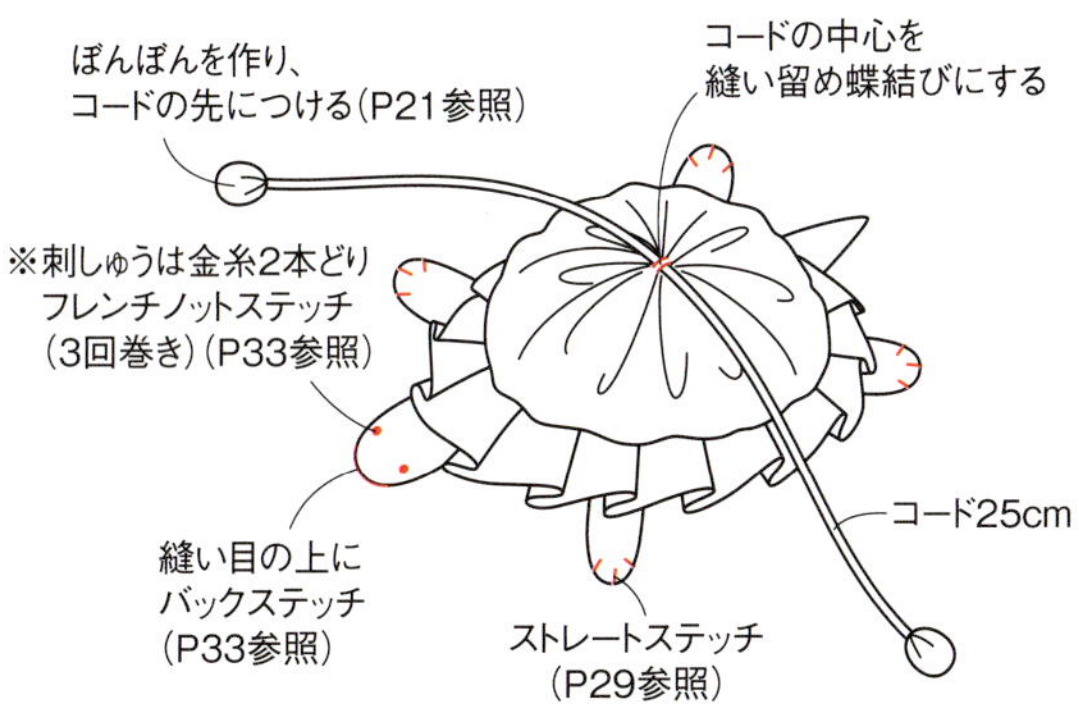

かぶと

かぶとは身を守るための
大切な道具。
男の子が事故や病気、
災害から守られますように
という願いを込めて

折り紙でかぶとを折るように、布を折り、折り山を縫い留めるだけ。
白と黒の布を使えば、男の子らしいたくましさを表現できます。

作品 --- P45
実物大型紙 --- P87

作り方ポイント

角部分は細かい針目の返し縫い（P95参照）で縫う。布をひと折りするごとにアイロンで押さえ、折り目をつけるときれいに仕上がる。ほかのモチーフとつなぐときは、かぶとの上の角に糸を通す。

材料（1個分）

リネン ------ 黒・白 各18 × 18cm

手縫い糸

1. 布2枚を中表に合わせて縫い、表に返して形を整える

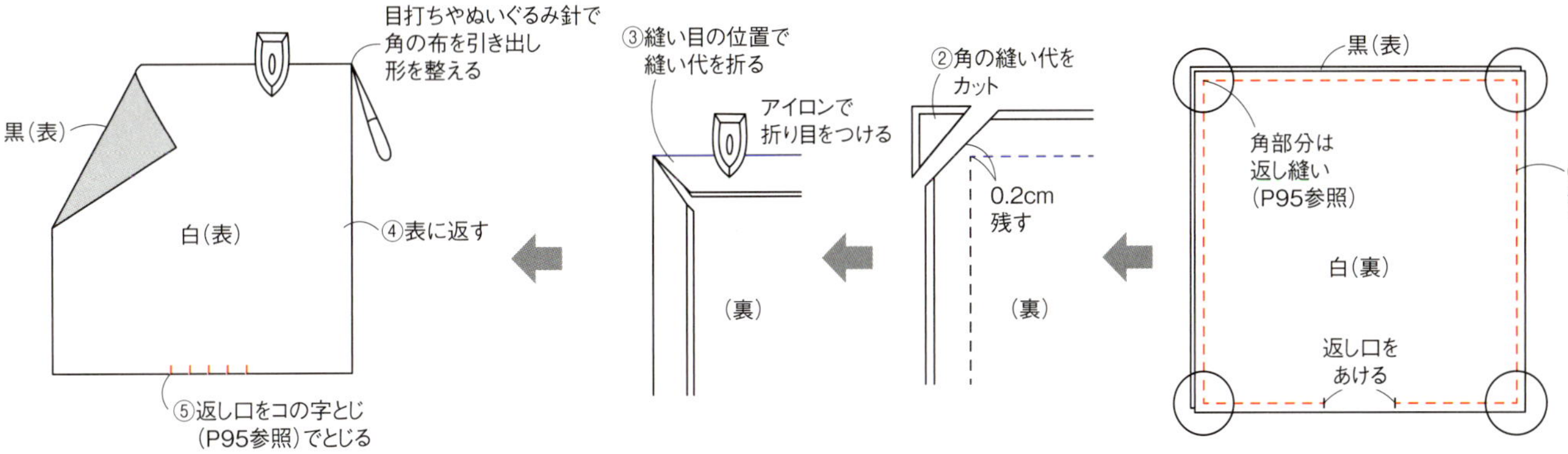

2. 図の手順でかぶとを折る

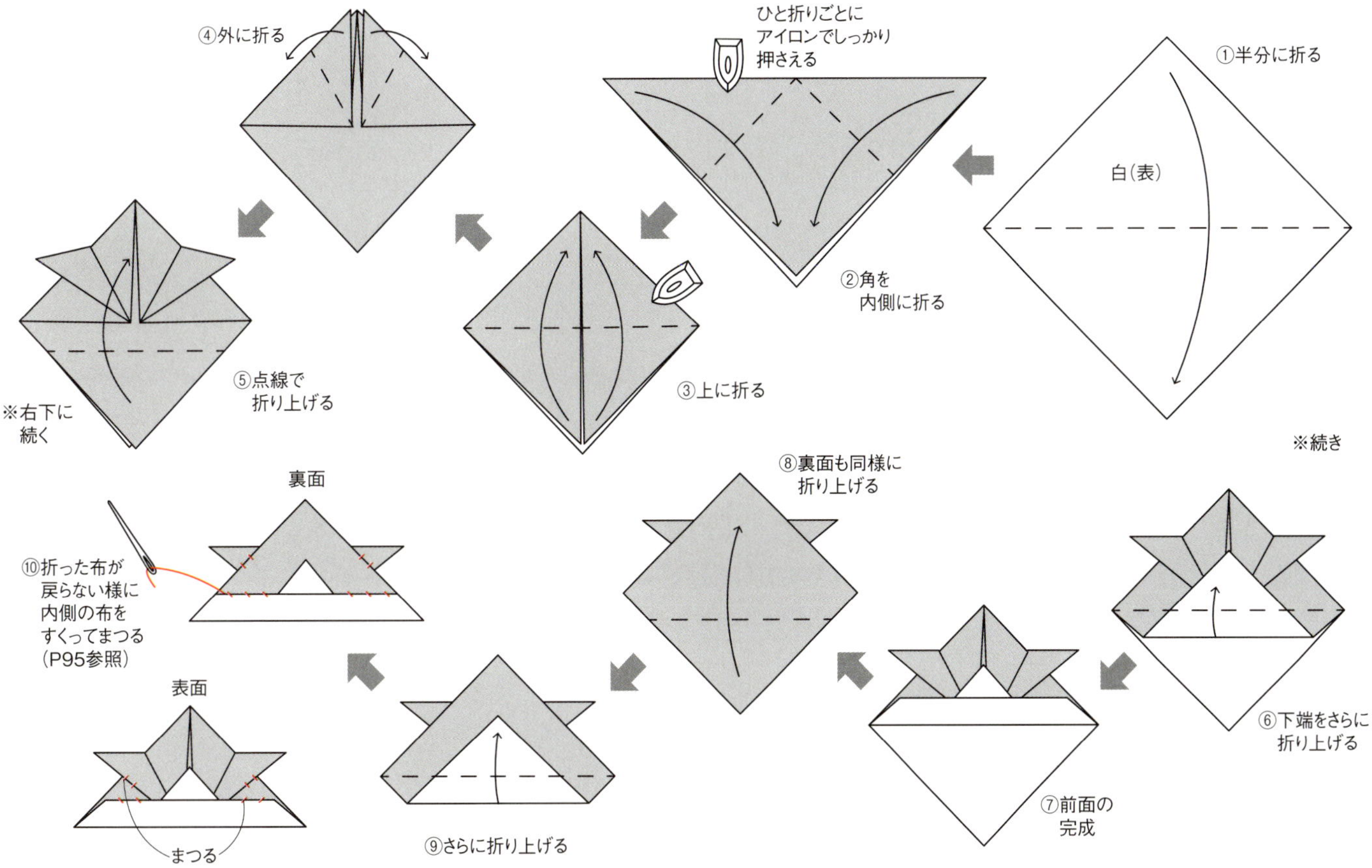

こいのぼり

鯉が流れの激しい滝をのぼり、
竜になって、天に昇った
といういい伝えから。
男の子の出世と
健康を願う縁起物です

泥の中でも生き抜く鯉の生命力も、男の子の幸せな未来の象徴です。
目やひれは縫わずに、両面アイロン接着シートを使って本体に貼ります。

作品 --- P45
実物大型紙 --- P89

作り方ポイント

頭やひれは黒い布で、鯉のぼり胴と目は白い布で作る。目やひれは、両面アイロン接着シートの代わりに手芸用接着剤を薄くつけて貼ってもよい（あとで縫うので出来上がり線はよけてつける）。

材料（１個分）

リネン - - - - - - - - - - - - - 白 20 × 15cm、黒 25 × 15cm
両面アイロン接着シート - - 20 × 15cm
手芸わた - - - - - - - - - - - 適量
手縫い糸

1. 布の裏に接着シートを貼り、接着パーツを裁つ

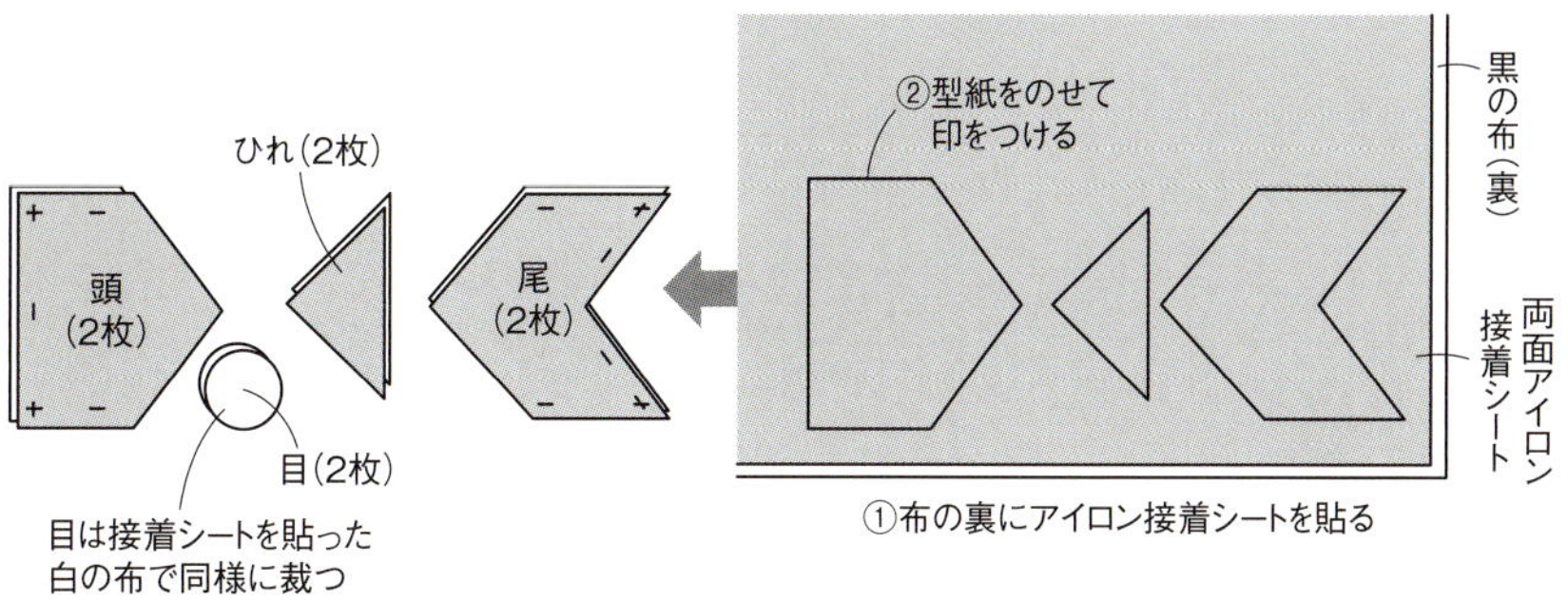

2. 胴に各パーツを接着する

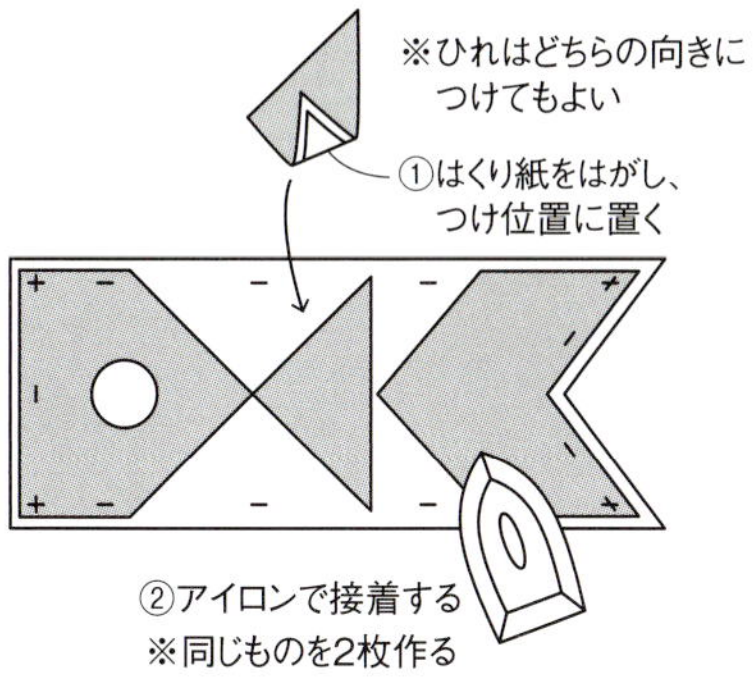

3. 胴 2 枚を中表に合わせて縫い、表に返す

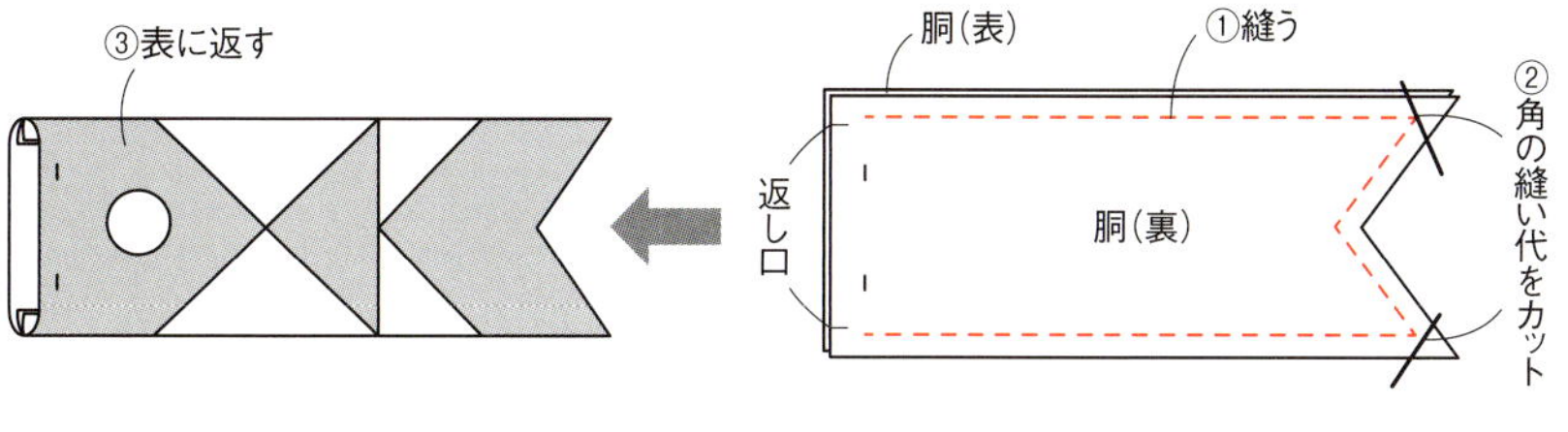

4. 口べり布を中表に折って縫う

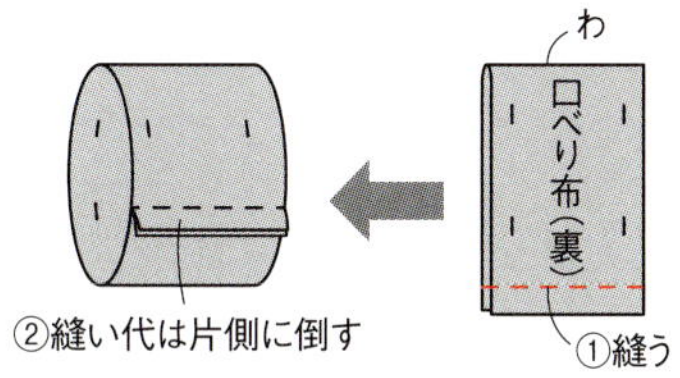

5. 胴と口べり布を中表に合わせて縫い、本体にわたを入れる

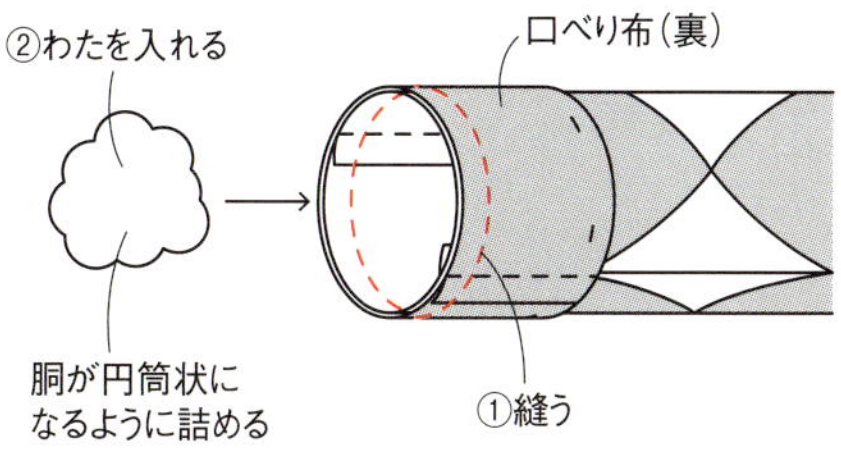

6. 口べり布を表に返し、端を折って粗く並縫いし、糸を引きしぼる

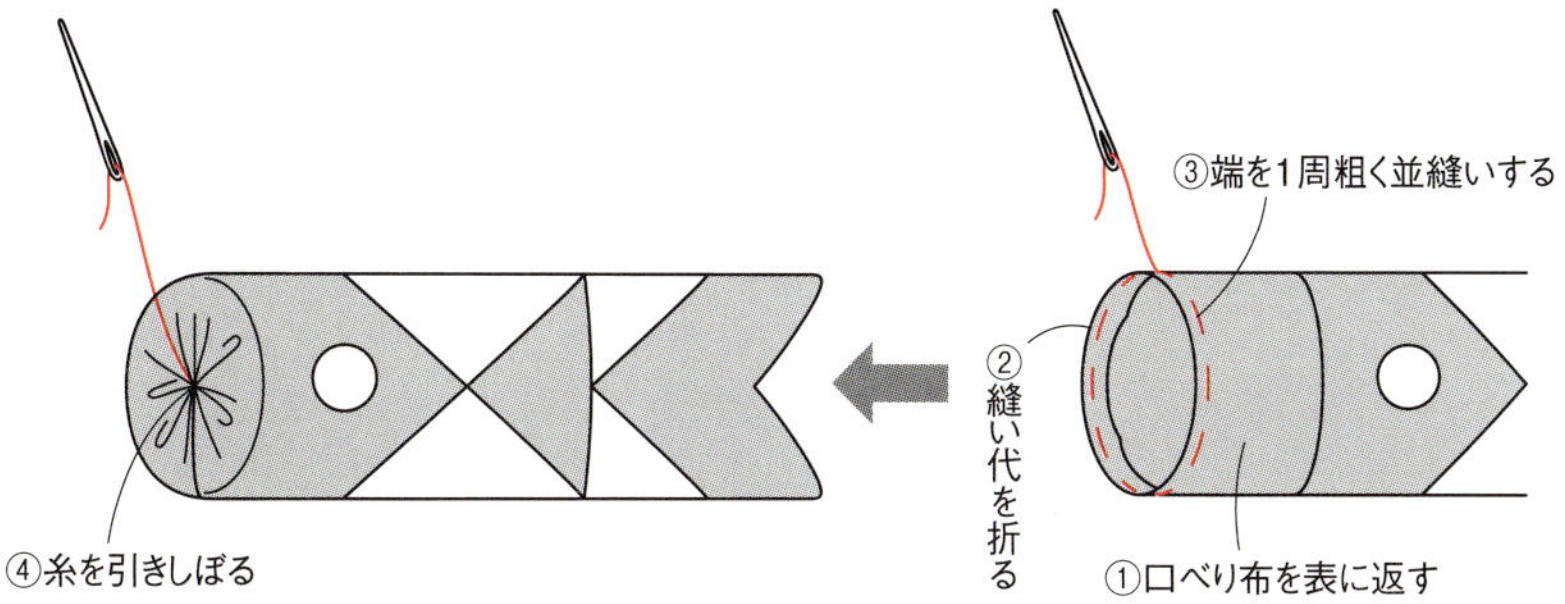

かじのは いとまき たんざく

わた入りではなく平面的に、白一色で作ると、大人っぽい七夕飾りになります。両面アイロン接着シートを布にはさんでいるので丸まらずに形もしっかり保てます。

作品 --- P46
実物大型紙 --- P91

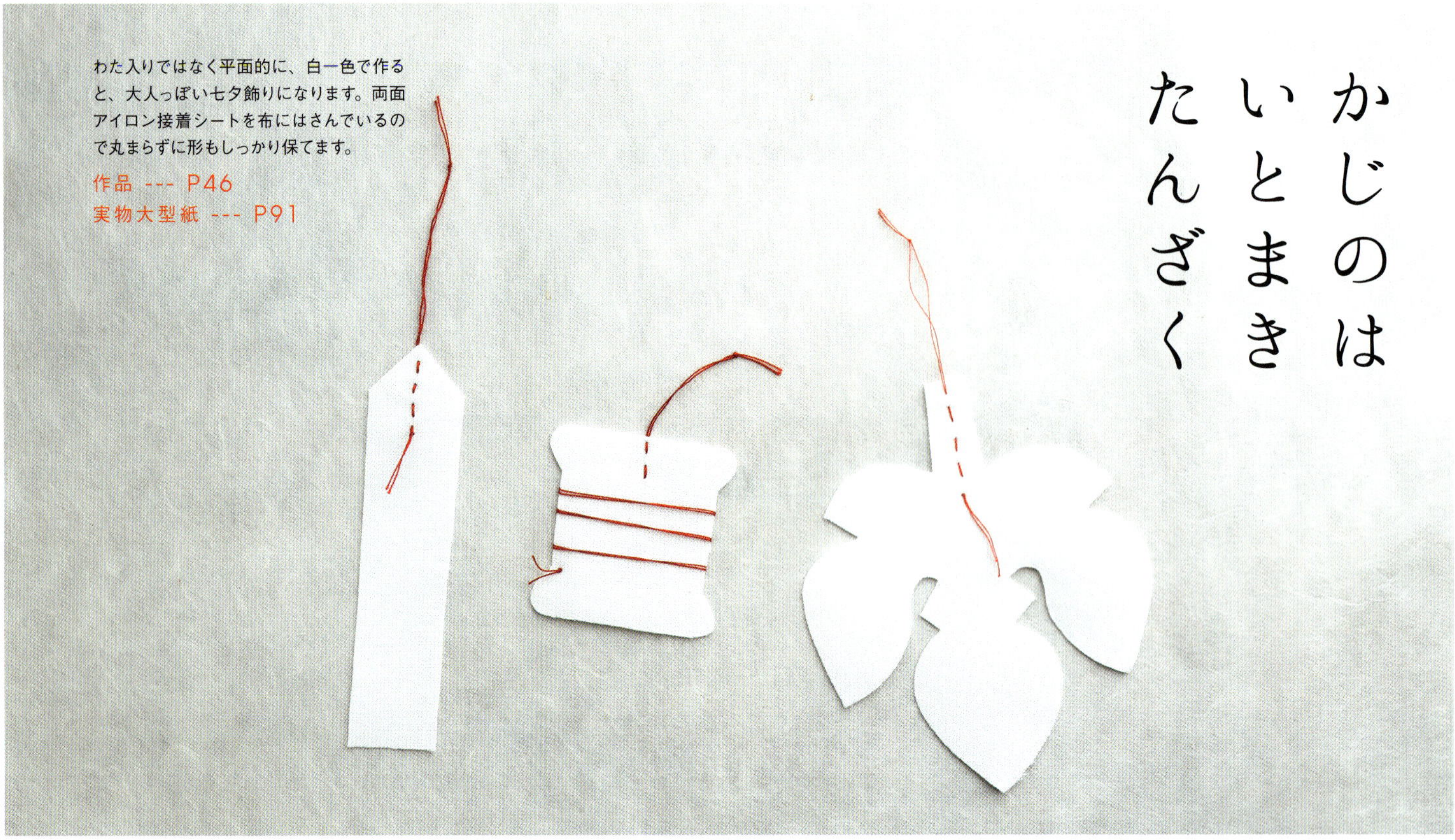

昔は願い事や和歌をしたためたという神聖な梶の葉。糸巻には、針仕事が上手な女の子になりますようにという思いを込めて

1. 布を両面アイロン接着シートで貼り合わせ、各パーツを裁つ

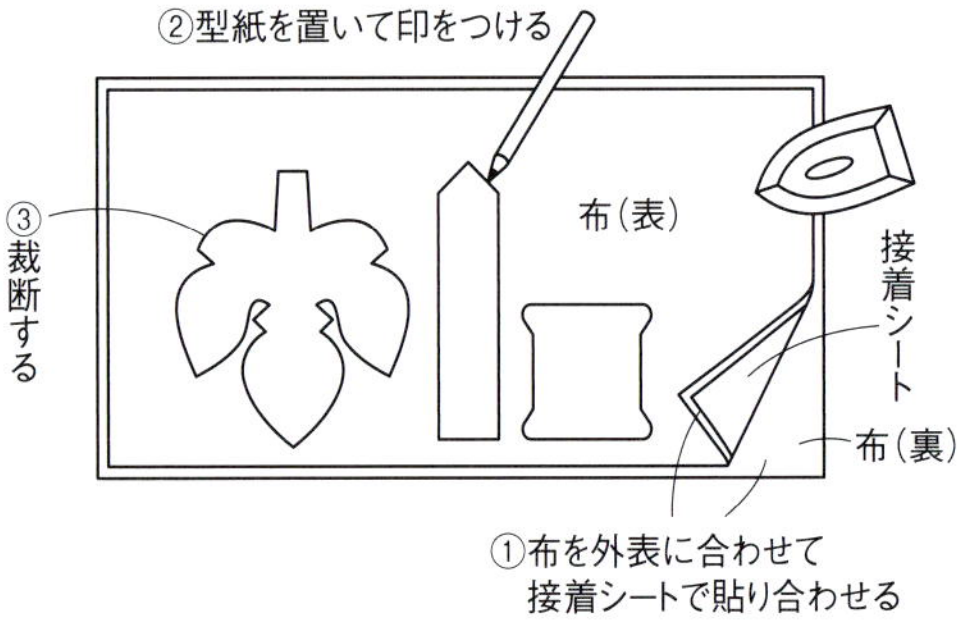

2. 針に手縫い糸を通し、図のように糸をつける

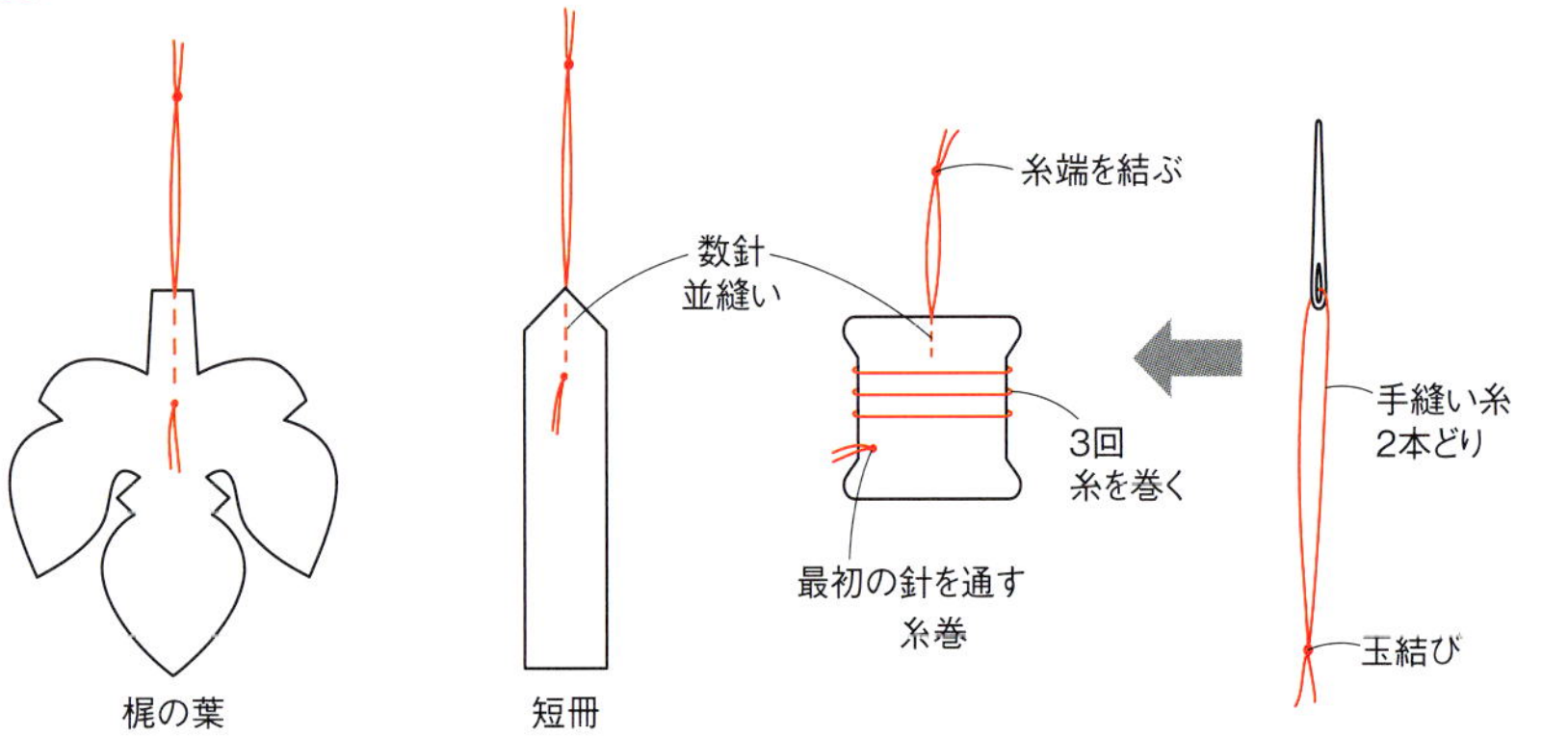

材料（1個分）

リネン --------- 20 × 15cm を 2 枚
両面アイロン接着シート
------------ 20 × 15cm
手縫い糸（赤）

作り方ポイント

両面アイロン接着シートは、繊維がくもの巣状になっているタイプを使う。アイロンで簡単に布に接着できる。

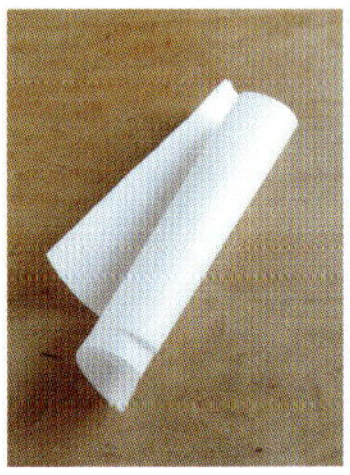

くくりざる（小）
さんかく（大中）

くくり猿と三角をサイズ違いで作ると、七五三の飾りが華やかになって楽しいですよ。写真右下がくくり猿小、上と左下が三角の大中です。

作品 --- P48
実物大型紙 --- P65,67
※大中の三角の型紙は
P75を参考にしてください

くくり猿は、災いが〝去る〟ように。
薬袋に見立てた三角は、病気に無縁であるように。
子どもの明るい未来を祈って

作り方ポイント

作り方は三角・小と同様（P30参照）。大の三角の底辺には、下写真のような棒や箸、竹ひごなどを入れてハリをもたせる。長さは●とそろえる。

材料（三角・大）

リネン ----------25×25cm
竹ひご ----------28cm
手芸わた --------適量
手縫い糸

材料（三角・中）

リネン ----------15×15cm
竹ひご ----------14cm
手芸わた --------適量
手縫い糸

材料（くくり猿・小）

リネン --------15×25cm
手芸わた ------適量
手縫い糸

作り方ポイント

作り方はくくり猿（大）と同様（P14～17参照）

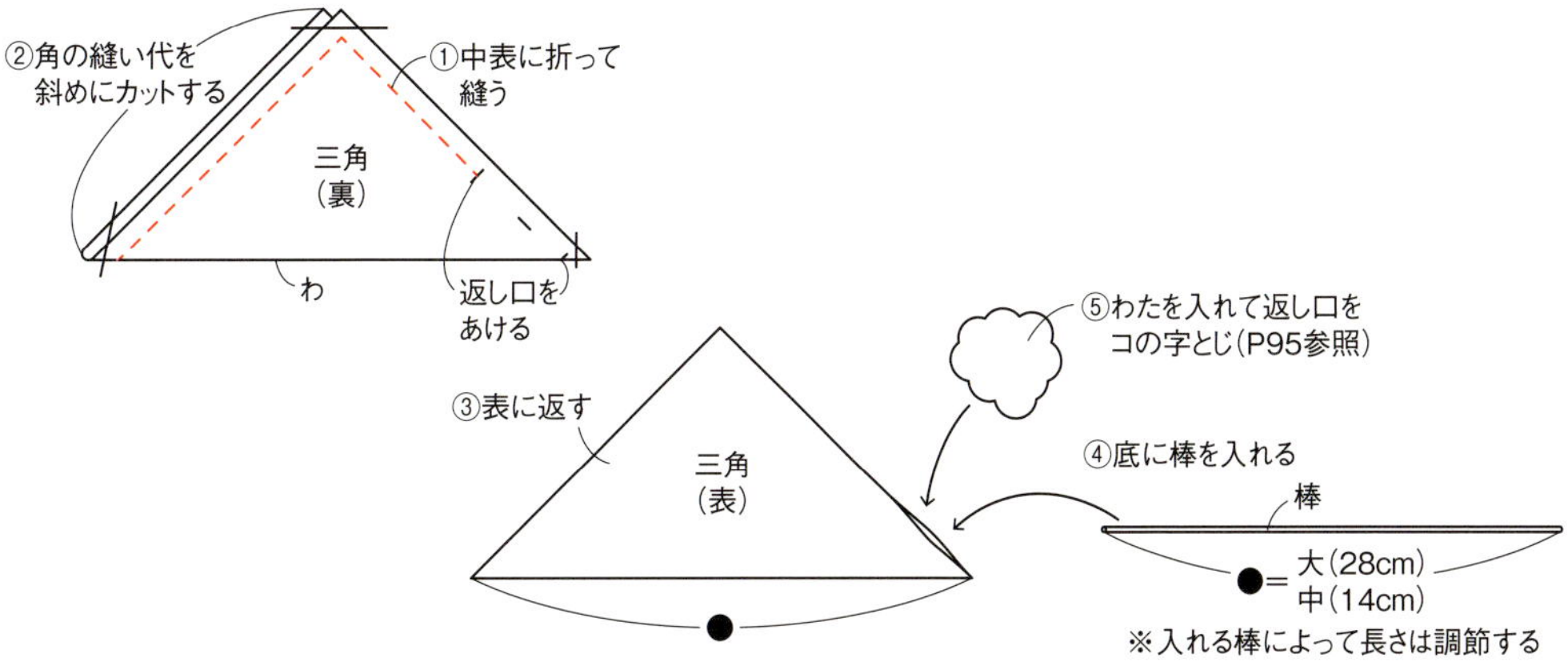
②角の縫い代を斜めにカットする
①中表に折って縫う
三角（裏）
わ
返し口をあける
⑤わたを入れて返し口をコの字とじ（P95参照）
③表に返す
三角（表）
④底に棒を入れる
棒
●＝大（28cm）中（14cm）
※入れる棒によって長さは調節する

ちゃんちゃんこ

〝生まれ直す〟という意味のある還暦。
赤ちゃんに戻って再出発する日を
赤いちゃんちゃんこでお祝いします

赤は厄除けや魔除けを象徴する色。両親のこれからの人生に幸多きことを祈りましょう。ぽんぽんをつけたひもを結んで愛らしく。

作品 --- P47
実物大型紙 --- P93

作り方ポイント

角部分は細かい針目の返し縫い（P95参照）で縫う。

材料（1個分）

リネン ----------30×20cm

蝋引きコード ------直径0.2×30cm

手芸わた --------適量

手縫い糸

手芸用接着剤

1. 身頃2枚を中表に合わせて縫い、角の縫い代をカットし、切り込みを入れる

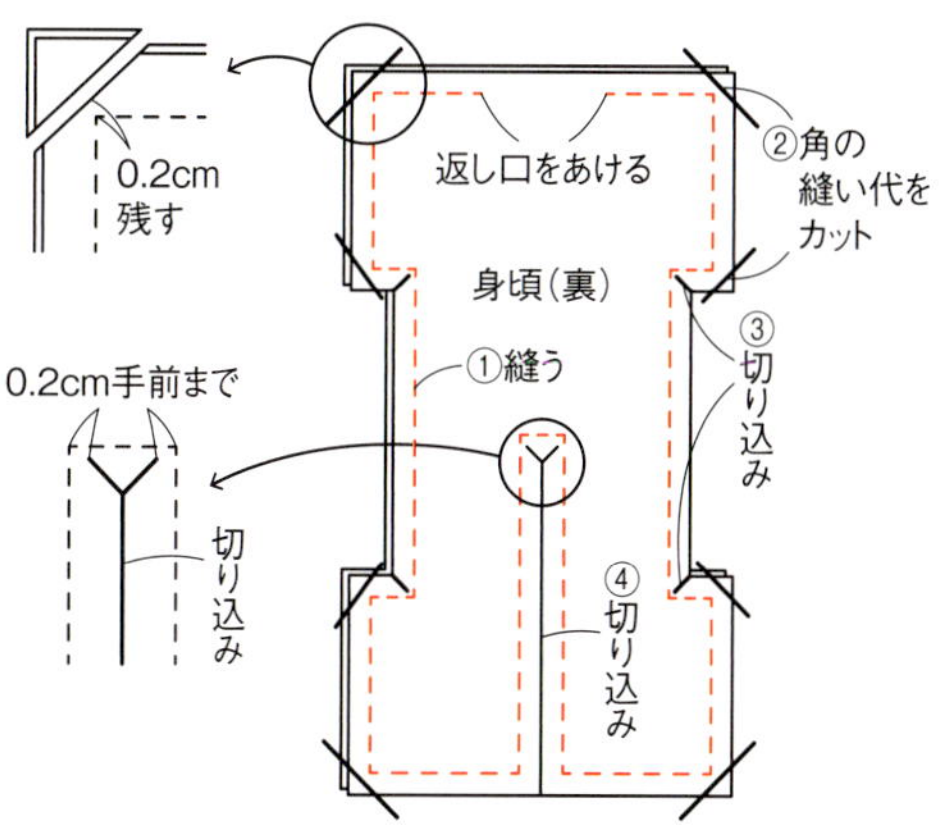

2. 表に返し、わたを入れ、返し口をコの字とじでとじる

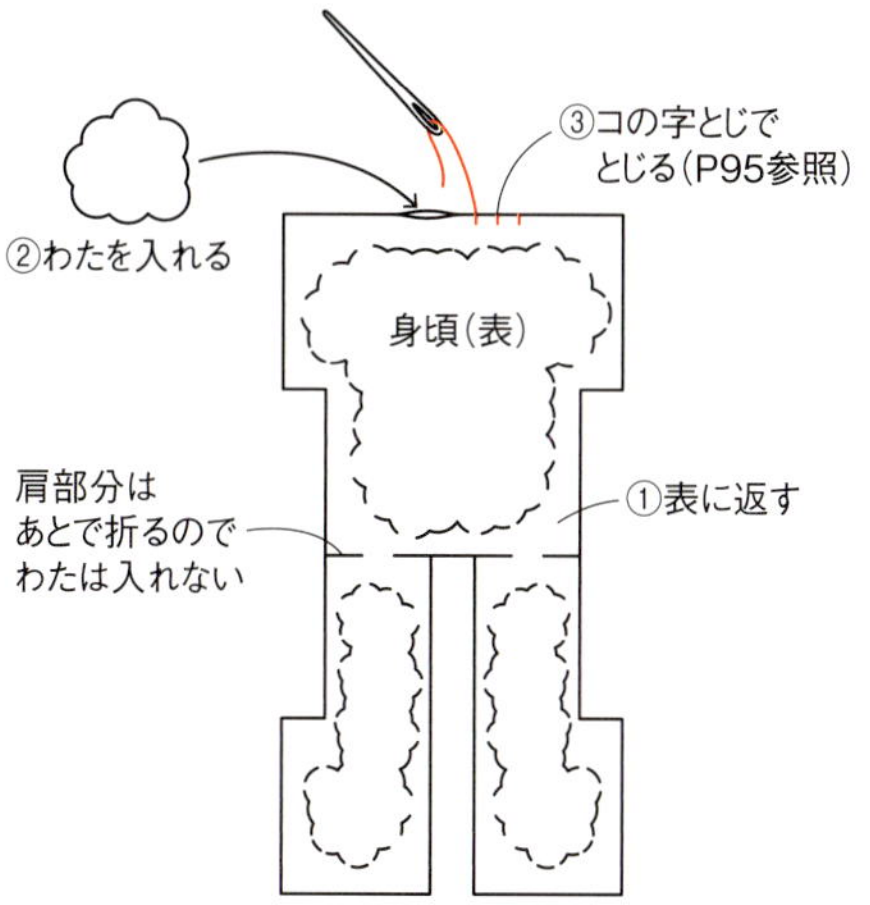

3. 身頃の脇を巻きかがりでかがる

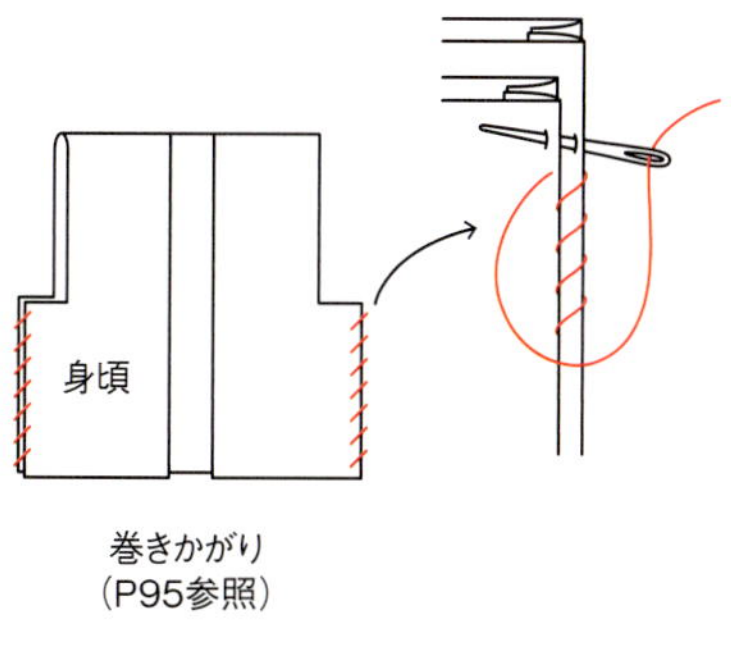

4. 襟を折り、コの字とじで縫い留める

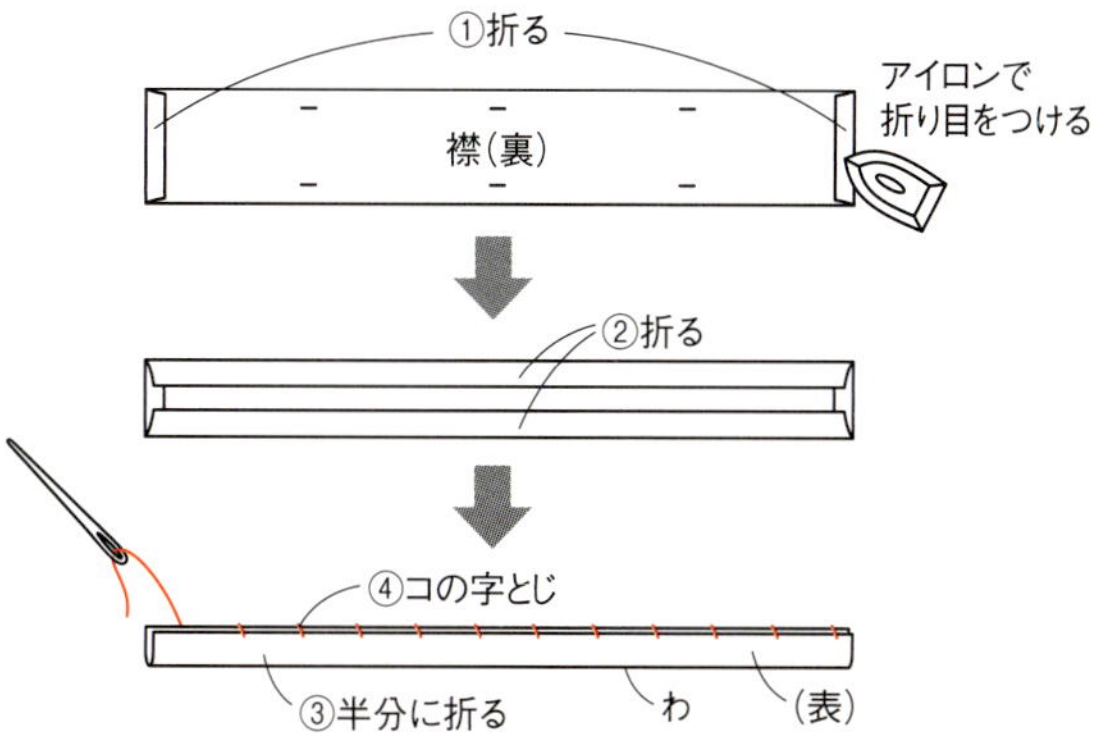

5. 身頃に襟を縫いつける

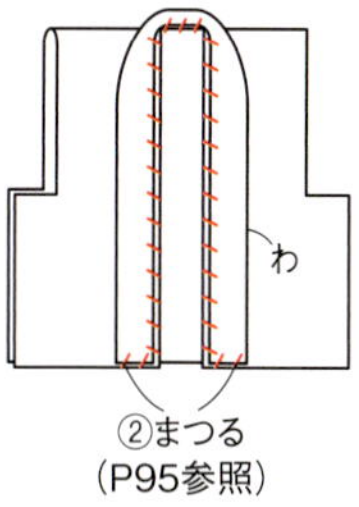

6. コードに結び目を作り、身頃に縫いつける

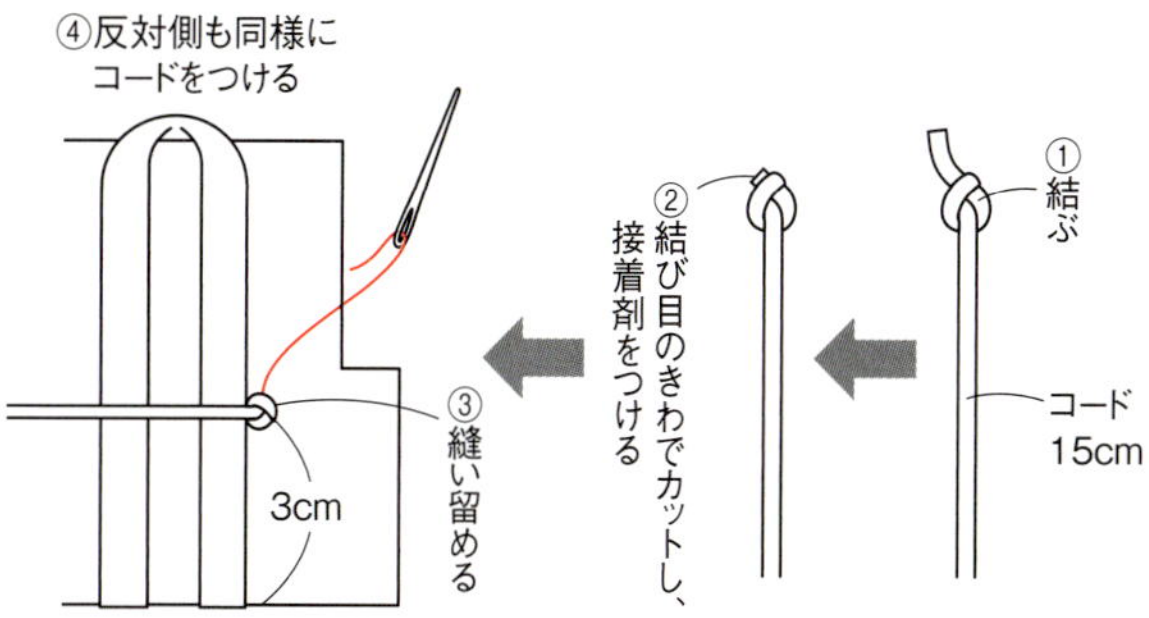

7. ぼんぼんを作り、コードの先につける

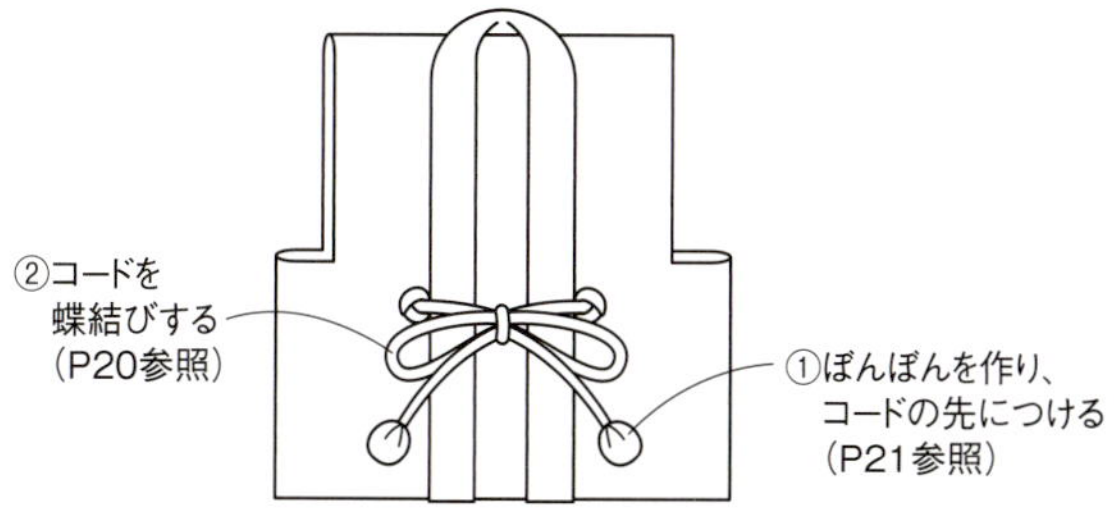

りぼん

赤ちゃんの誕生は、人生に何度あってもうれしい出来事。何度も結び直せる蝶結びのリボンを

蝶結びしたリボンには実を結ぶ、約束、絆などの意味も。中に毛糸を通して、ふっくらふくよかに仕上げましょう。

作品 --- P49
実物大型紙 --- P91

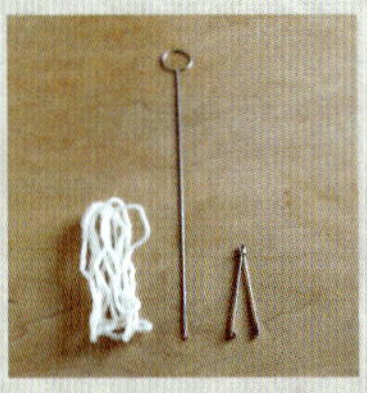

作り方ポイント

筒状に縫ったリボンを表に返すときはループ返し（写真中）を、毛糸を通すときはひも通し（写真右）を使うと便利。また、紅白で作るリボンには白の毛糸を入れる（写真左）。濃い色の毛糸だと白い布から透けてしまうので気をつけて。

材料（赤のみ）

リネン ----- 10 × 50cm
並太毛糸 --- 適量
手芸わた --- 適量
手縫い糸

材料（紅白）

リネン ----- 赤・白 各10cm幅× 25cm
並太毛糸 --- 白 適量
手芸わた --- 適量
手縫い糸

1. 布を中表に合わせて縫い、1枚につなぐ（紅白のみ）

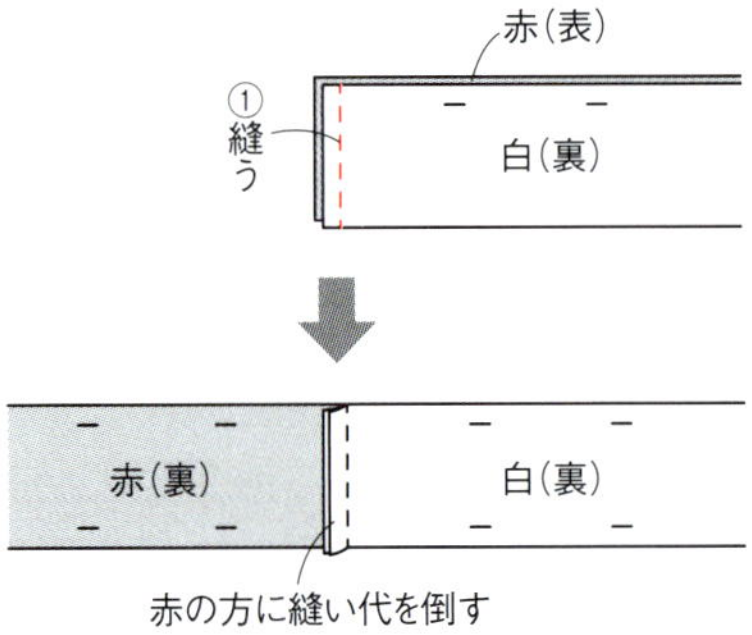

2. 両端を折り、中表に折って縫う

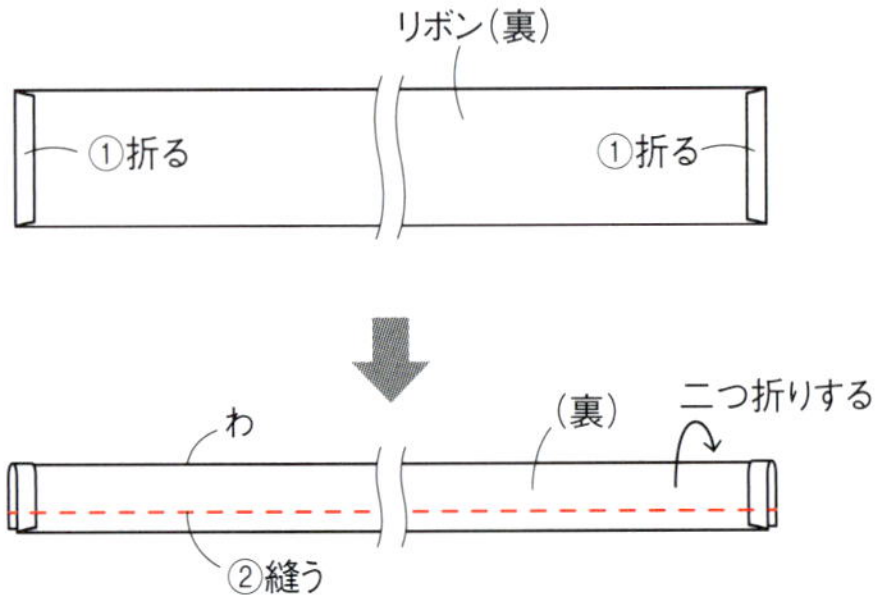

3. ループ返しを使って表に返し、中に毛糸を4本通す

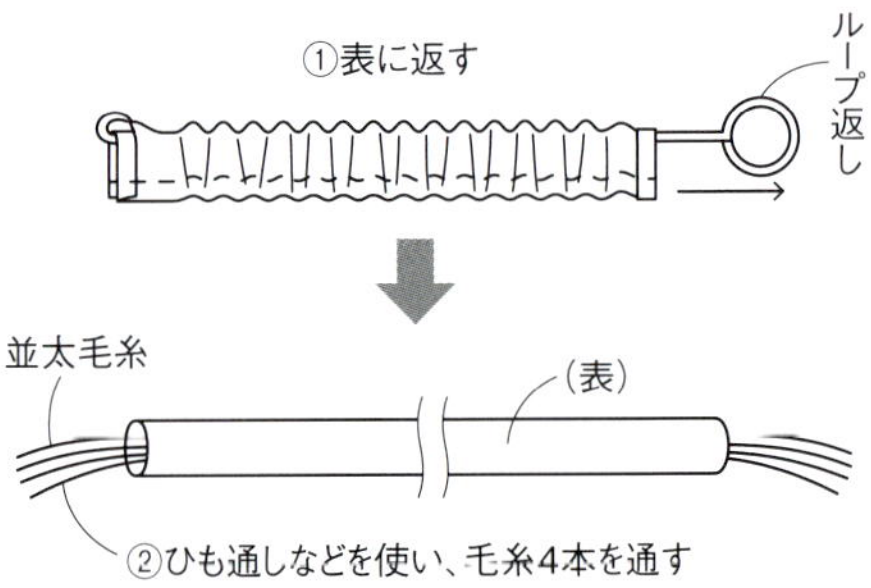

4. 両端を引きしぼり、ぼんぼんを縫いつける

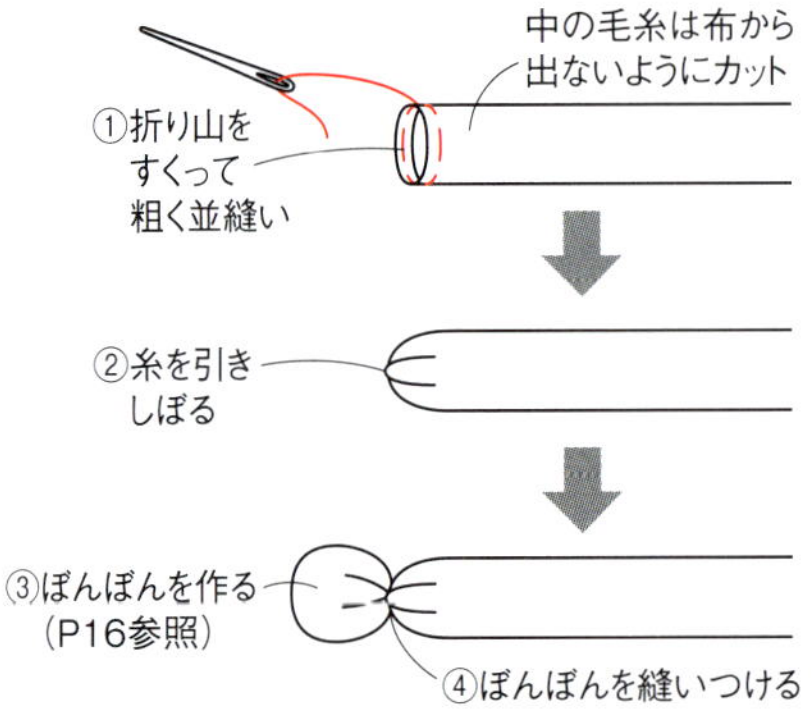

5. 蝶結びにする（P20参照）

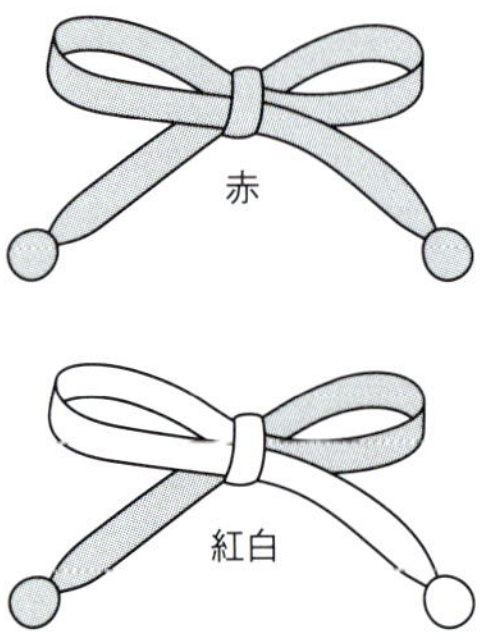

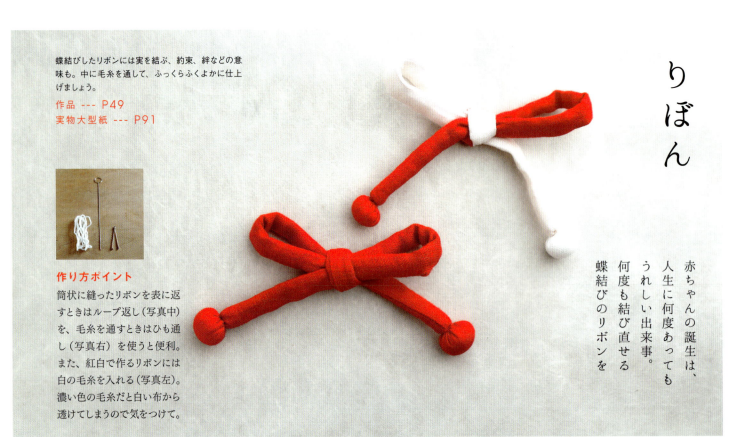

赤ちゃんが最初に持つスプーンをイメージしたシンプルな形。布2枚をはぎ合わせて、わたを入れるだけですからとても簡単です。

作品 --- P49
実物大型紙 --- P87

すぷーん

幸せをすくうスプーン。
生涯、食べものに
困ることなく、
豊かに過ごせますように

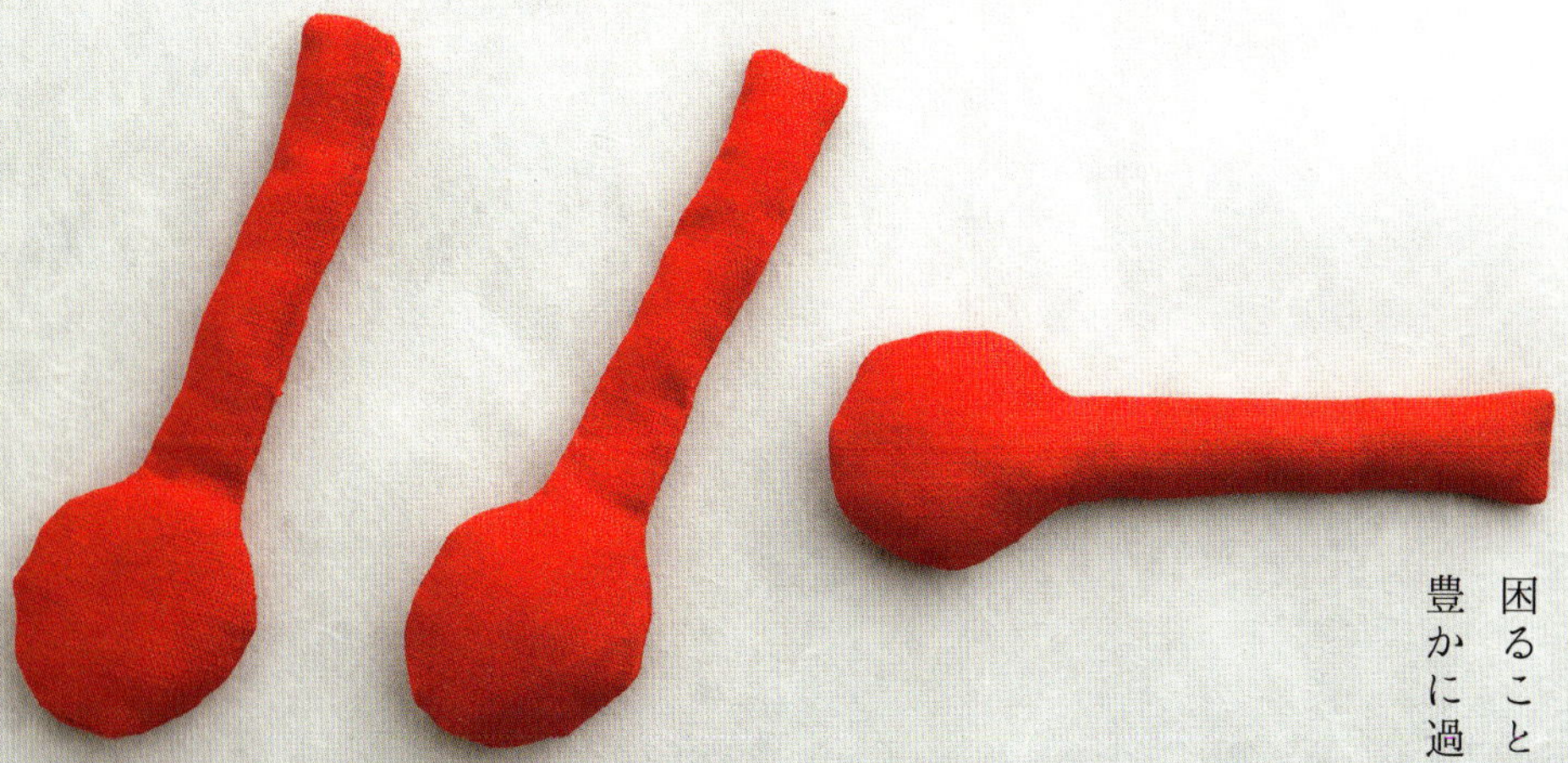

1. スプーン2枚を中表に合わせ、返し口をあけて周りを縫う

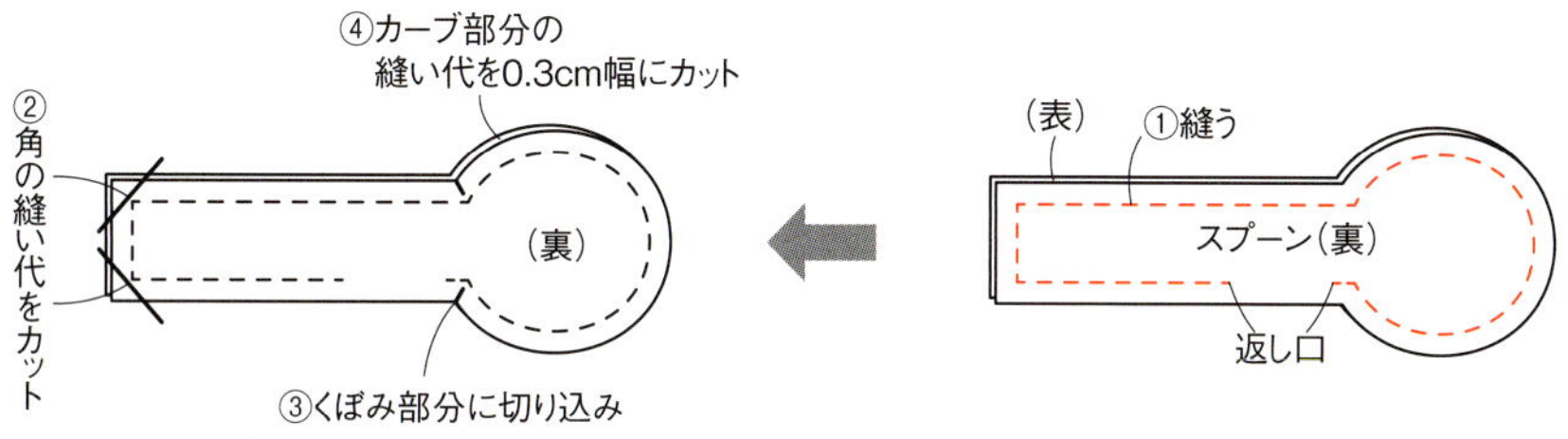

2. 表に返してわたを入れ、返し口をコの字とじでとじる

材料（1個分）

リネン --------15 × 15cm
手芸わた ------適量
手縫い糸

作り方ポイント

カーブや角の部分は、細かい針目の返し縫い（P95参照）で縫う。

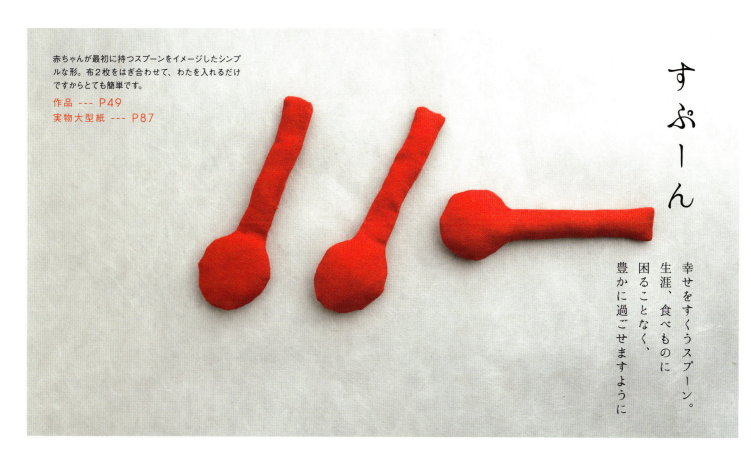

［つるし飾りのおはなし②］

幸せを運んでくれる。大切な人への贈りもの

大切な人の人生の節目を祝う贈りものに、その人への思いを込められるつるし飾りはぴったりだと思います。

初節句の女の子は、邪気を祓《はら》ってくれる「桃」や可愛らしく華やかな「蝶々」を、男の子には、たくましく育つように「かぶと」や「鯉のぼり」などを。赤ちゃんの健やかな成長を願って作ってあげたいですね。

たくさんの数をつるして飾るのも華やかで素敵なのですが、安産のお守りなどに、犬のつるし飾りを単体でプレゼントするのも心がこもっていていいと思います。

また、体調を万全にしておきたい受験生などには「くくり猿」をお守りにプレゼント。くくり猿は「身代り申」ともいわれ、病気や災難を身代わりになって受けてくれるといわれています。インフルエンザ予防の神頼みです。

還暦のお祝いに、60ページで紹介した赤いちゃんちゃんこのつるし飾りはとても喜ばれると思います。私も両親にプレゼントしたいのですが、とっくに60歳を超えています。タイミングを逃したかなと思って調べてみると古稀（70歳）、喜寿（77歳）が紫色、傘寿（80歳）、米寿（88歳）が黄色、卒寿（90歳）、白寿（99歳）、紀寿（100歳）が白色がお祝いの色なのだそうです。もうすぐ父は喜寿なので、お祝いの紫色のリネンで作ってプレゼントしたいなと思っています。

実物大型紙

実物大なので、そのまま切って使えます。
使い方はＰ95を参照してください。

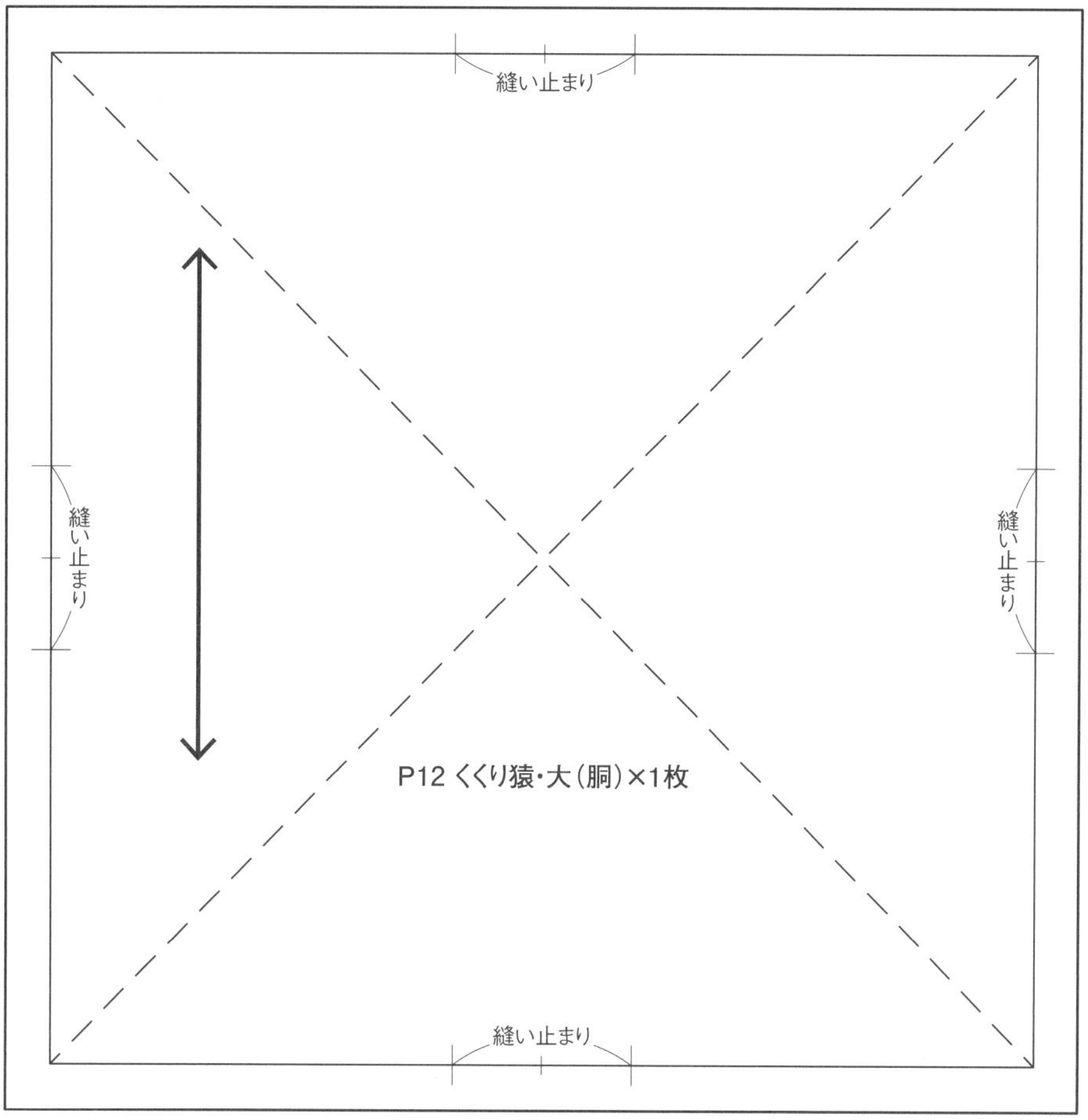

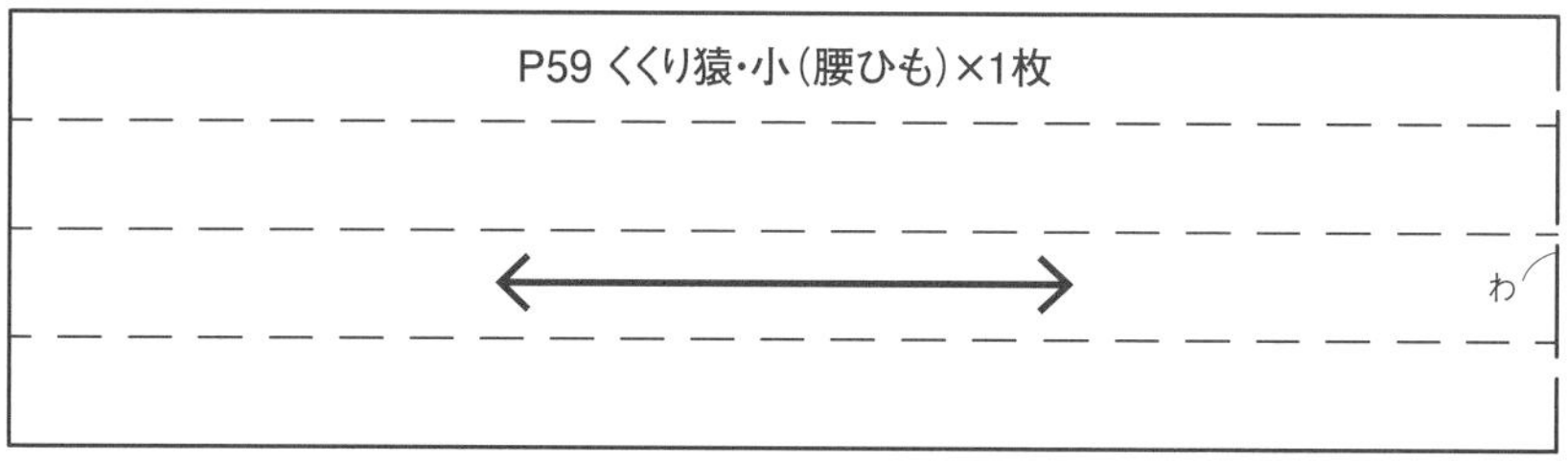

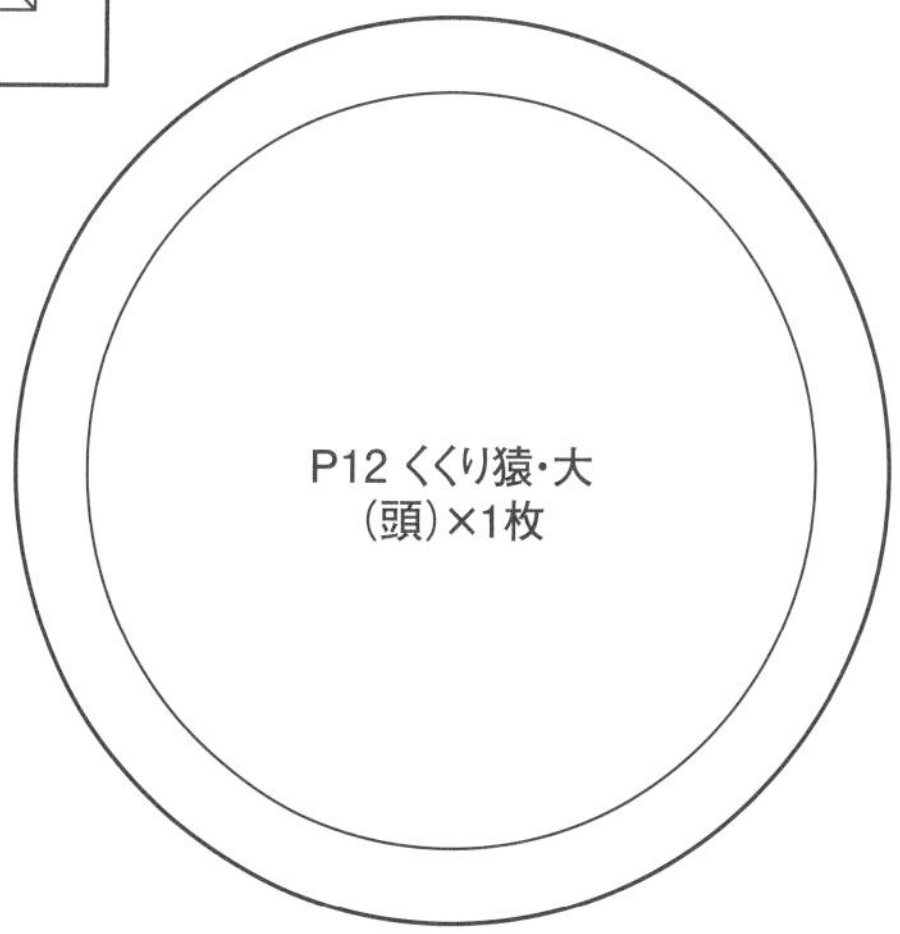

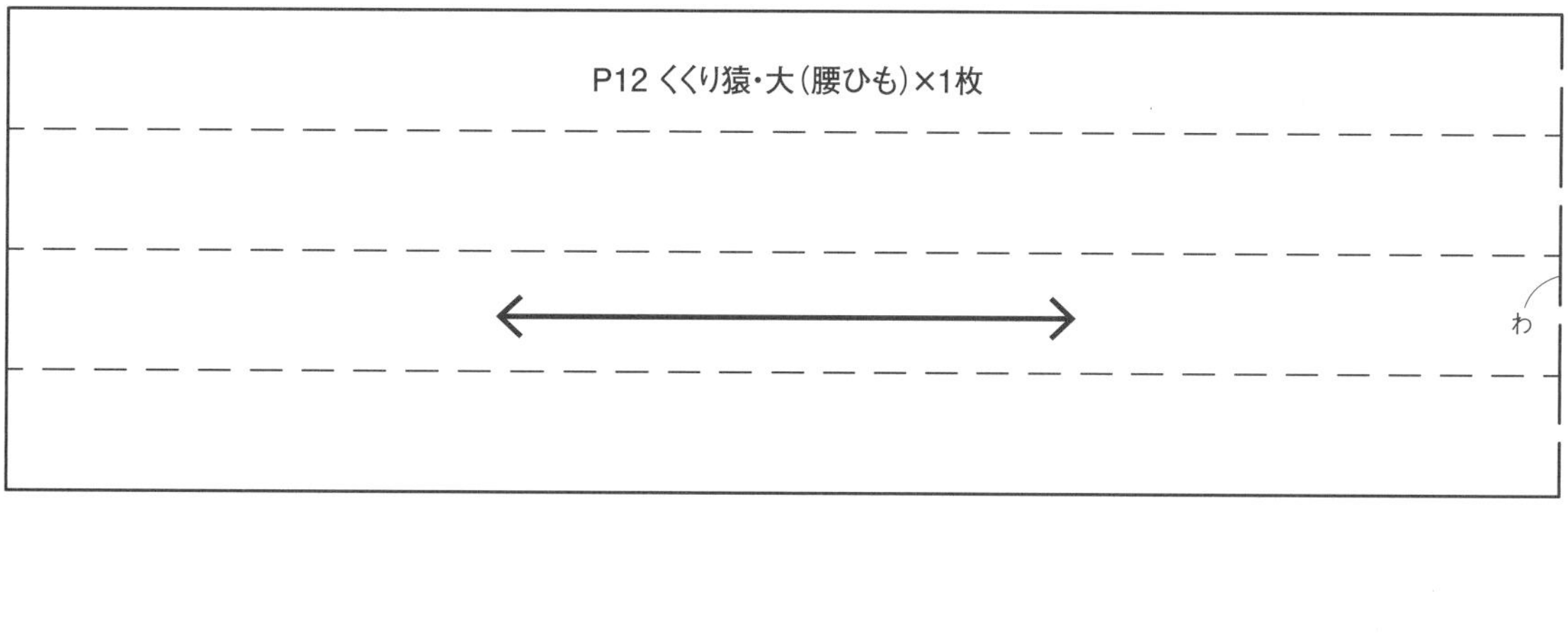

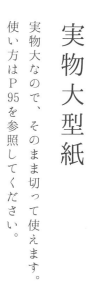

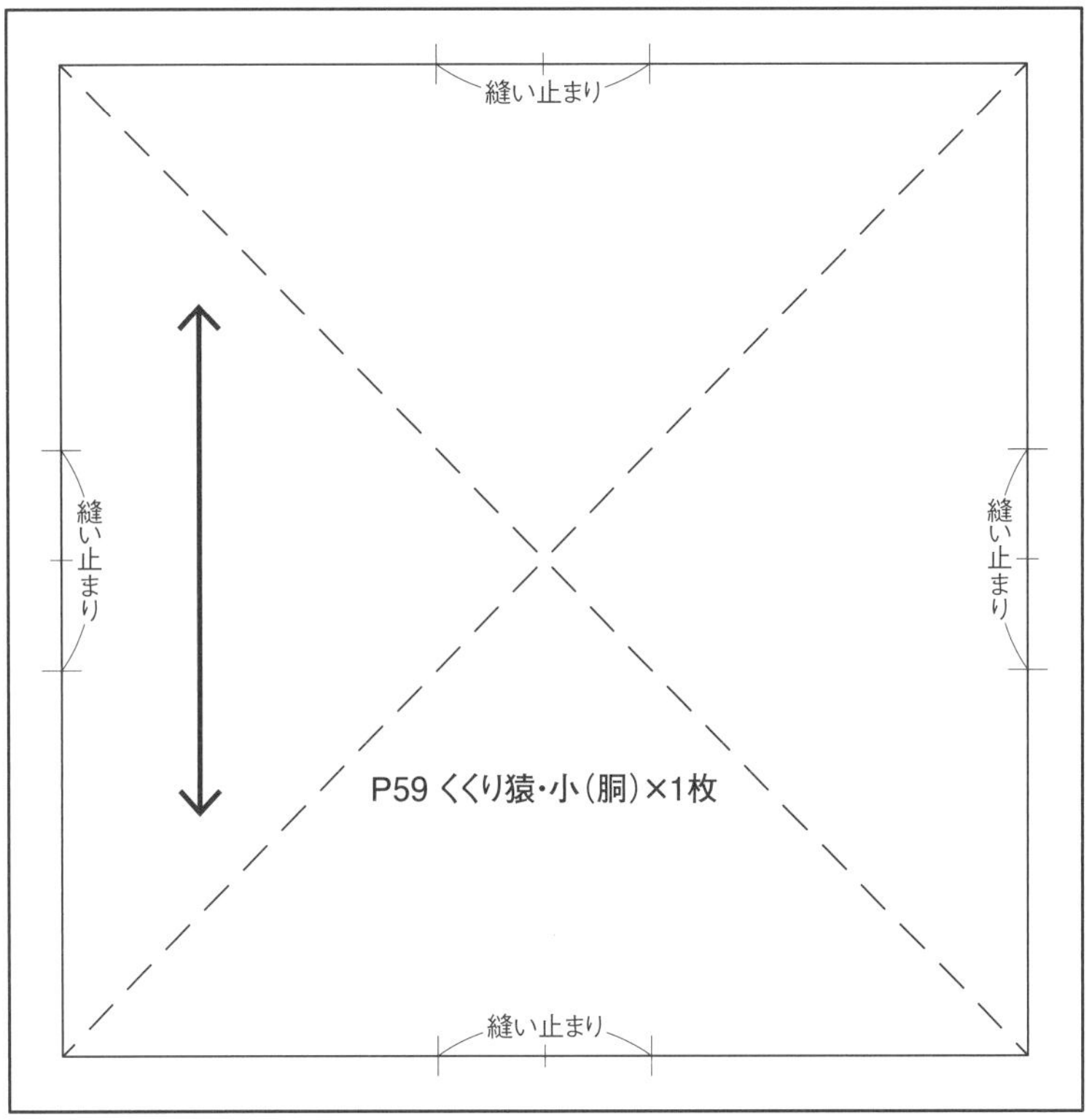
縫い止まり
縫い止まり
縫い止まり
縫い止まり
P59 くくり猿・小（胴）×1枚

P59 くくり猿・小
（頭）×1枚

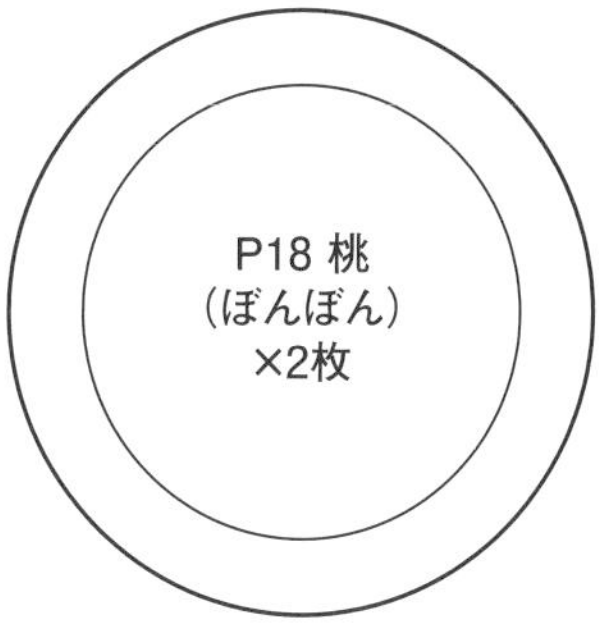
P18 桃
（ぼんぼん）
×2枚

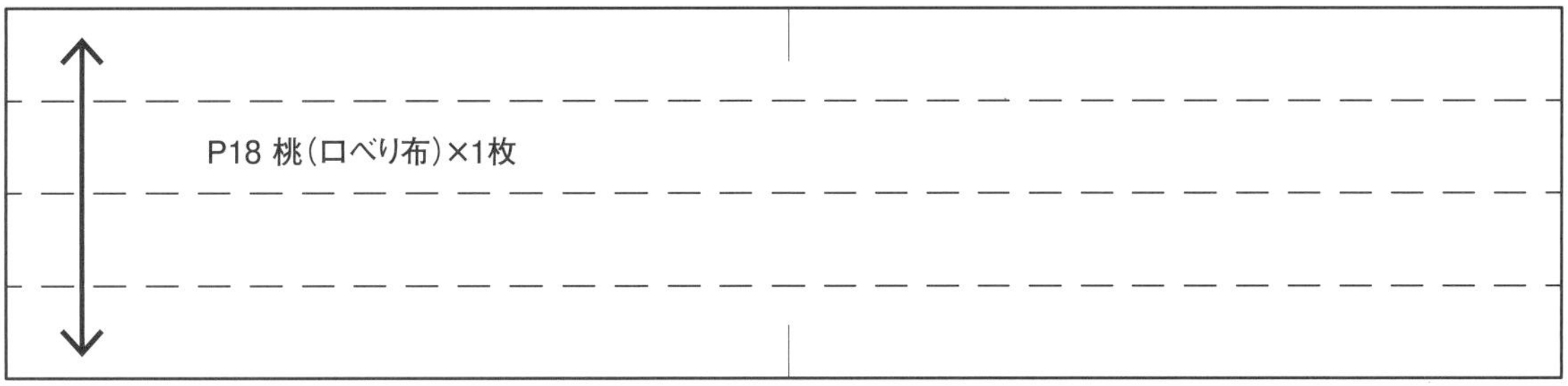
P18 桃（口べり布）×1枚

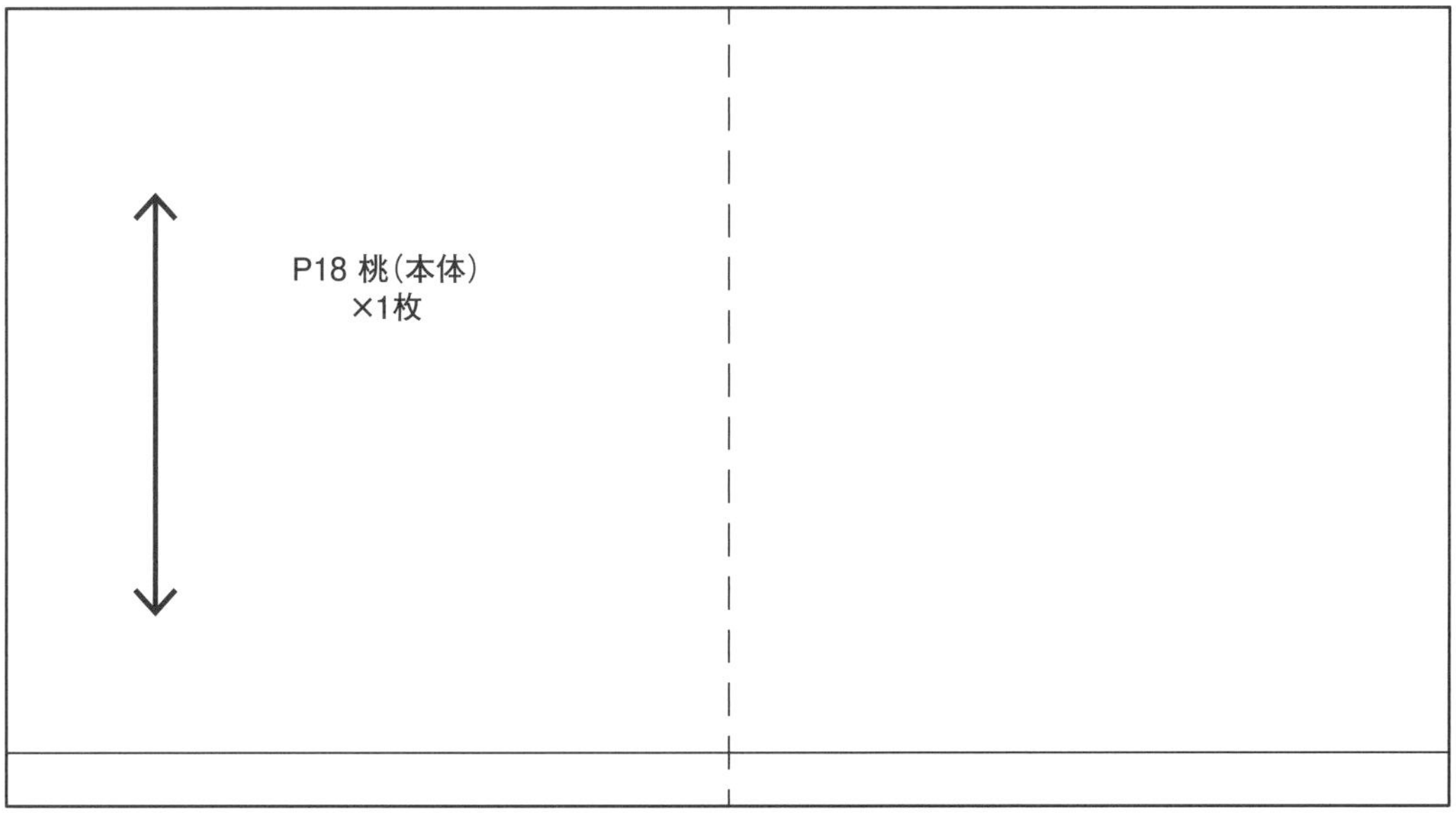
P18 桃（本体）
×1枚

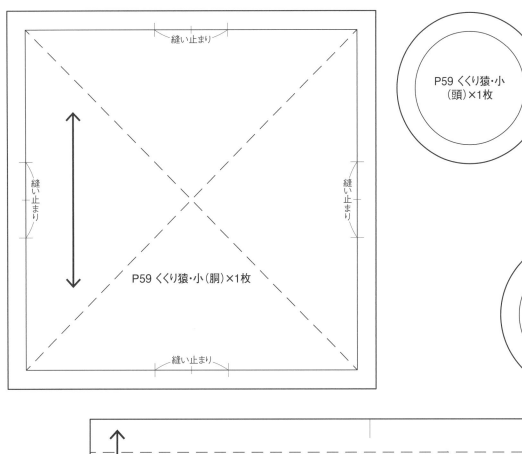

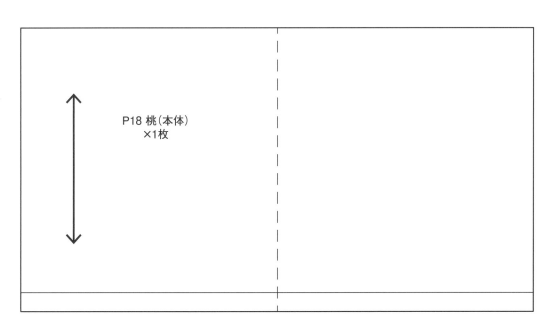

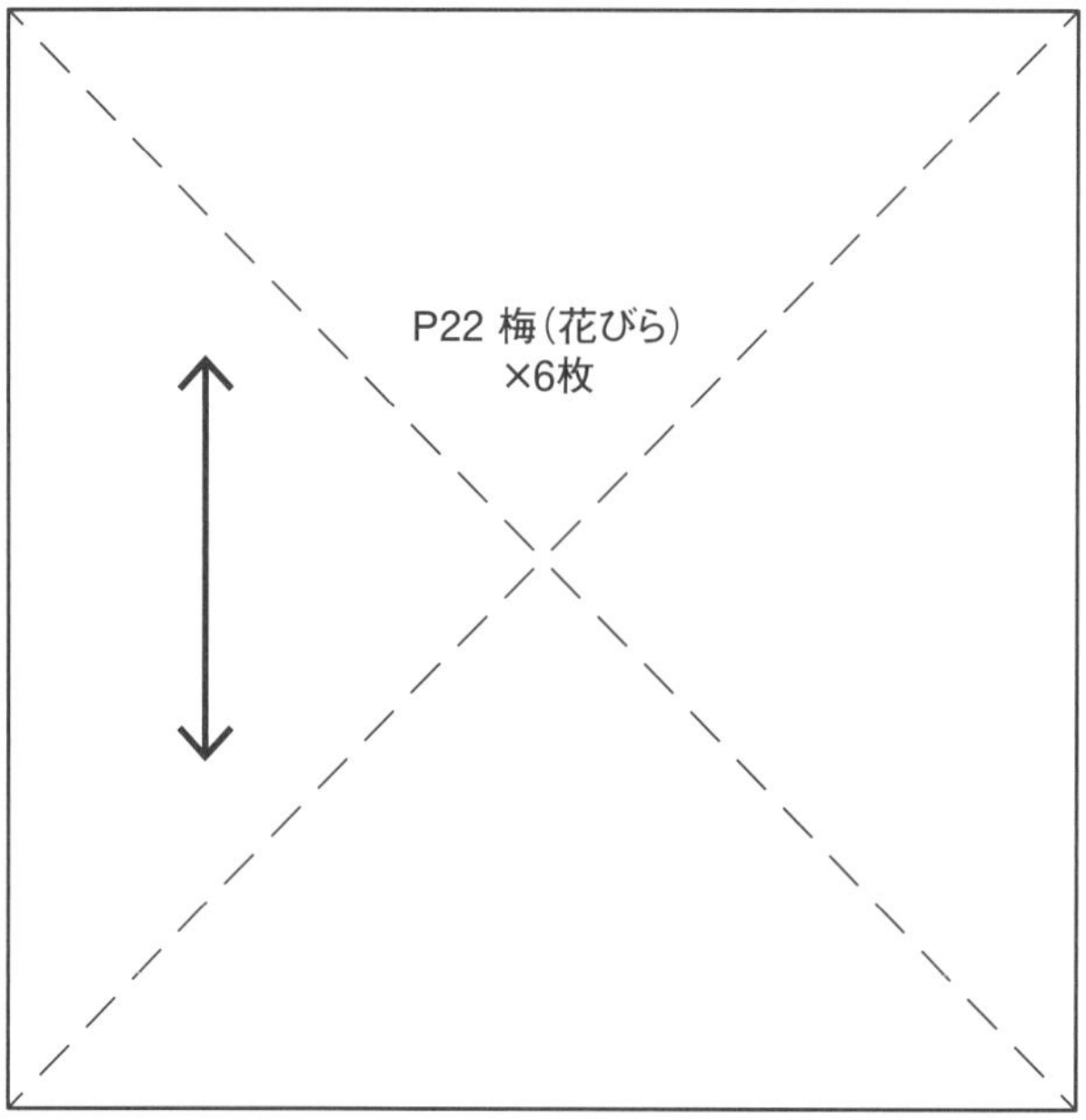
P22 梅（花びら）
×6枚

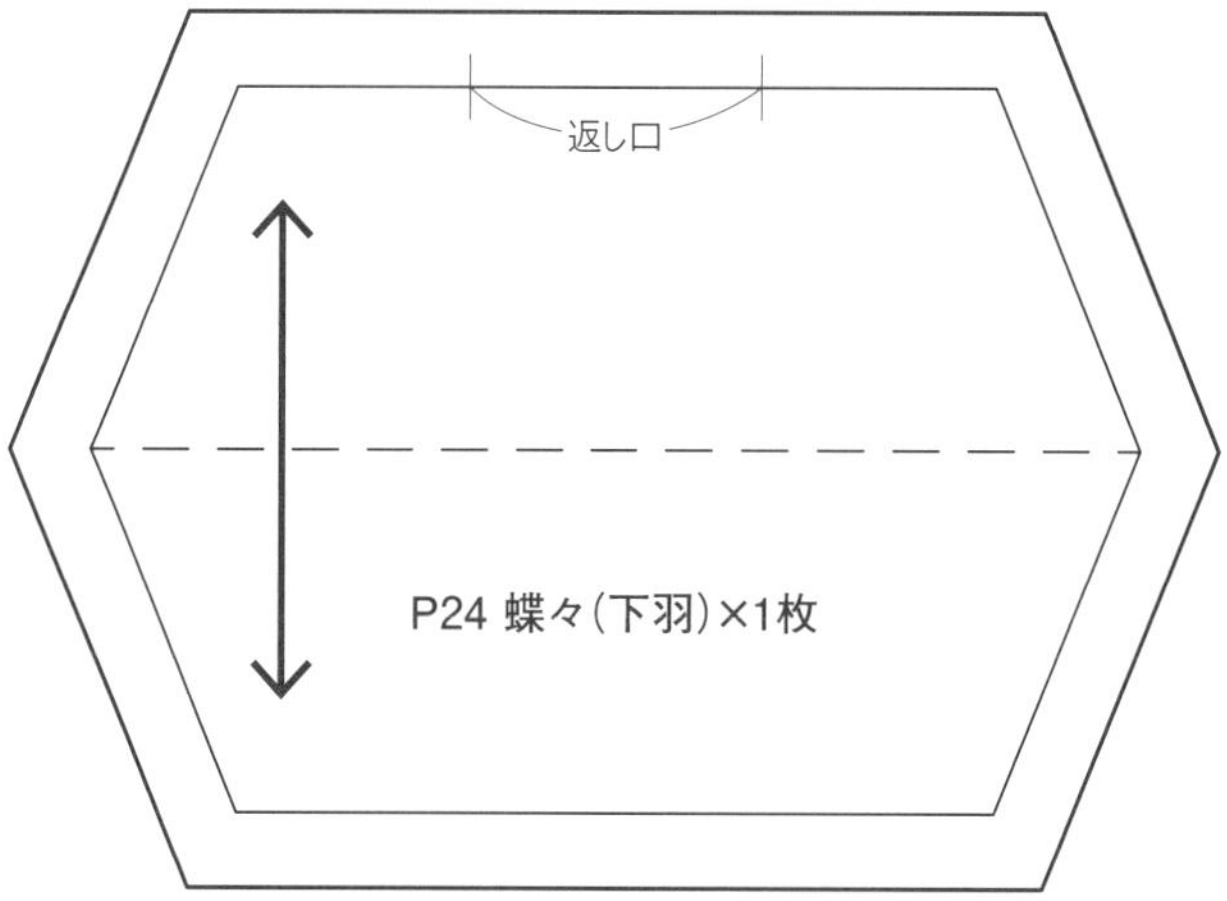
返し口
P24 蝶々（下羽）×1枚

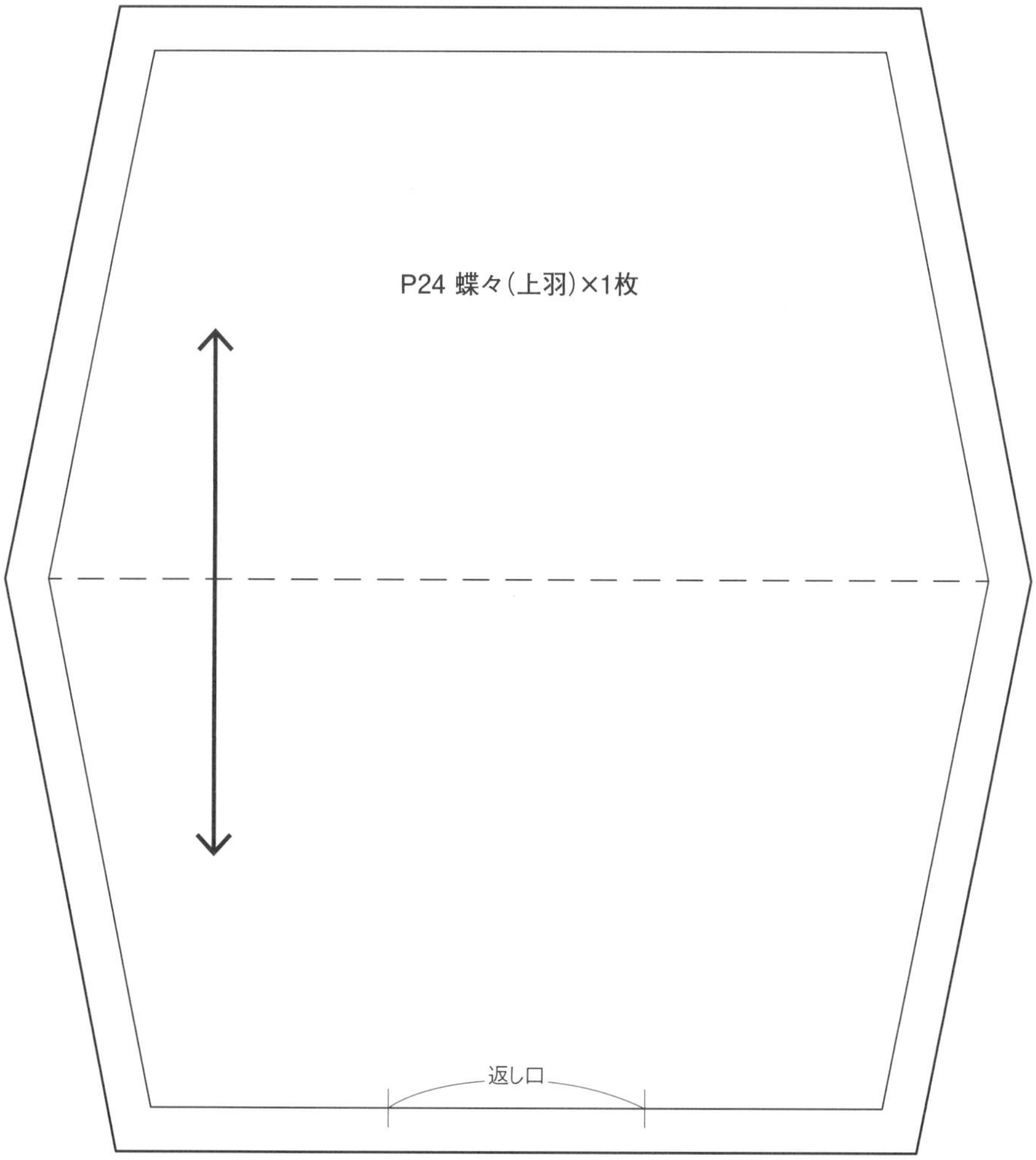
P24 蝶々（上羽）×1枚
返し口

P24 蝶々
（触角の先）
×2枚

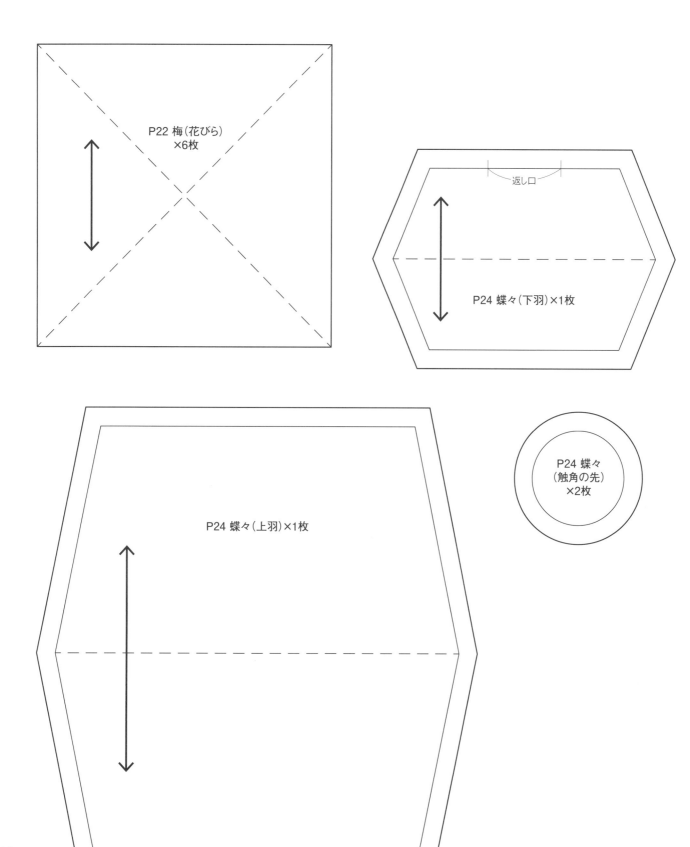

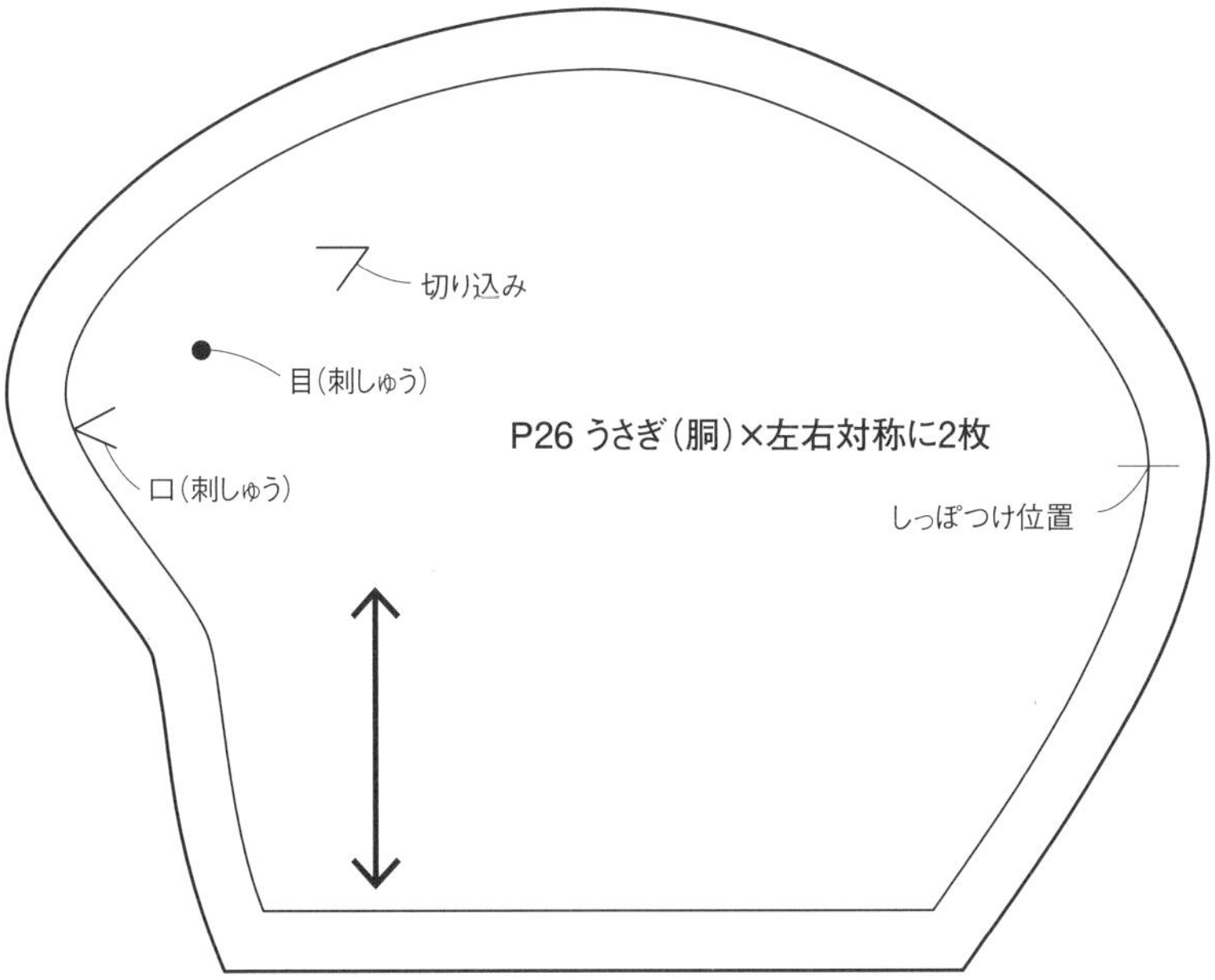
切り込み
目（刺しゅう）
口（刺しゅう）
P26 うさぎ（胴）×左右対称に2枚
しっぽつけ位置

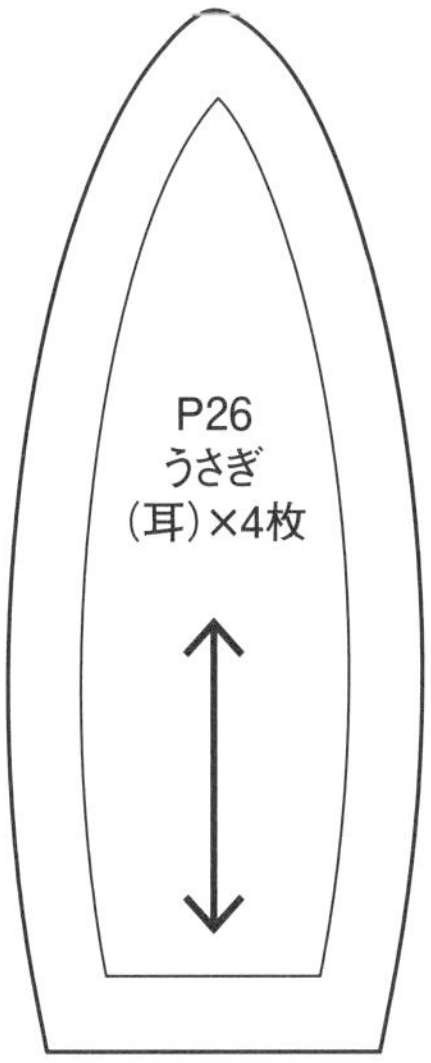
P26
うさぎ
（耳）×4枚

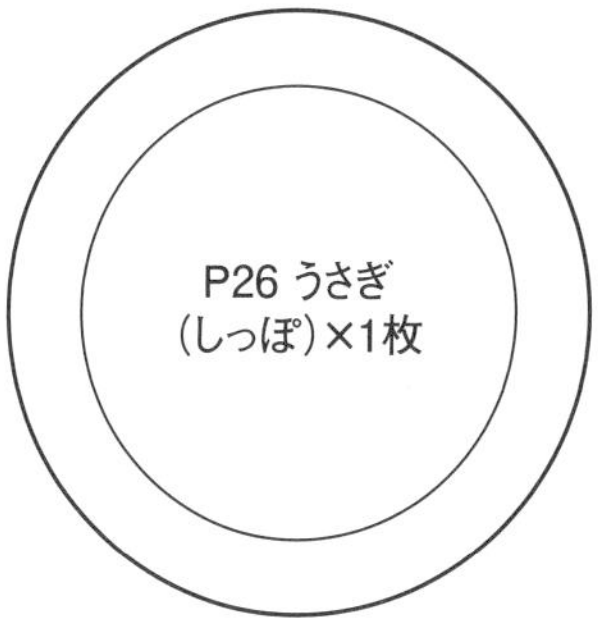
P26 うさぎ
（しっぽ）×1枚

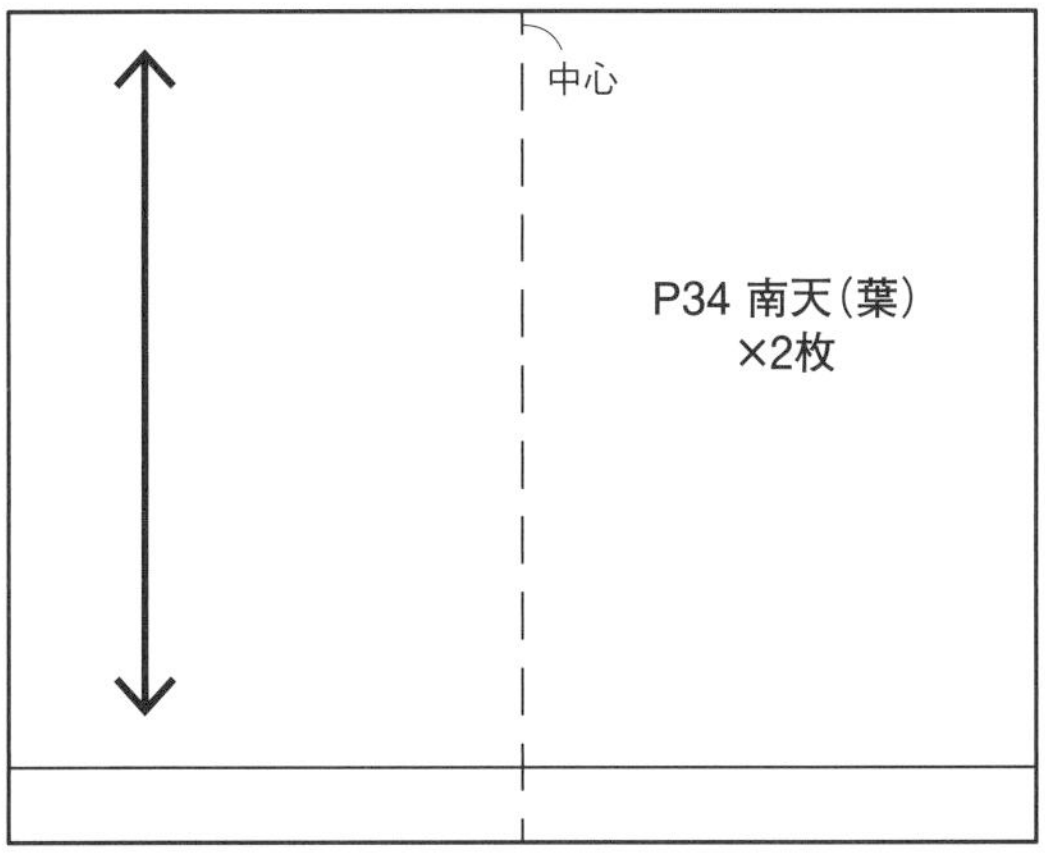
中心
P34 南天（葉）
×2枚

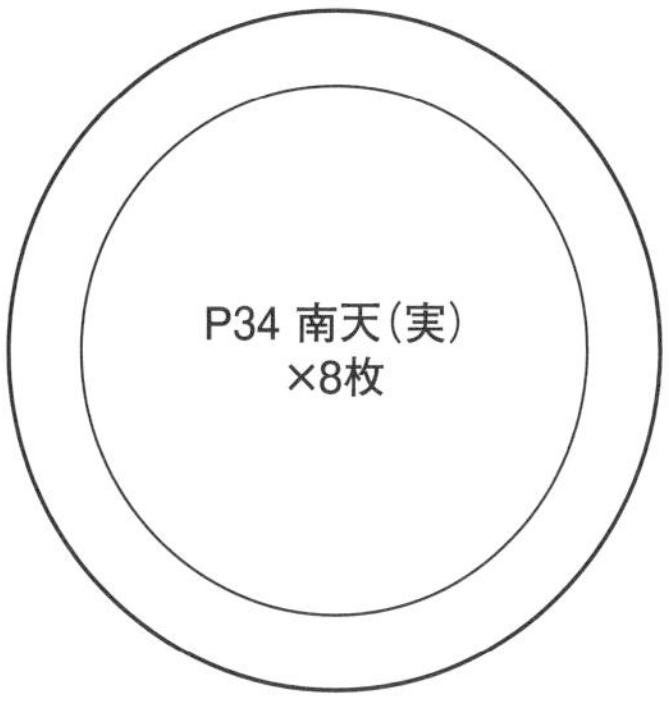
P34 南天（実）
×8枚

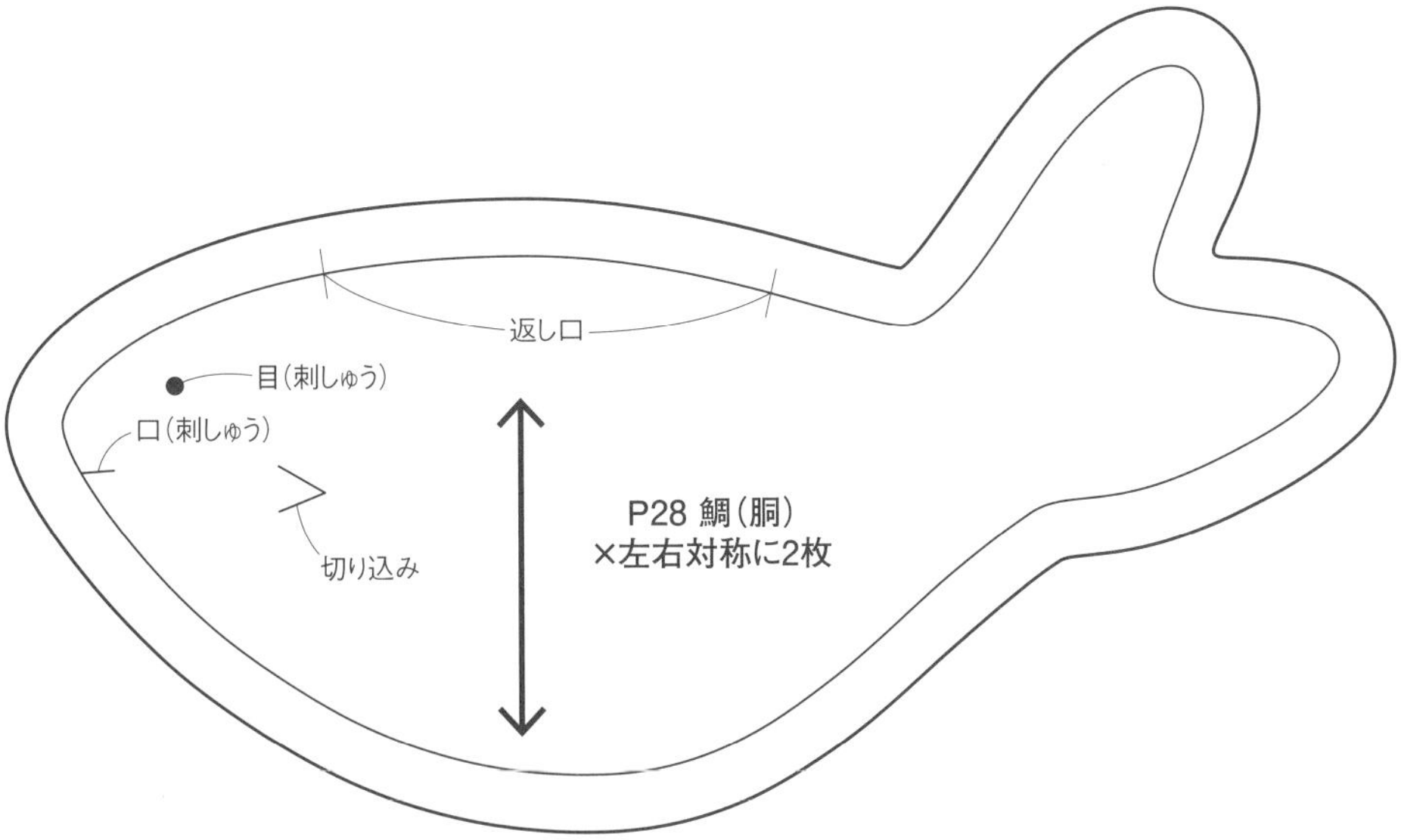
返し口
目（刺しゅう）
口（刺しゅう）
切り込み
P28 鯛（胴）
×左右対称に2枚

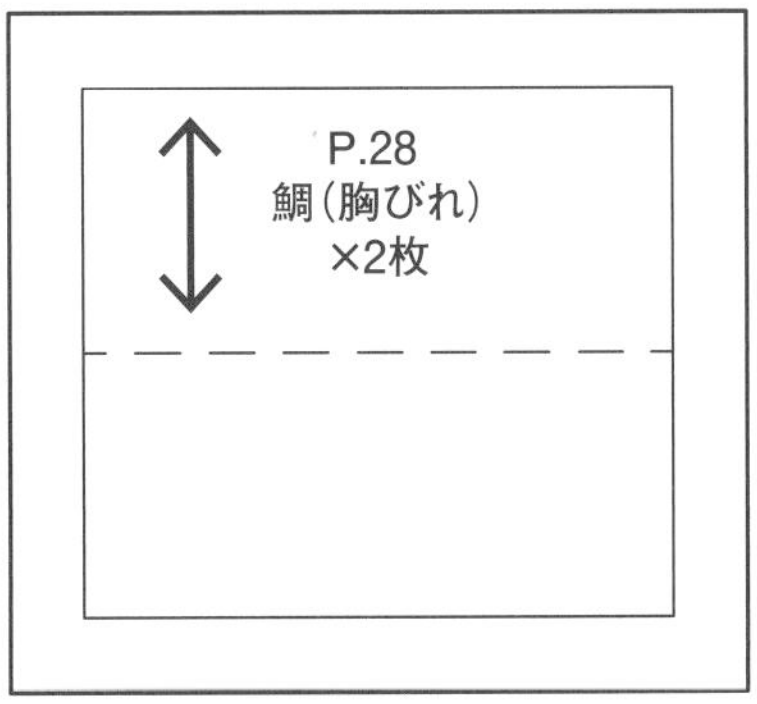
P.28
鯛（胸びれ）
×2枚

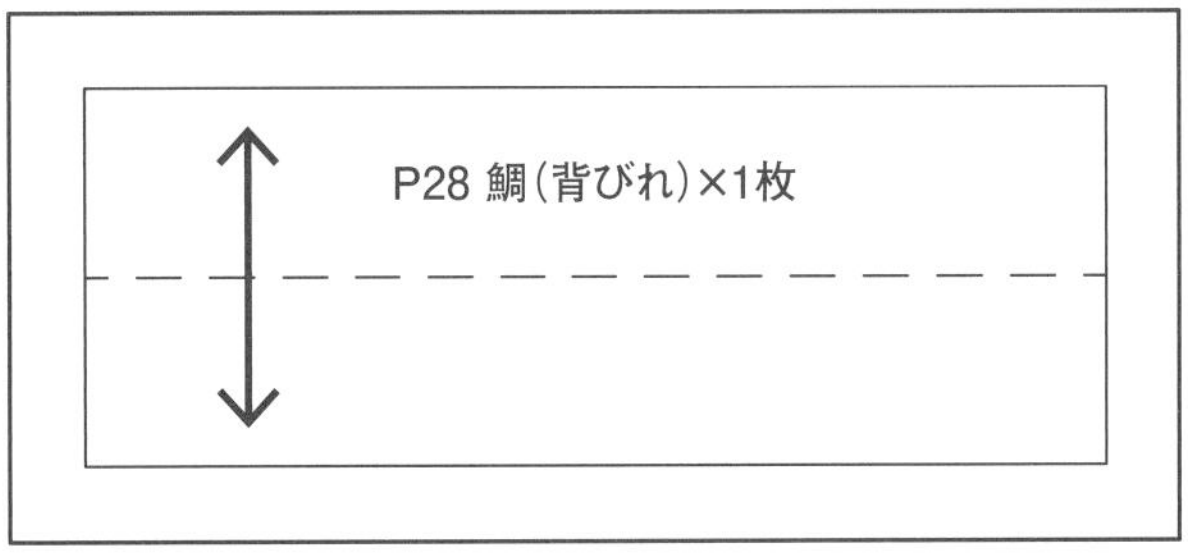
P28 鯛（背びれ）×1枚

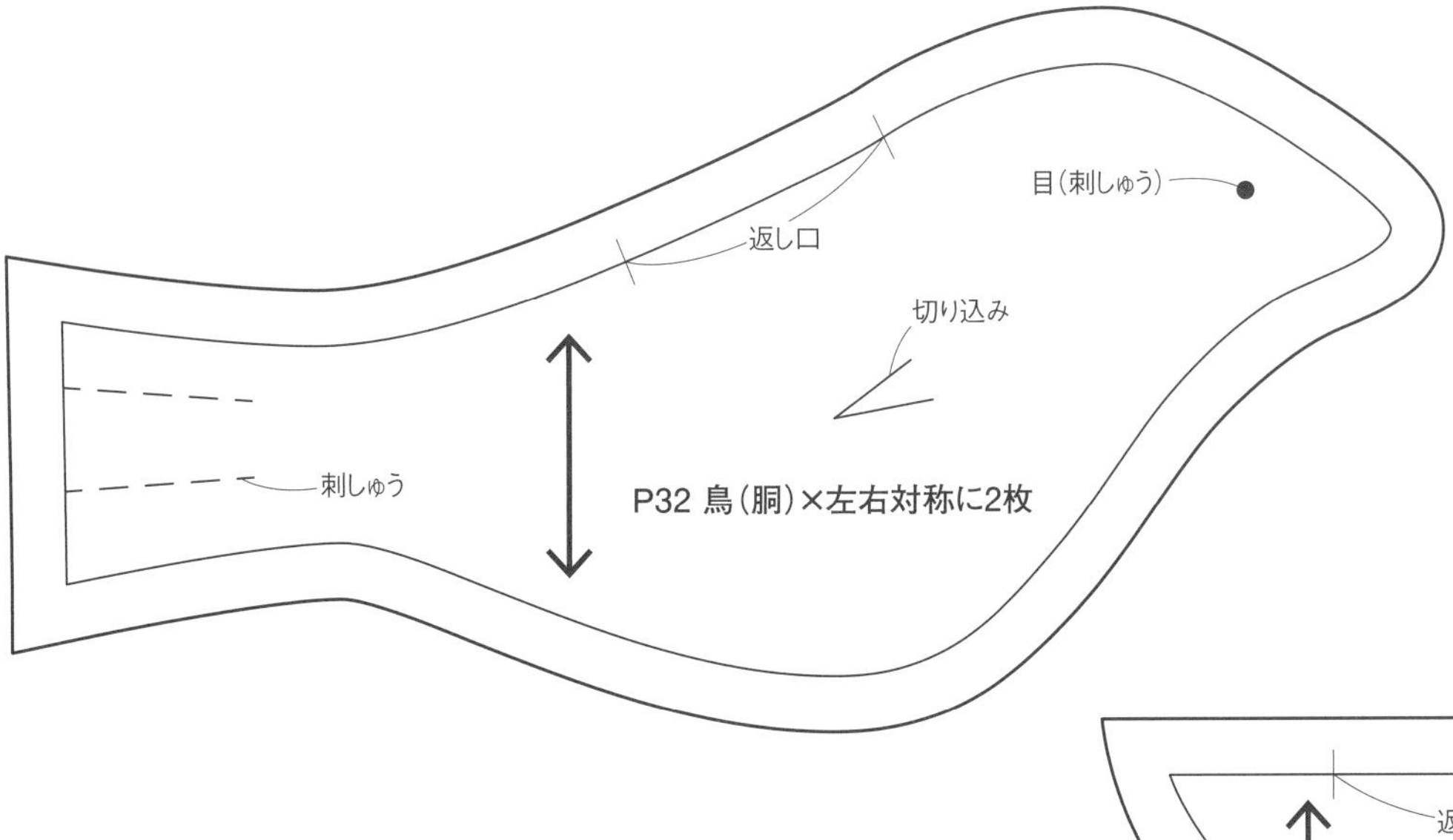
目（刺しゅう）
返し口
切り込み
刺しゅう
P32 鳥（胴）×左右対称に2枚

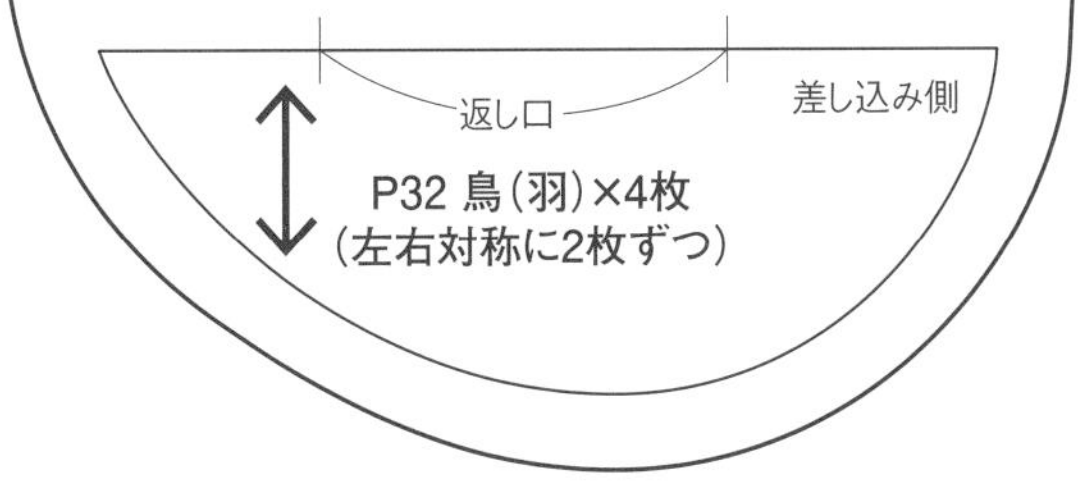
返し口
差し込み側
P32 鳥（羽）×4枚
（左右対称に2枚ずつ）

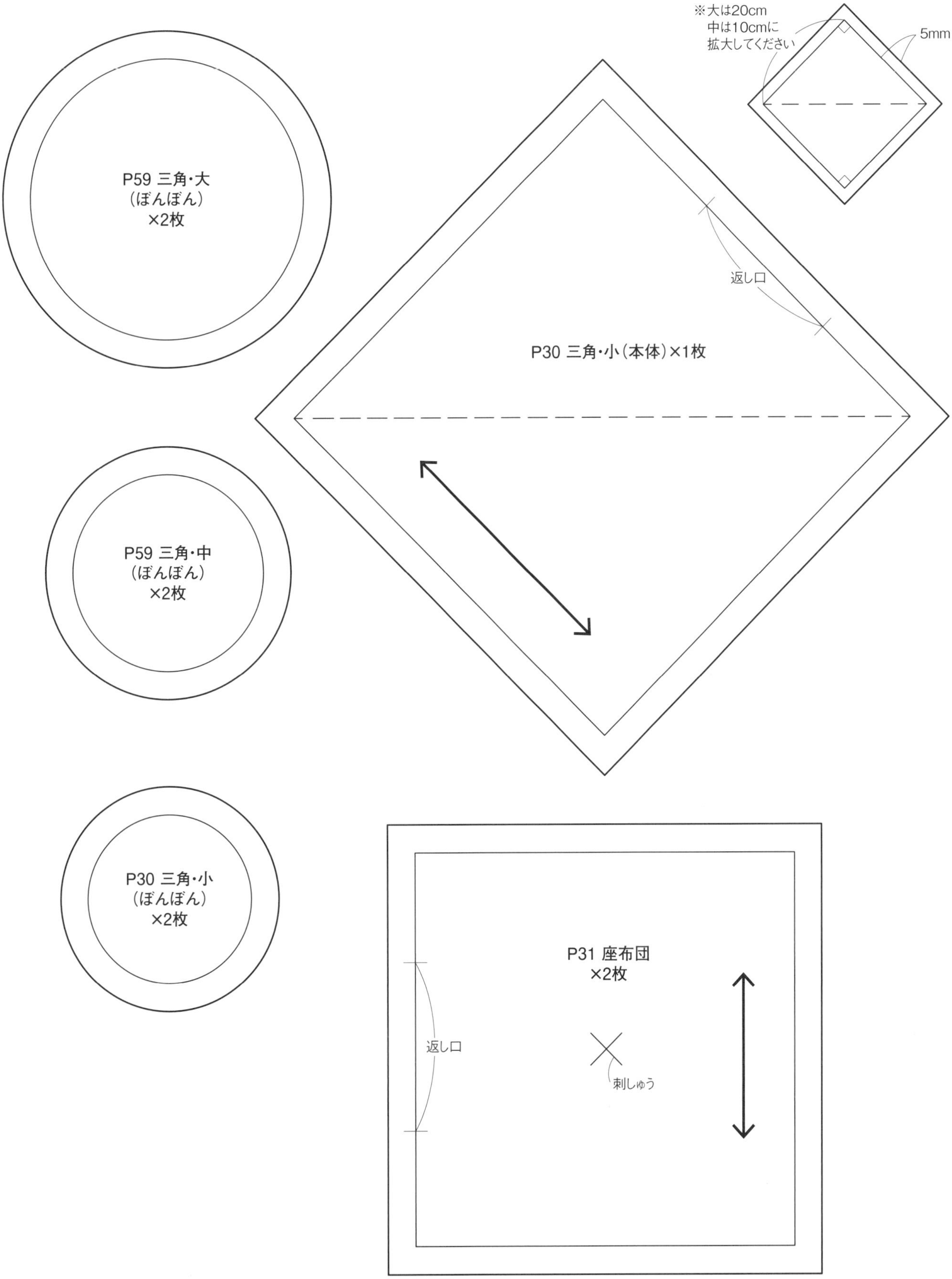
※大は20cm
中は10cmに
拡大してください
5mm
P59 三角・大
（ぼんぼん）
×2枚
返し口
P30 三角・小（本体）×1枚
P59 三角・中
（ぼんぼん）
×2枚
P30 三角・小
（ぼんぼん）
×2枚
P31 座布団
×2枚
返し口
刺しゅう

76

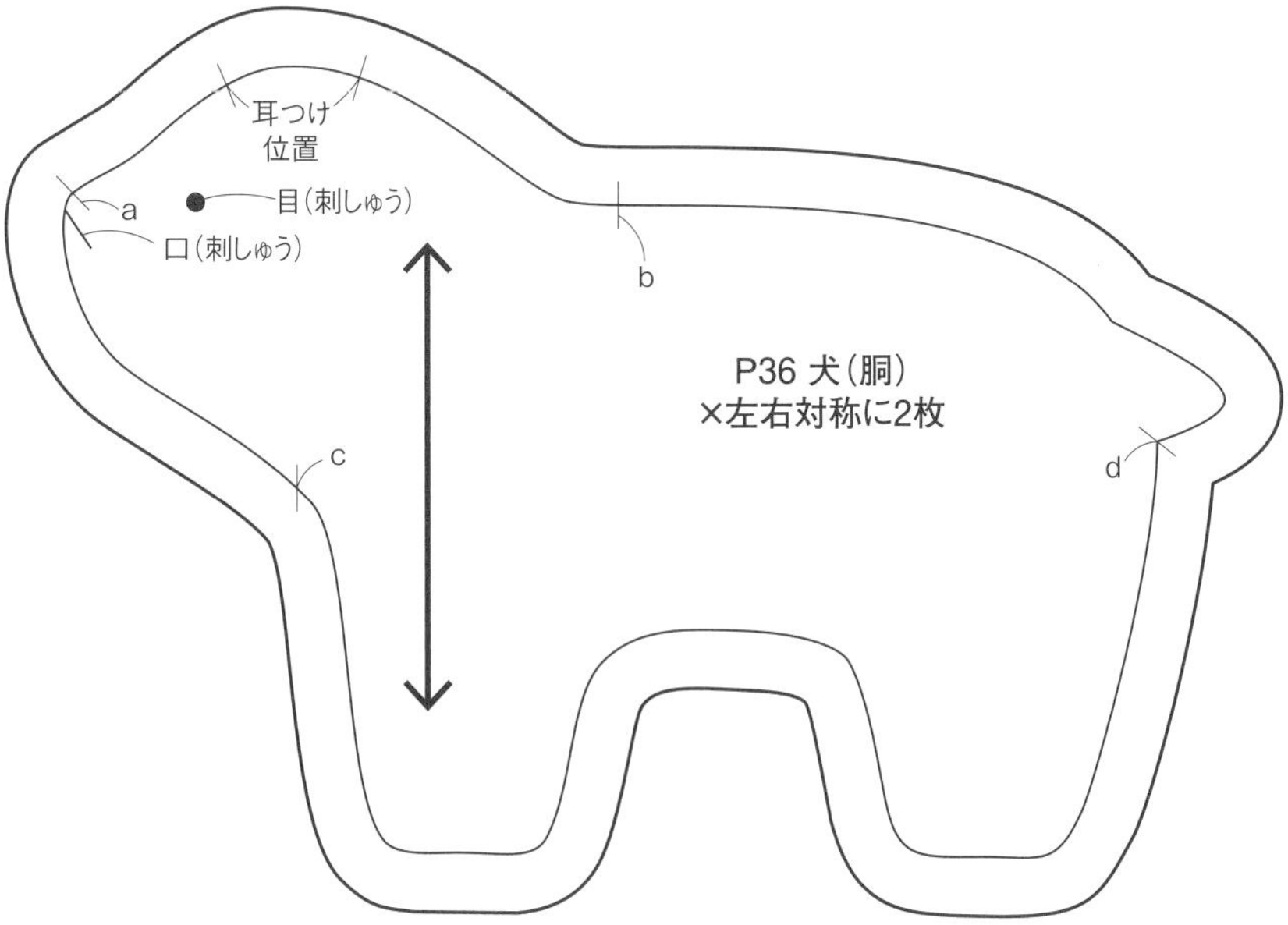
耳つけ
位置
a
目(刺しゅう)
口(刺しゅう)
b
P36 犬(胴)
×左右対称に2枚
c
d

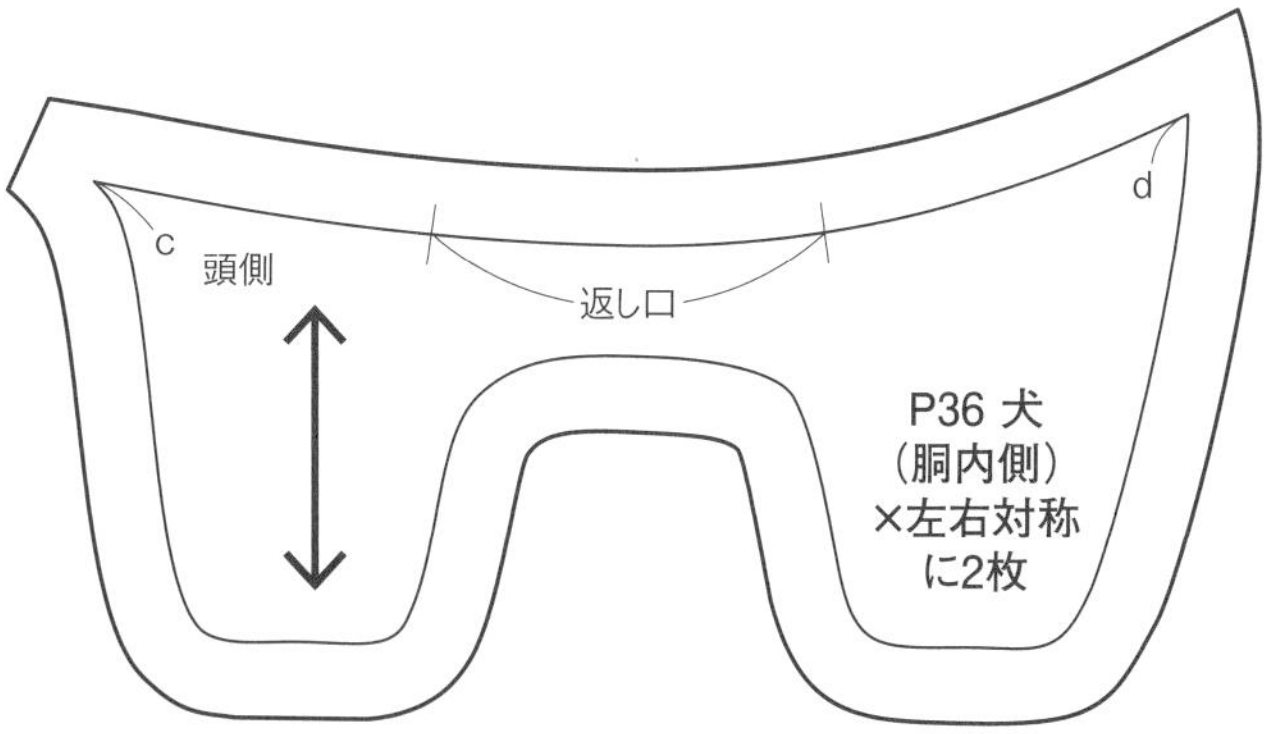
d
c
頭側
返し口
P36 犬
(胴内側)
×左右対称
に2枚

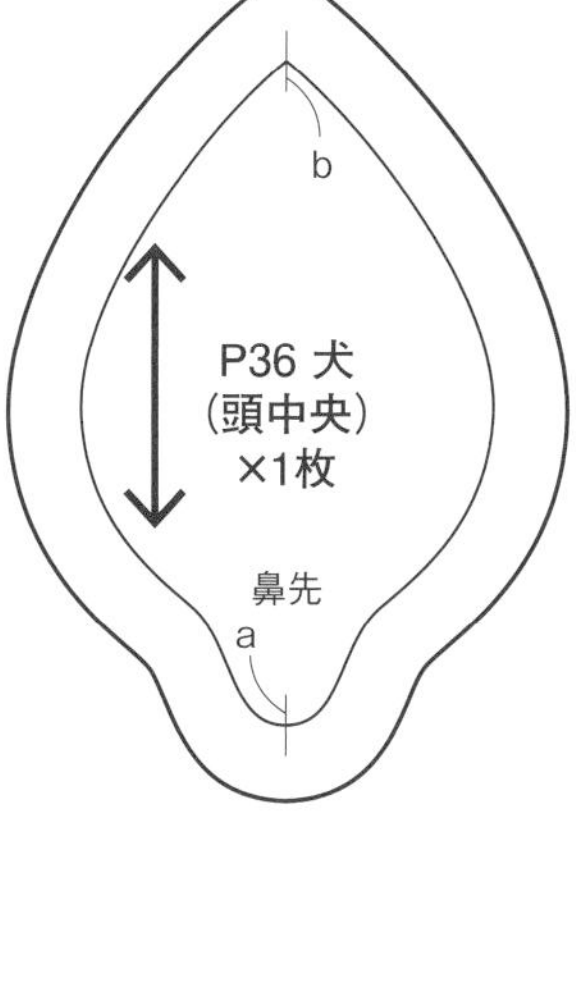
b
P36 犬
(頭中央)
×1枚
鼻先
a

P36 犬
(耳)
×4枚

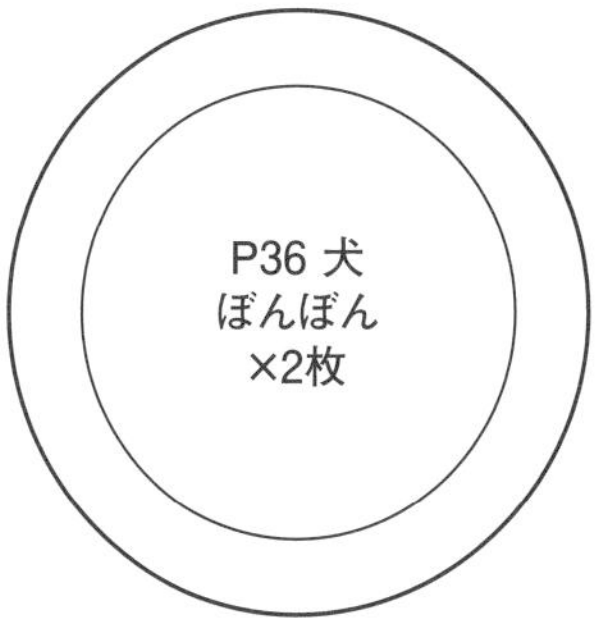
P36 犬
ぼんぼん
×2枚

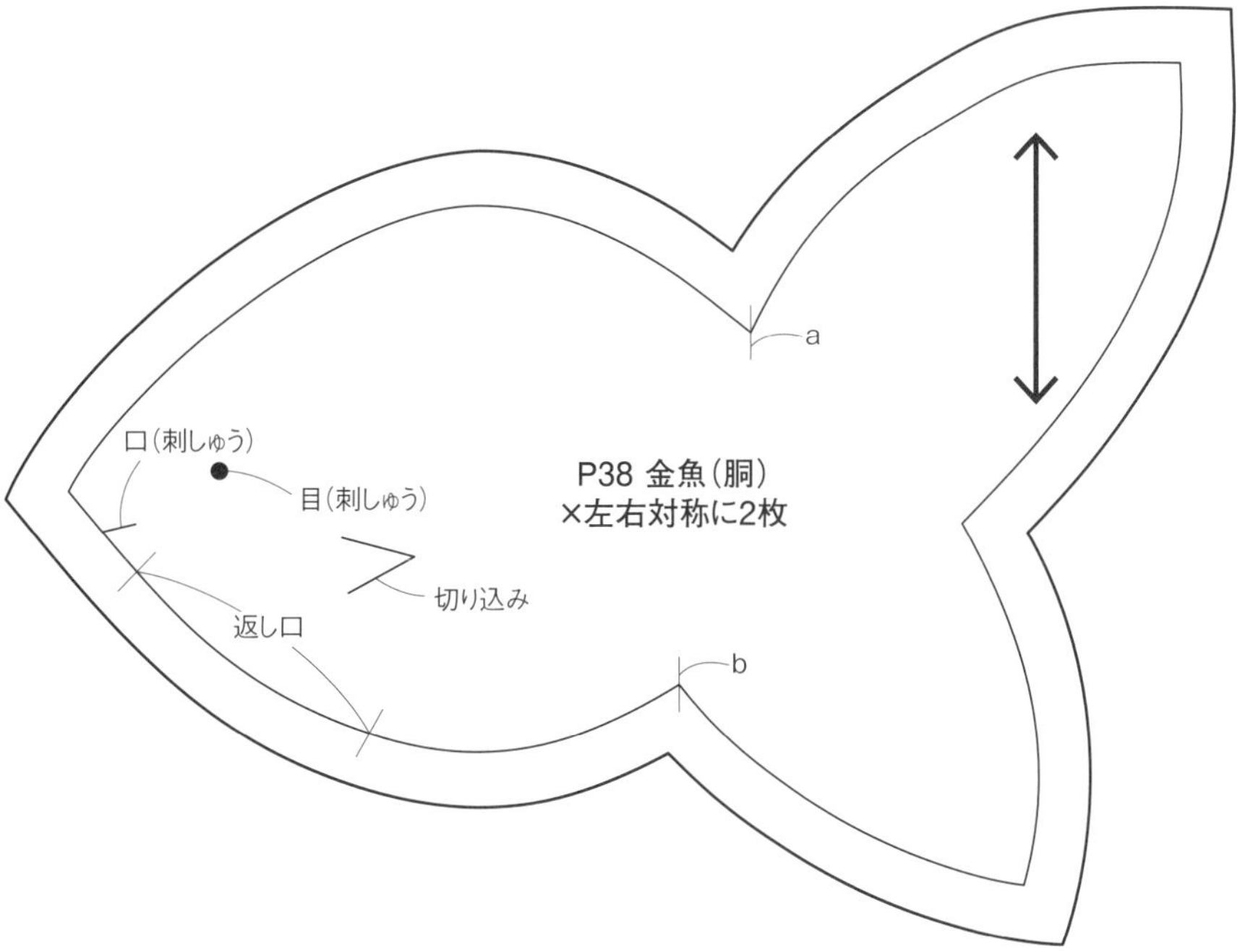
a
口（刺しゅう）
目（刺しゅう）
P38 金魚（胴）
×左右対称に2枚
切り込み
返し口
b

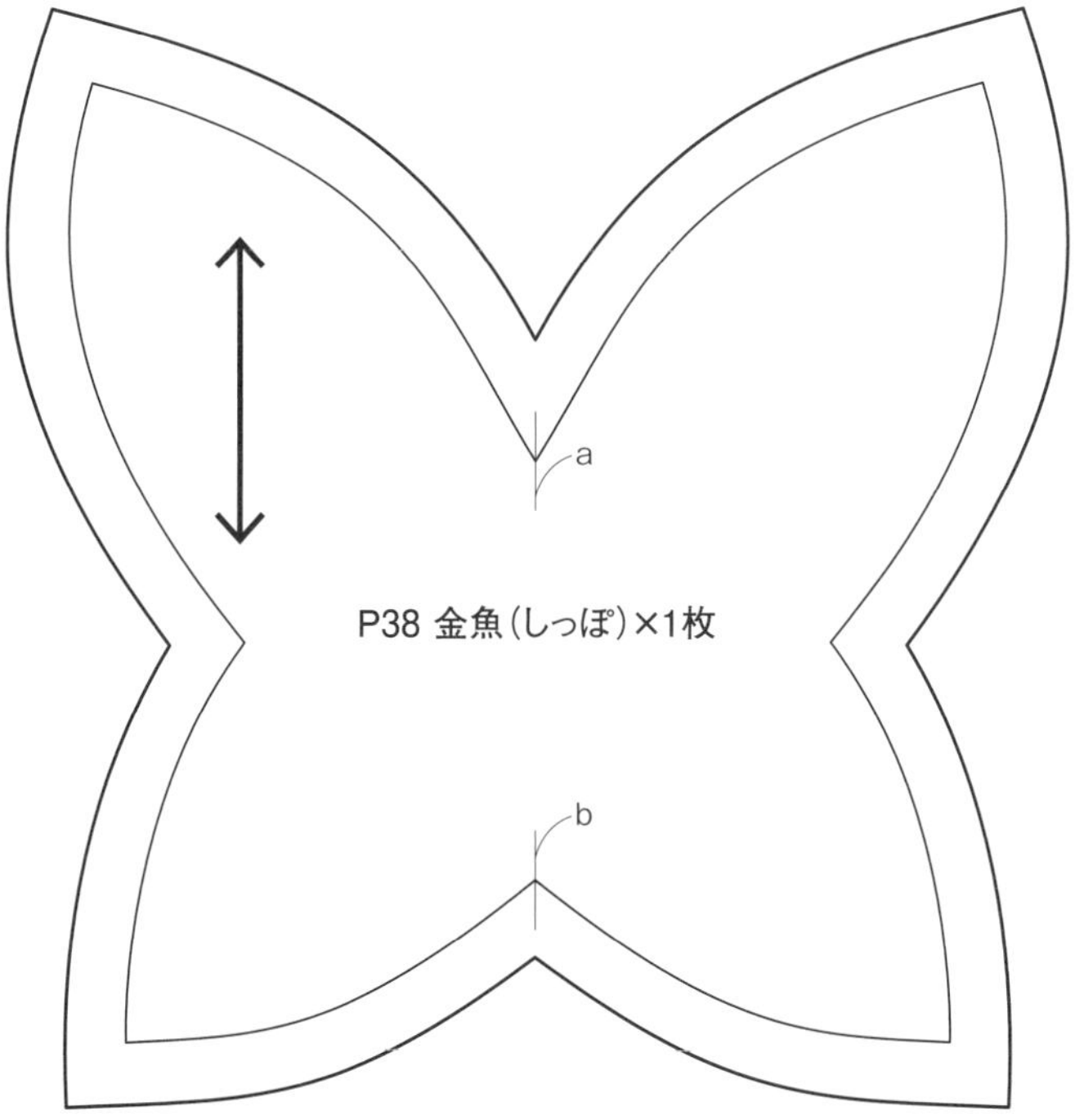
a
P38 金魚（しっぽ）×1枚
b

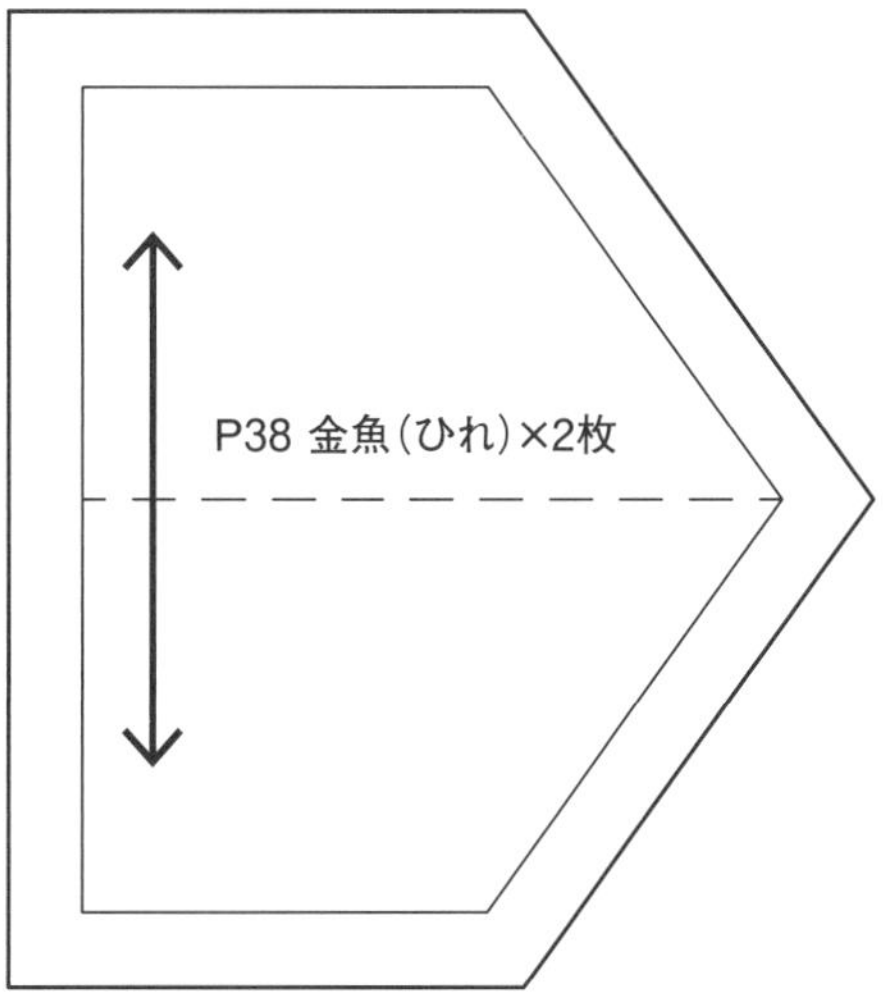
P38 金魚（ひれ）×2枚

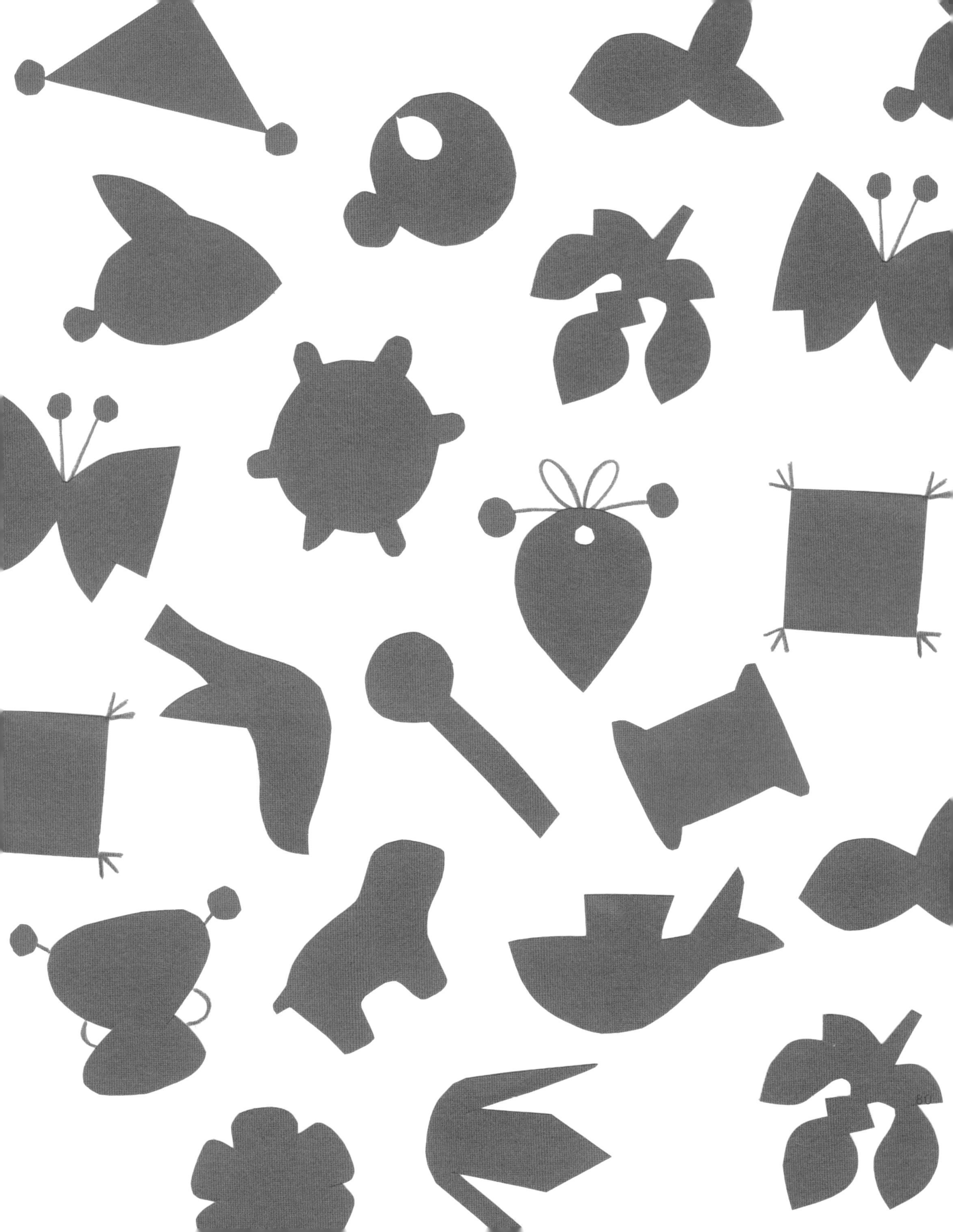

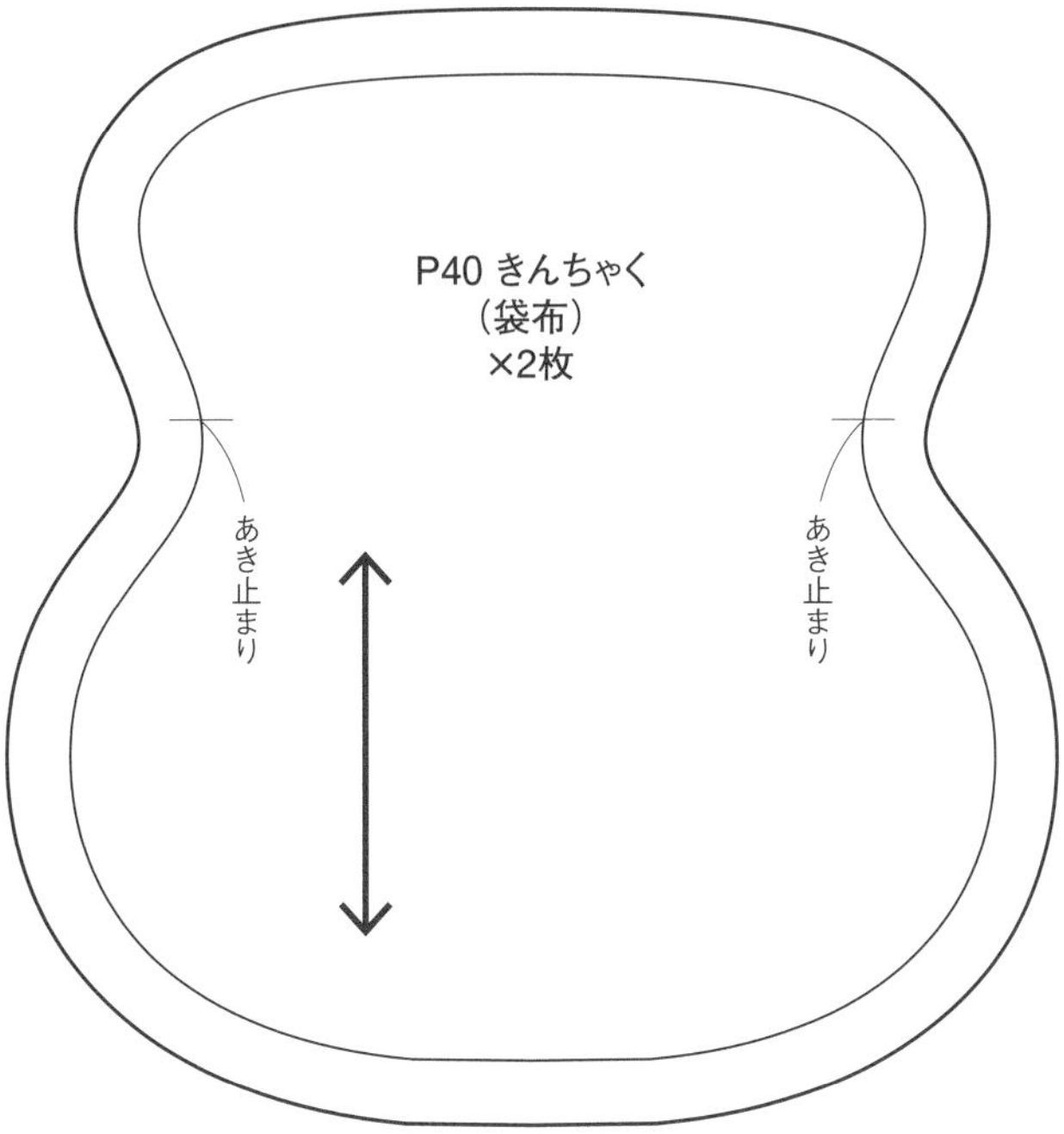
P40 きんちゃく
（袋布）
×2枚
あき止まり
あき止まり

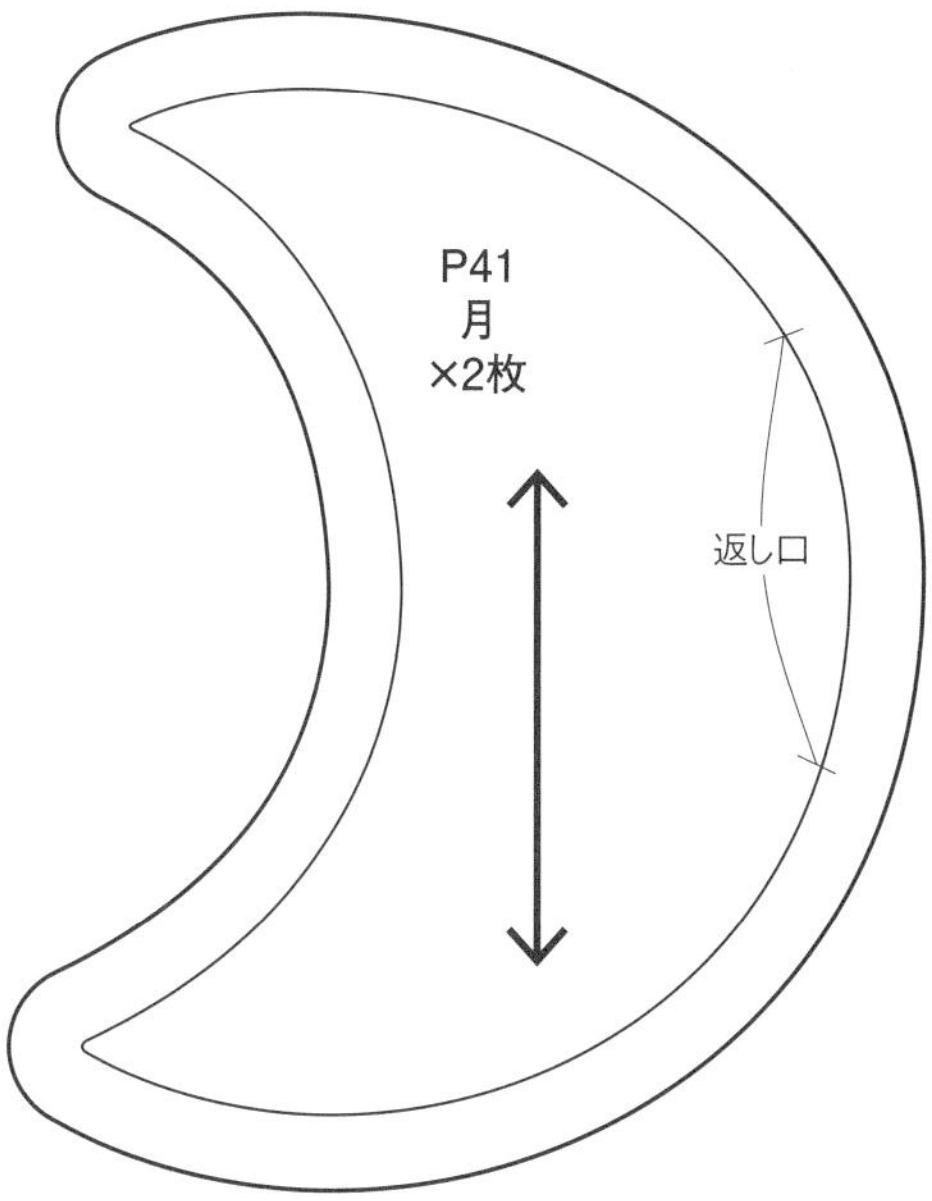
P41
月
×2枚
返し口

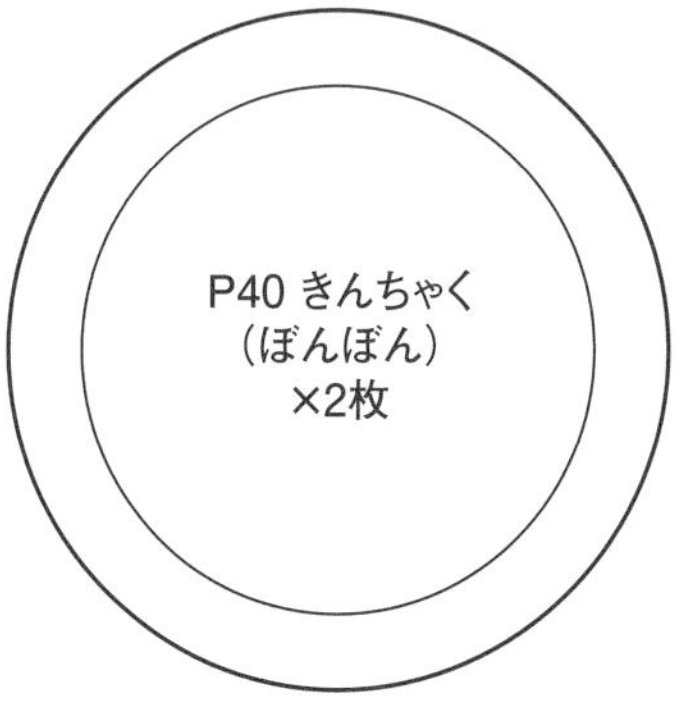
P40 きんちゃく
（ぼんぼん）
×2枚

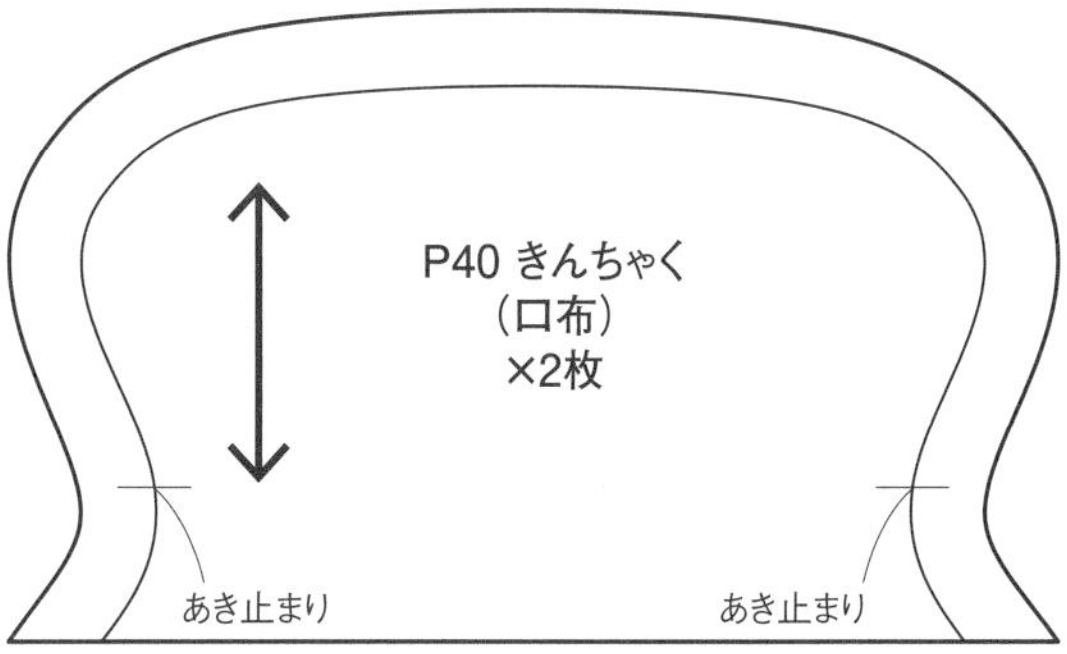
P40 きんちゃく
（口布）
×2枚
あき止まり
あき止まり

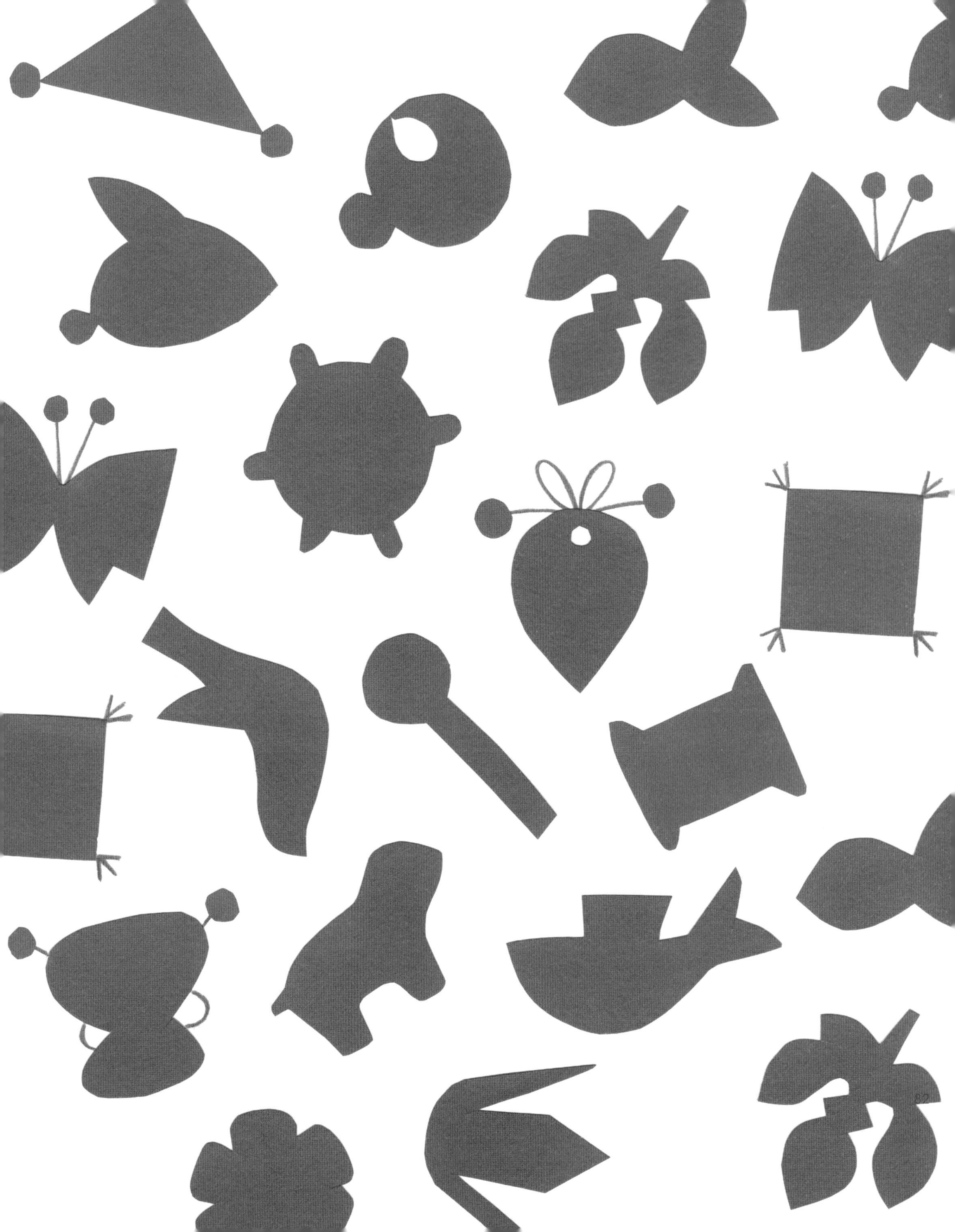

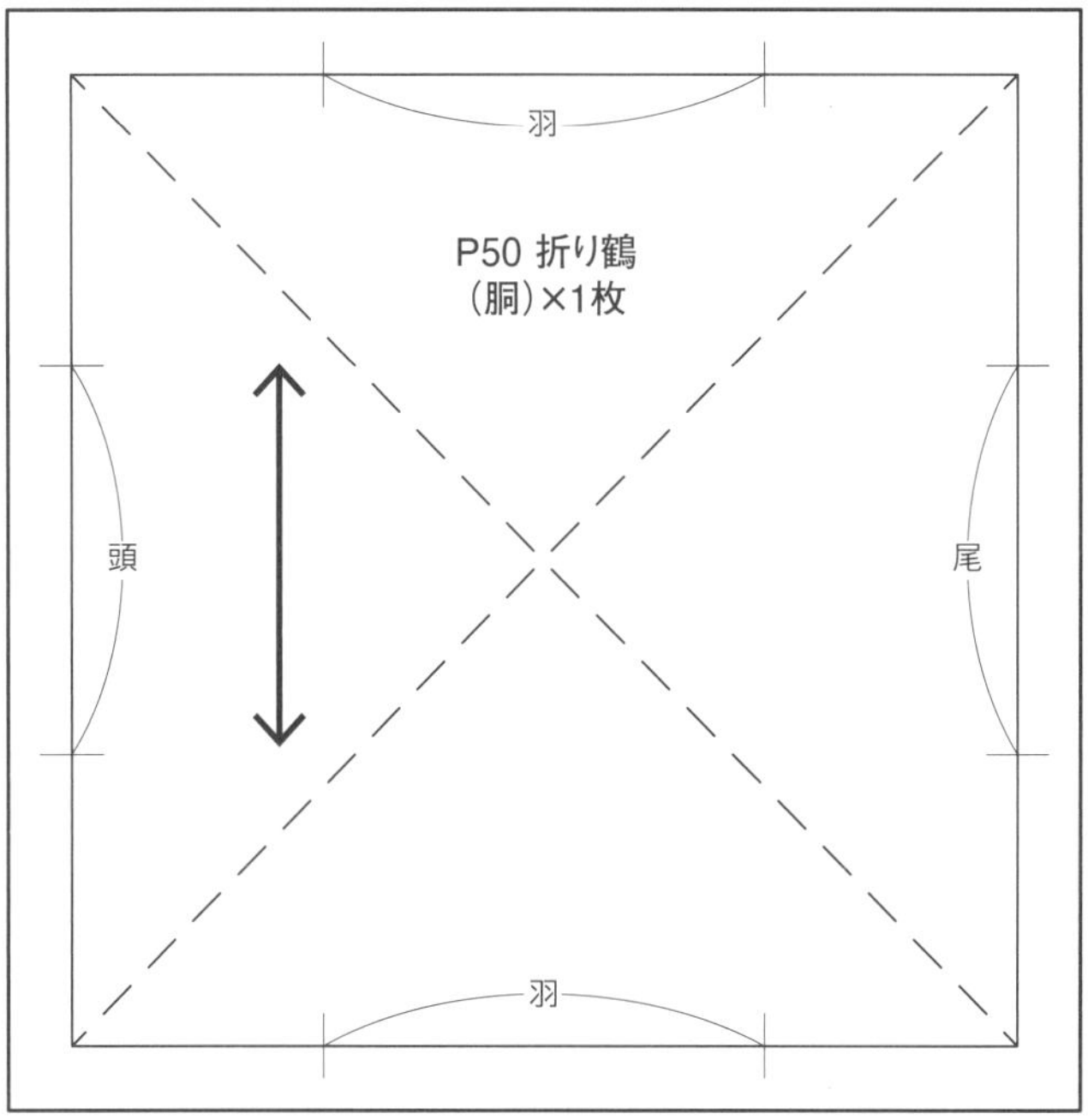
羽
P50 折り鶴
（胴）×1枚
頭
尾
羽

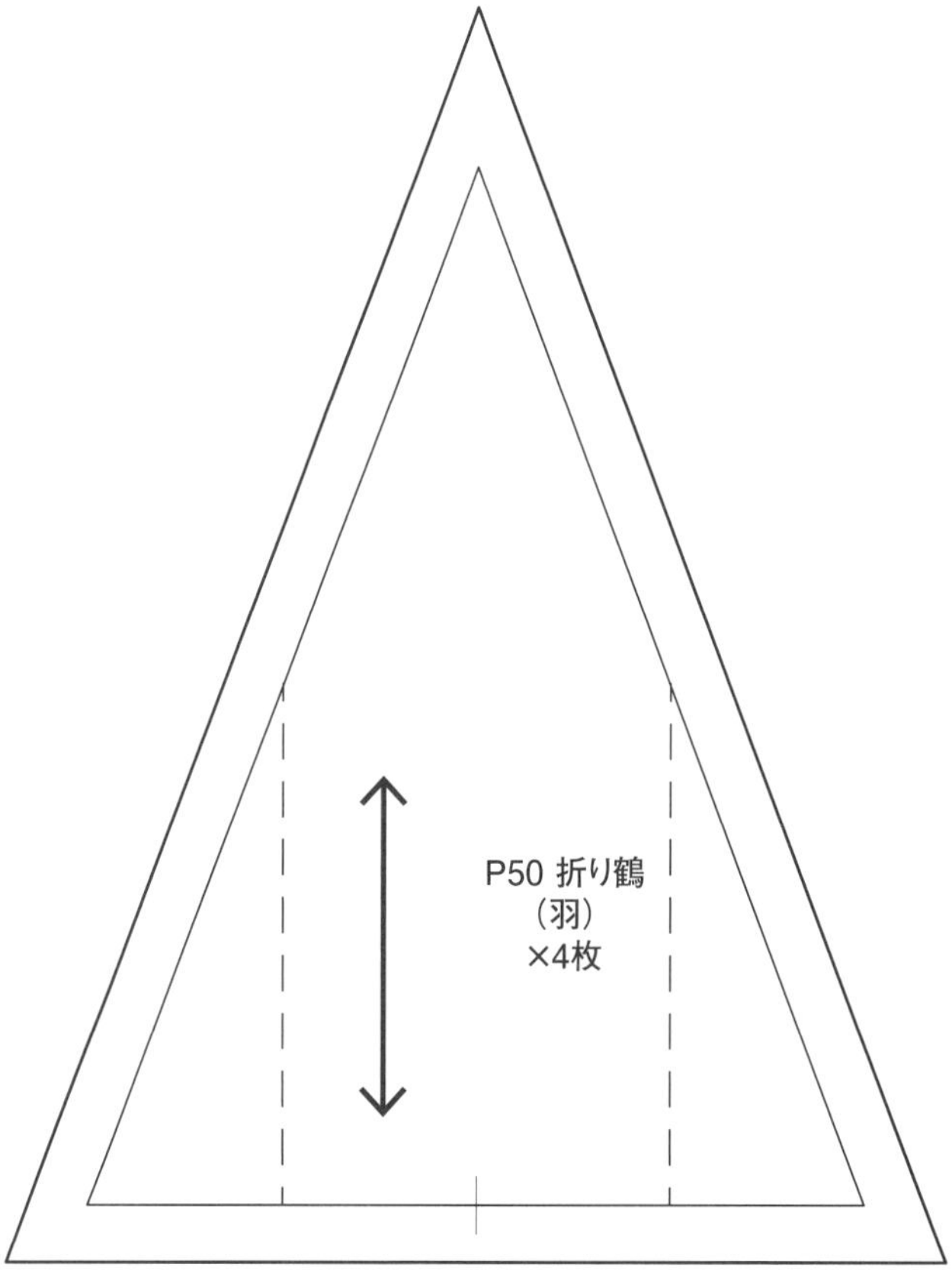
P50 折り鶴
（羽）
×4枚

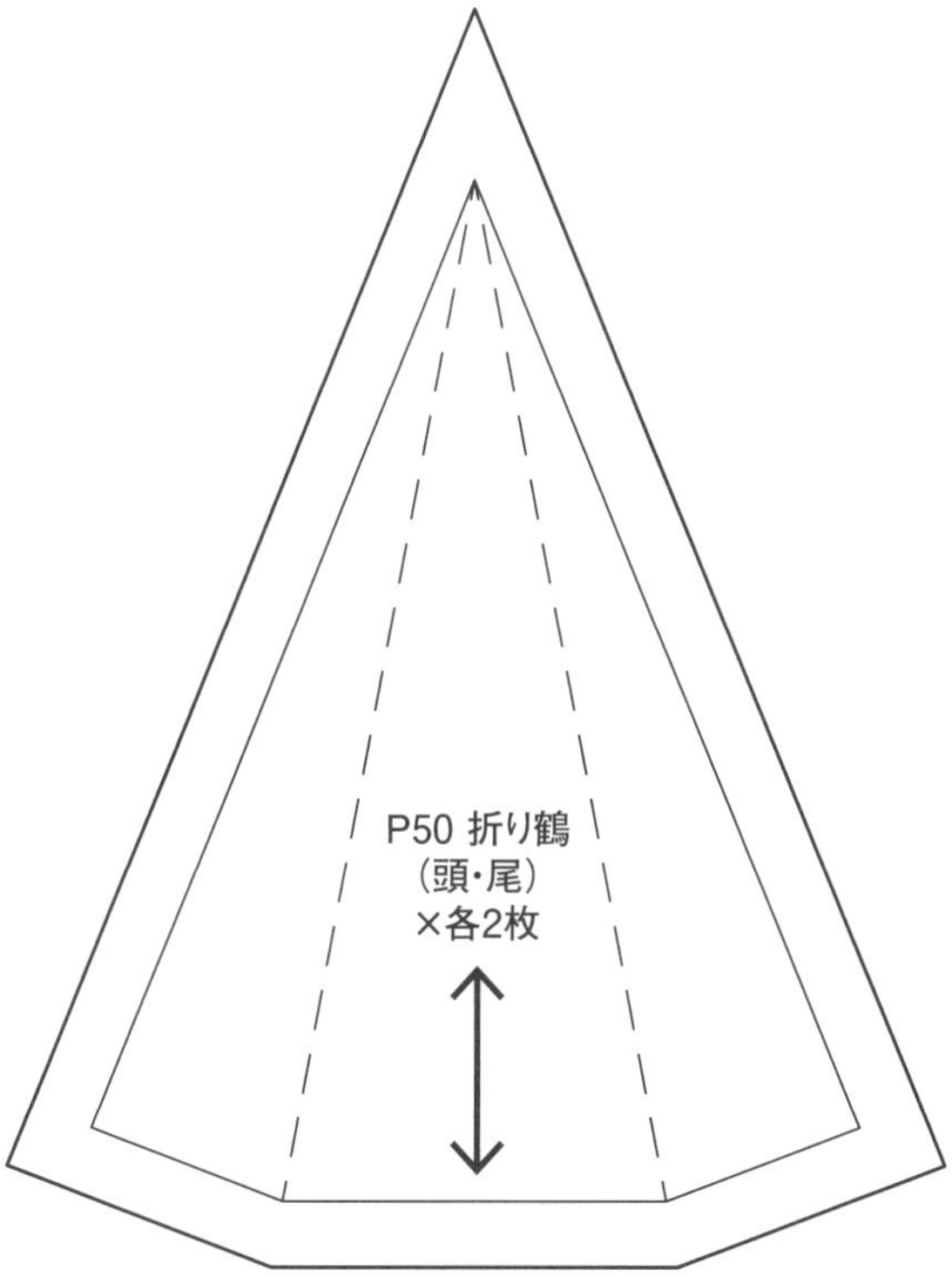
P50 折り鶴
（頭・尾）
×各2枚

P50 折り鶴
（口べり布）
×1枚

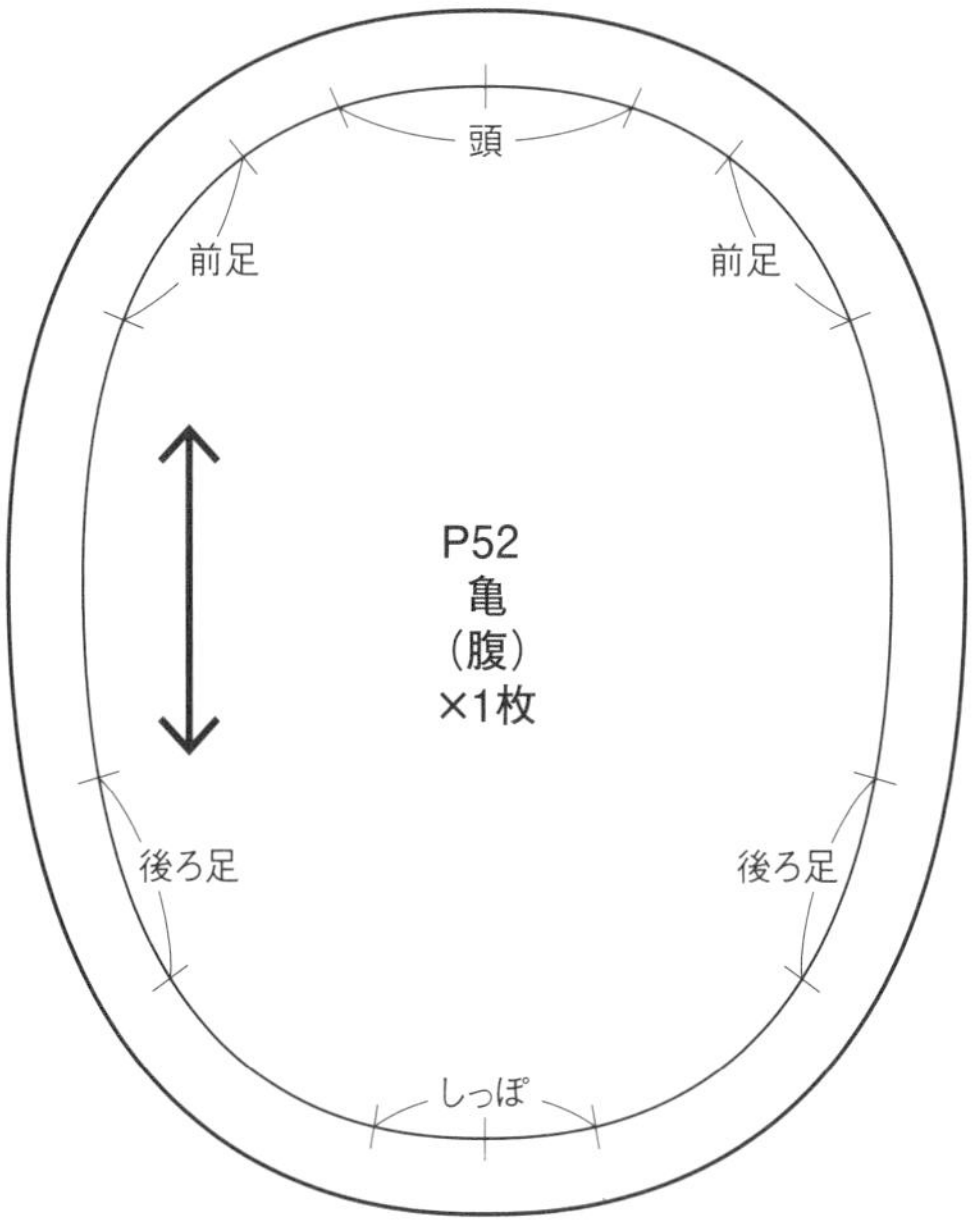
頭
前足
前足
P52
亀
（腹）
×1枚
後ろ足
後ろ足
しっぽ

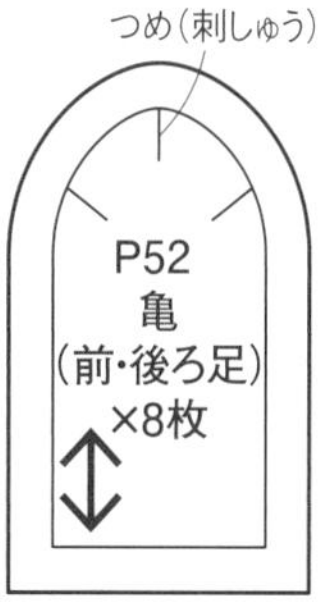
つめ（刺しゅう）
P52
亀
（前・後ろ足）
×8枚

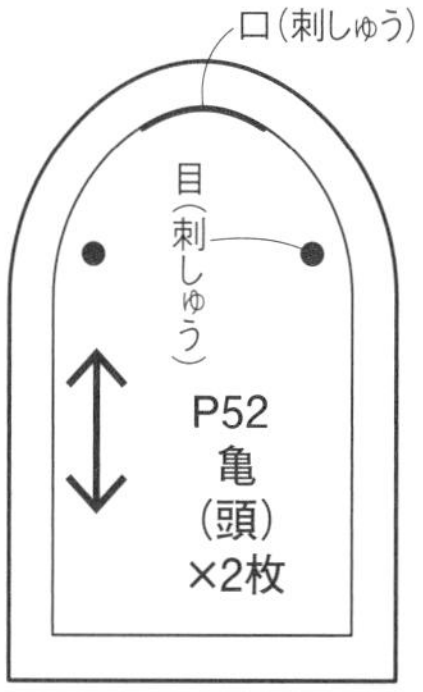
口（刺しゅう）
目（刺しゅう）
P52
亀
（頭）
×2枚

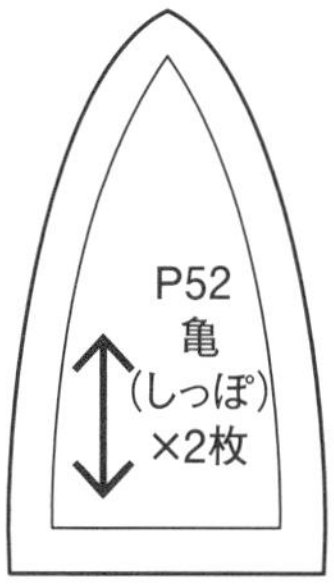
P52
亀
（しっぽ）
×2枚

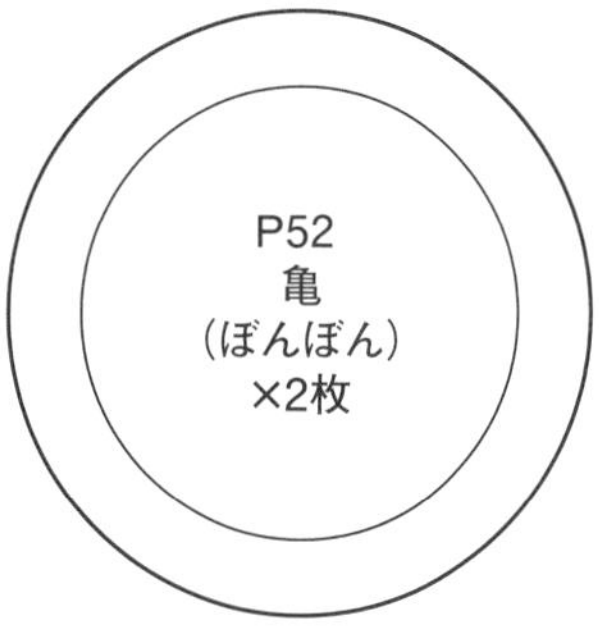
P52
亀
（ぼんぼん）
×2枚

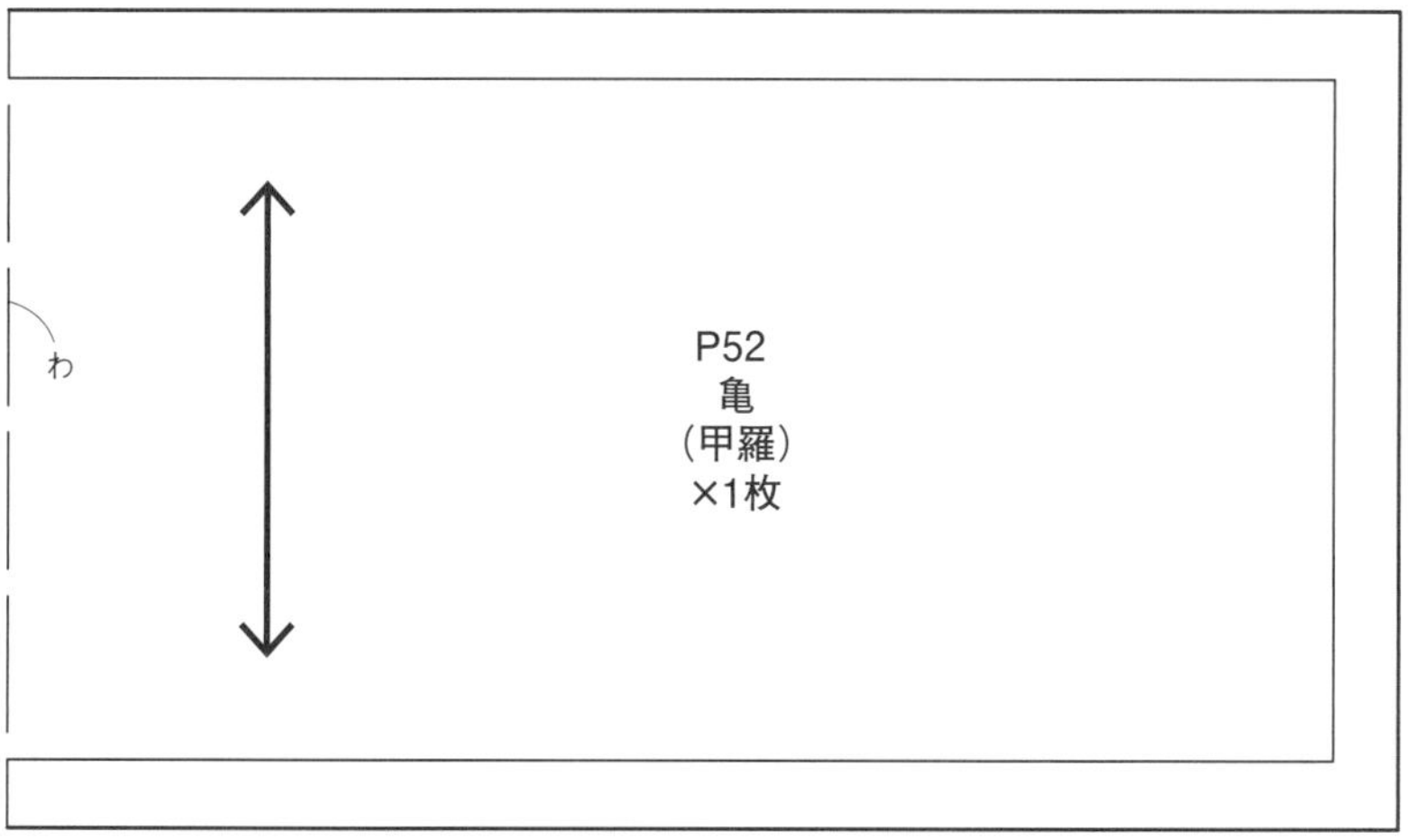
わ
P52
亀
（甲羅）
×1枚

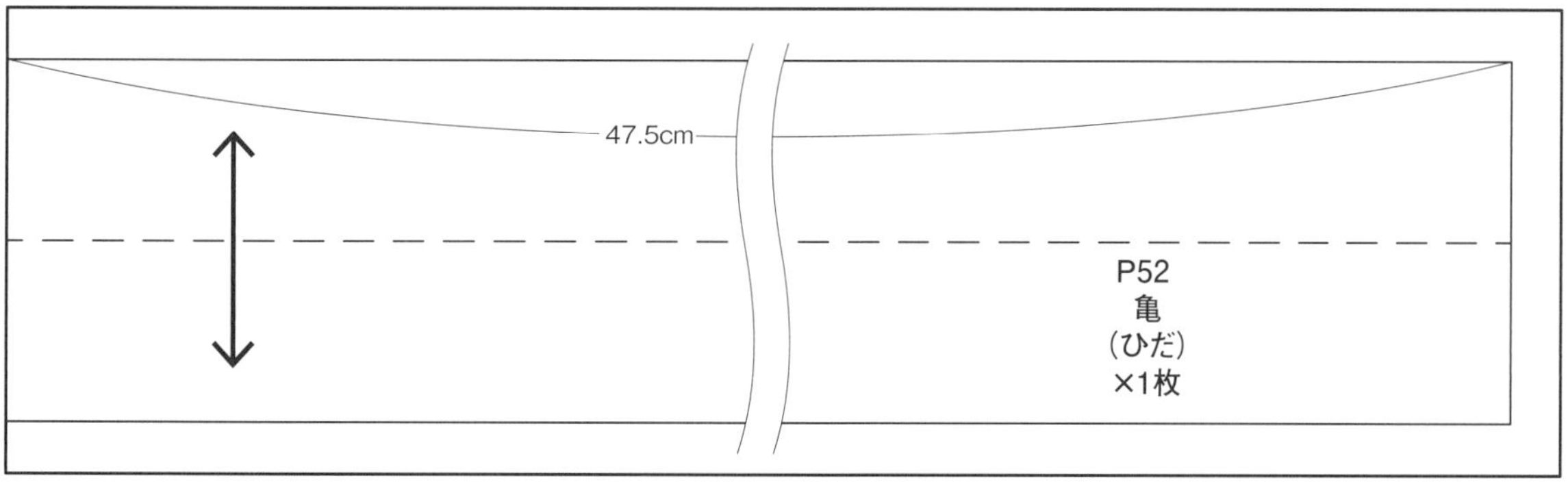
47.5cm
P52
亀
（ひだ）
×1枚

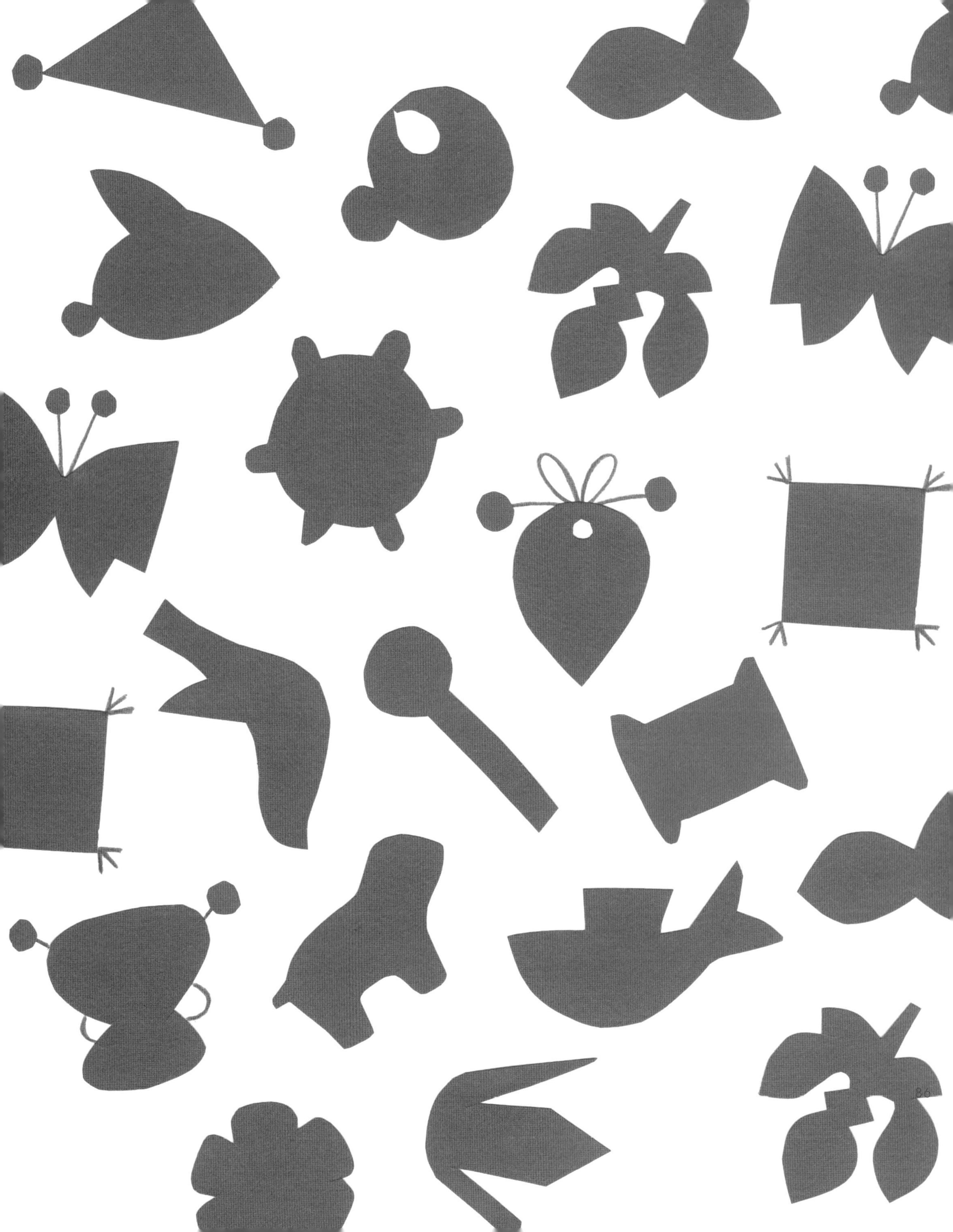

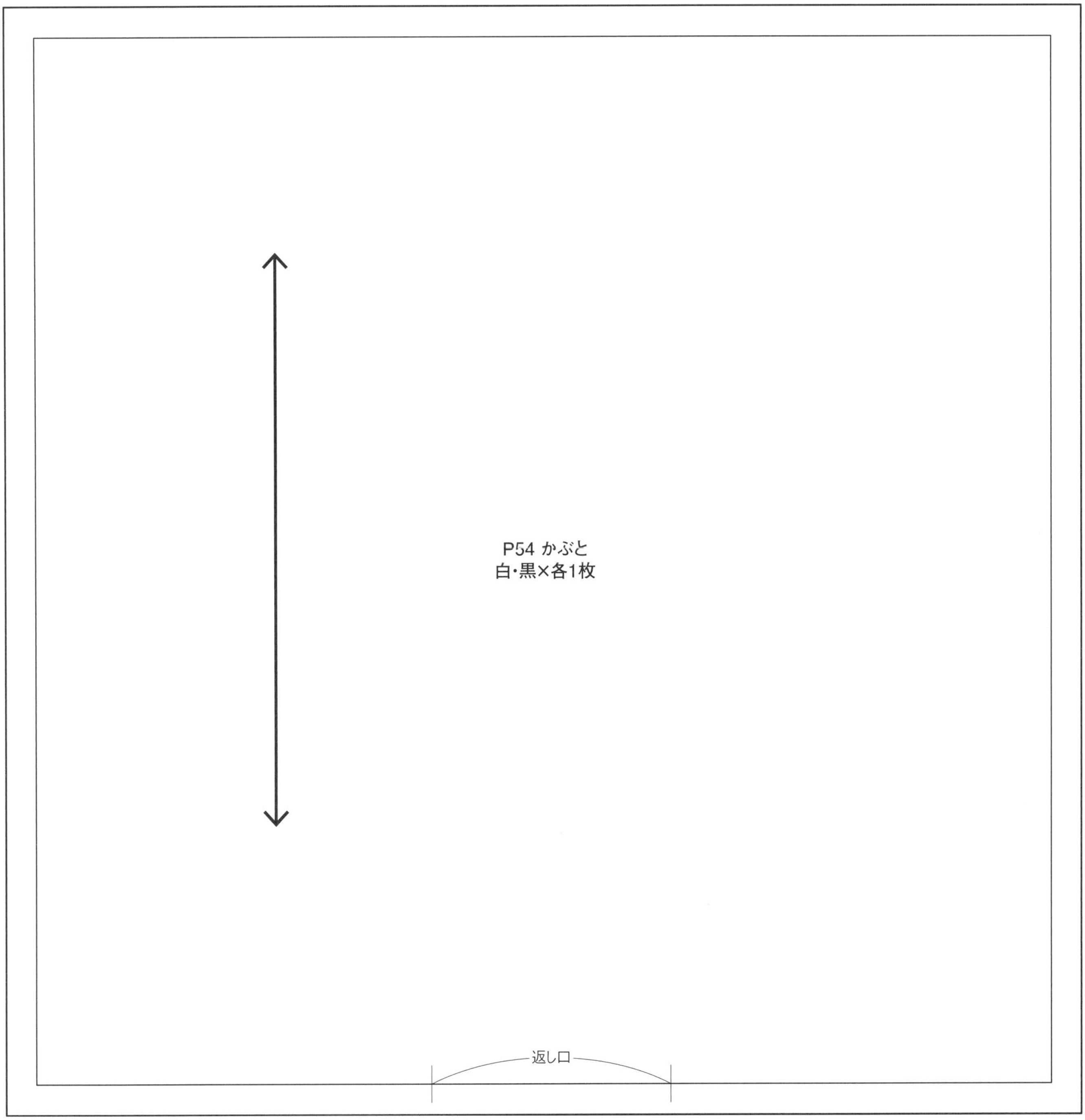
P54 かぶと
白・黒×各1枚
返し口

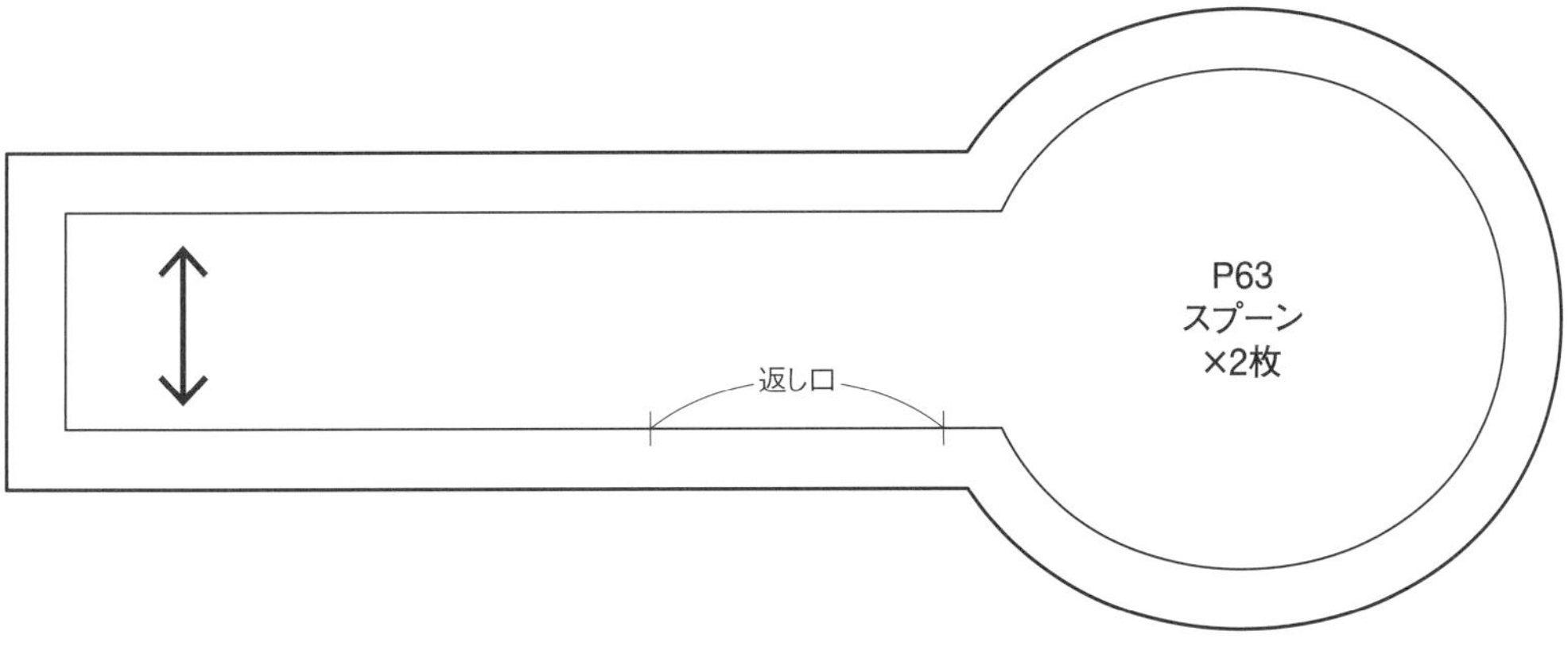
P63
スプーン
×2枚
返し口

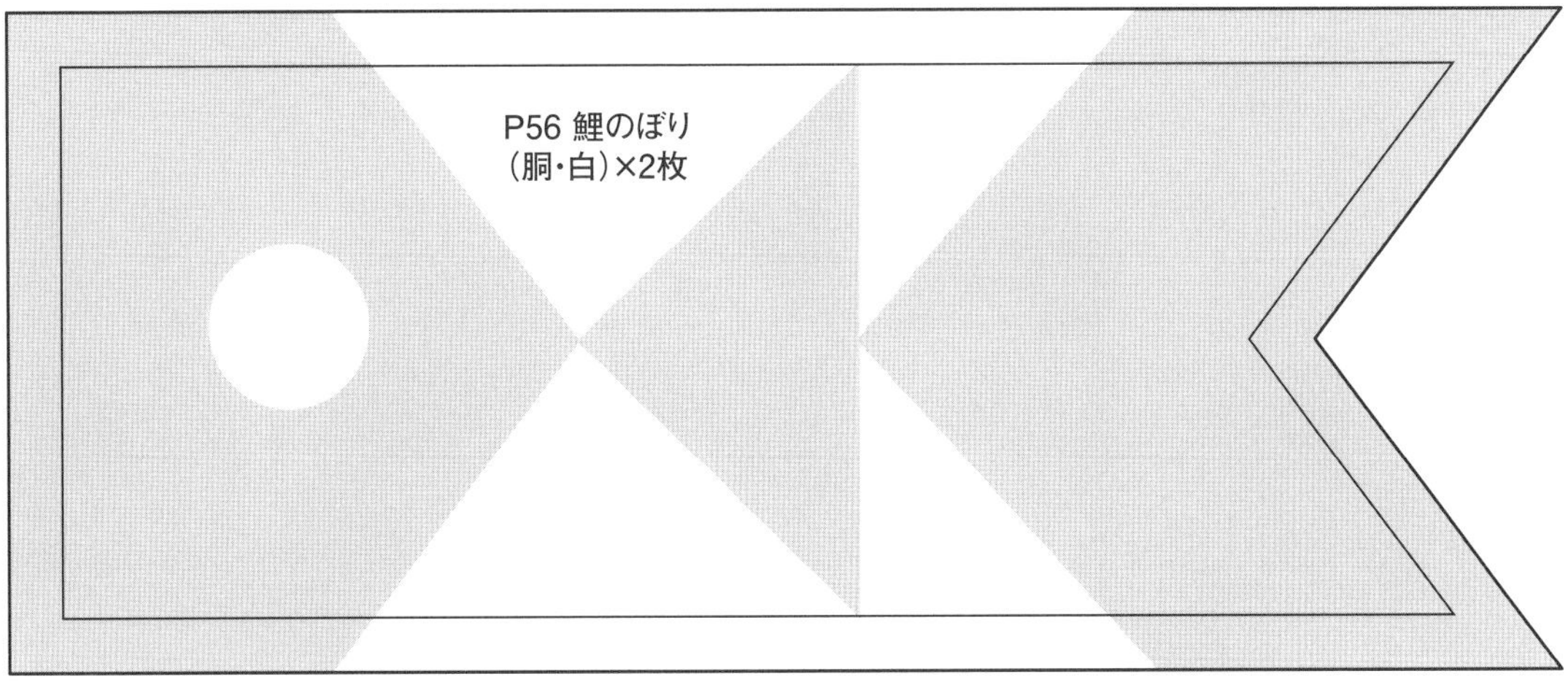
P56 鯉のぼり
(胴・白)×2枚

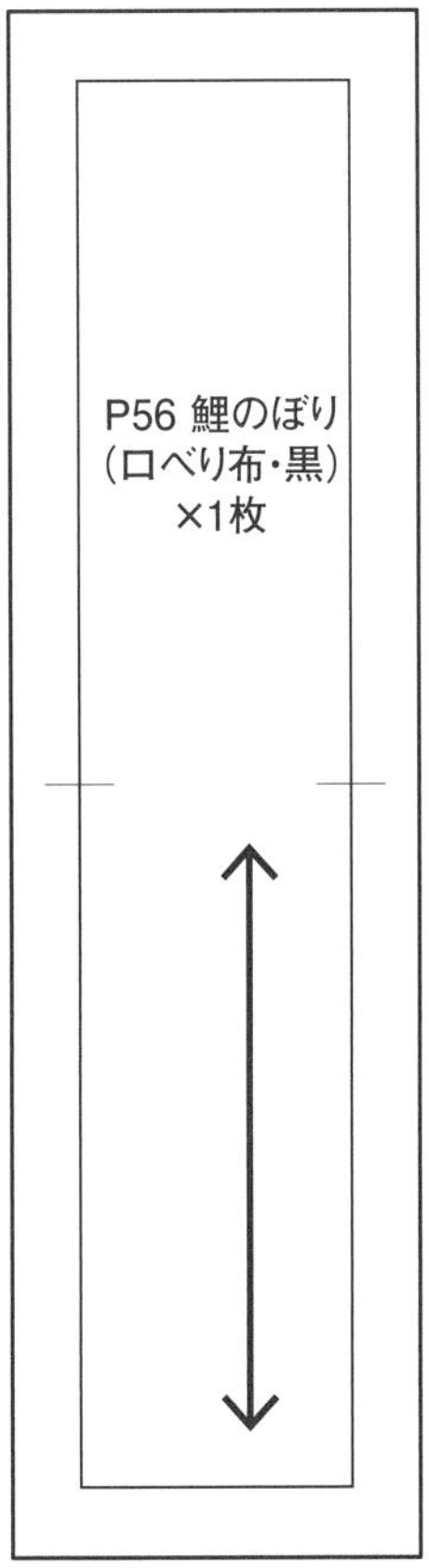
P56 鯉のぼり
(口べり布・黒)
×1枚

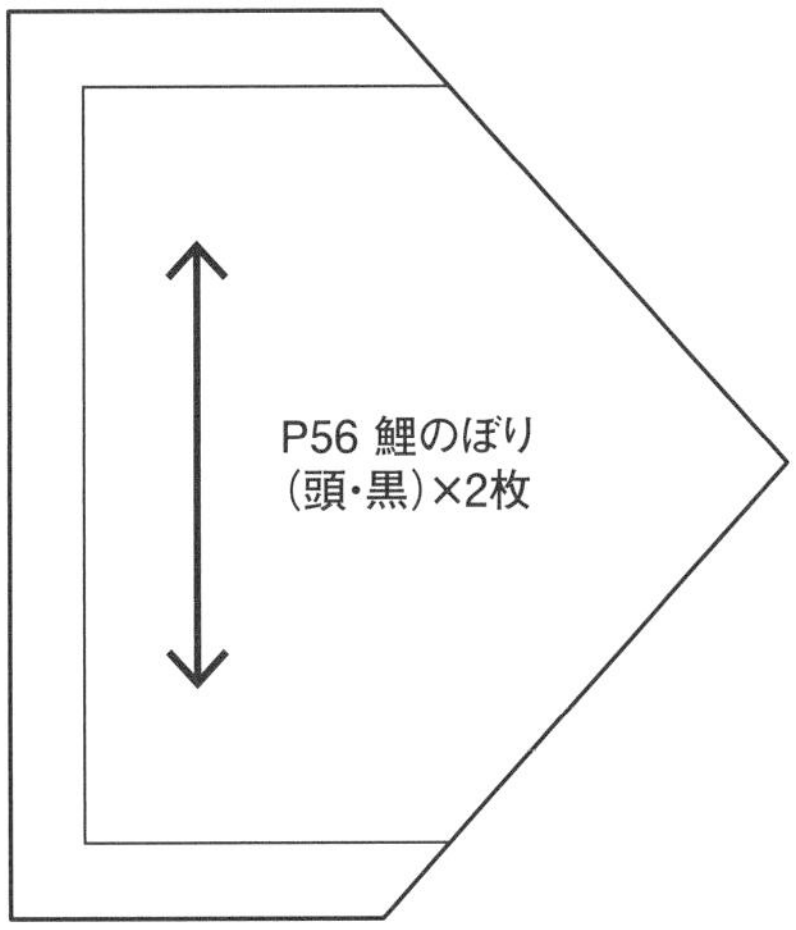
P56 鯉のぼり
(頭・黒)×2枚

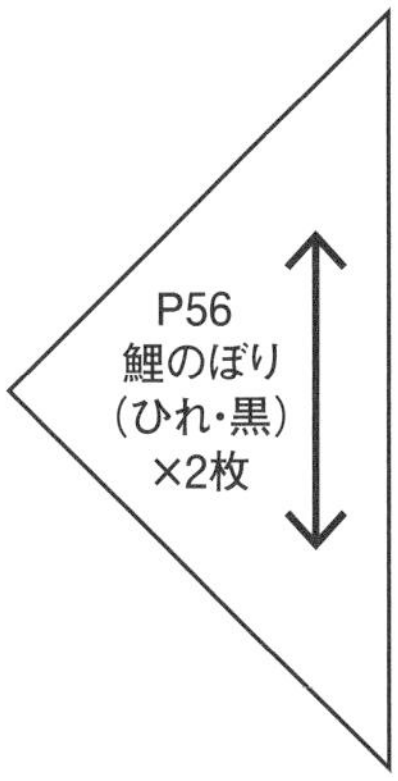
P56
鯉のぼり
(ひれ・黒)
×2枚

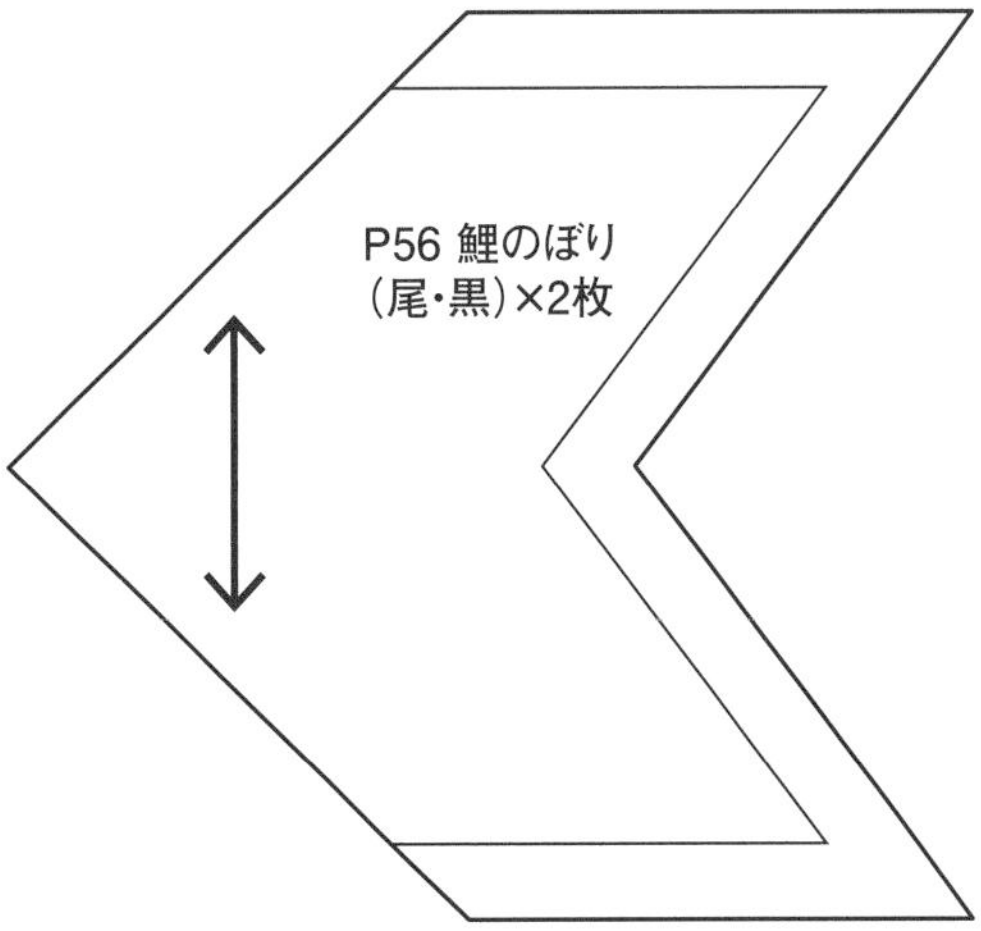
P56 鯉のぼり
(尾・黒)×2枚

P56
鯉のぼり
白×2枚

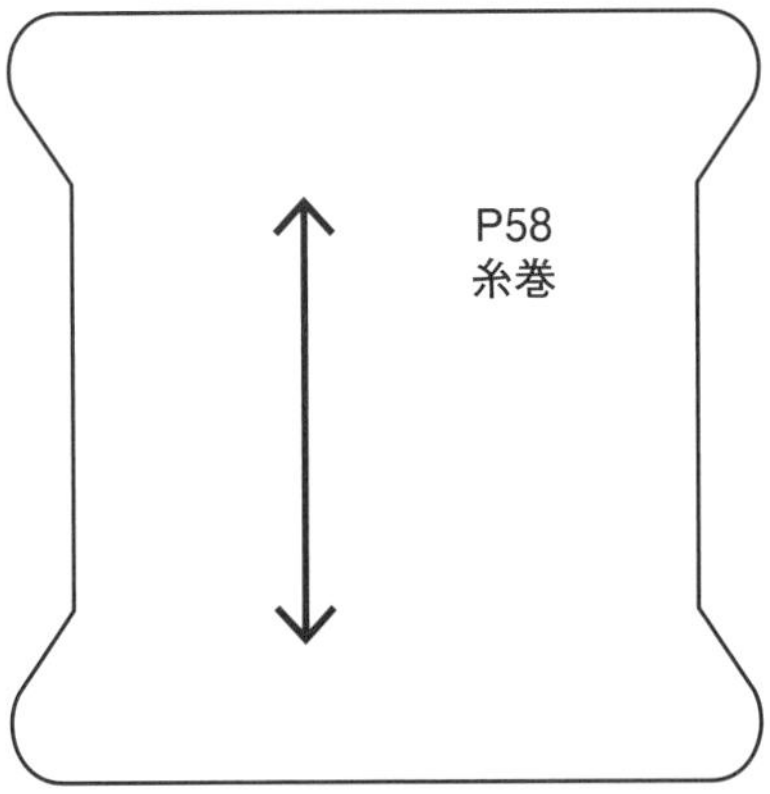
P58
糸巻

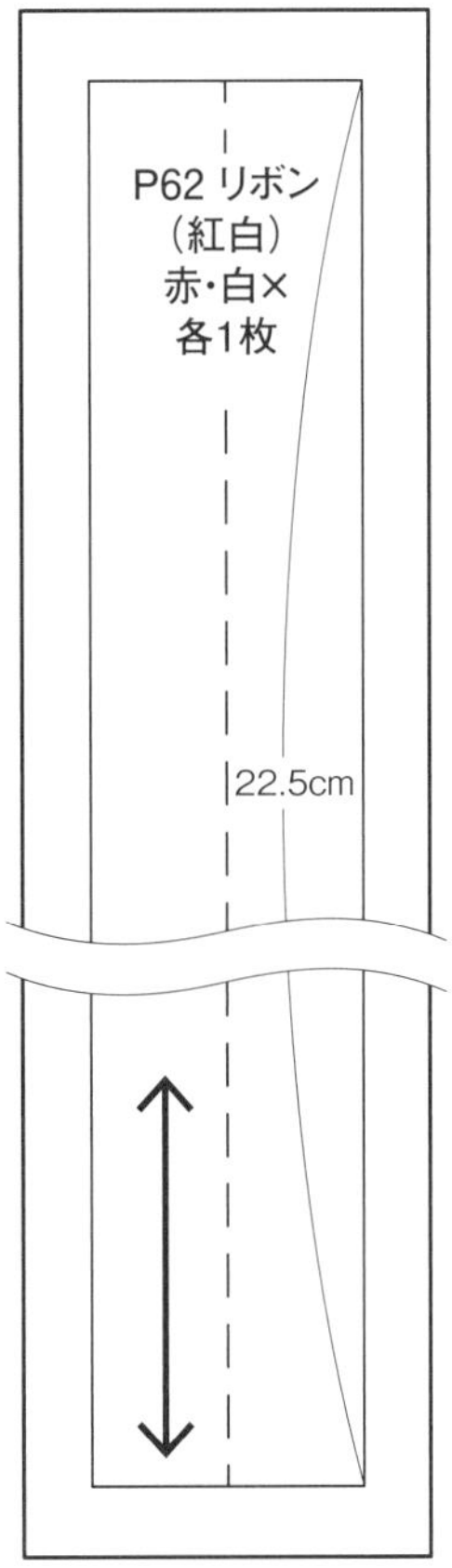
P62 リボン
（紅白）
赤・白×
各1枚
22.5cm

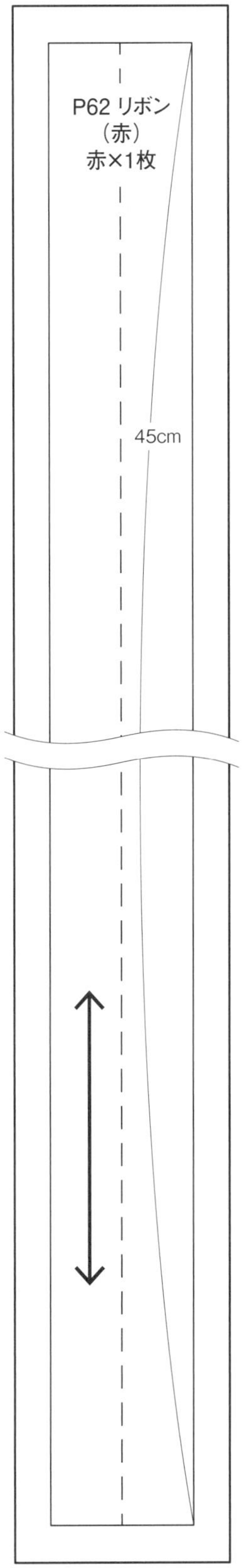
P62 リボン
（赤）
赤×1枚
45cm

P58
短冊

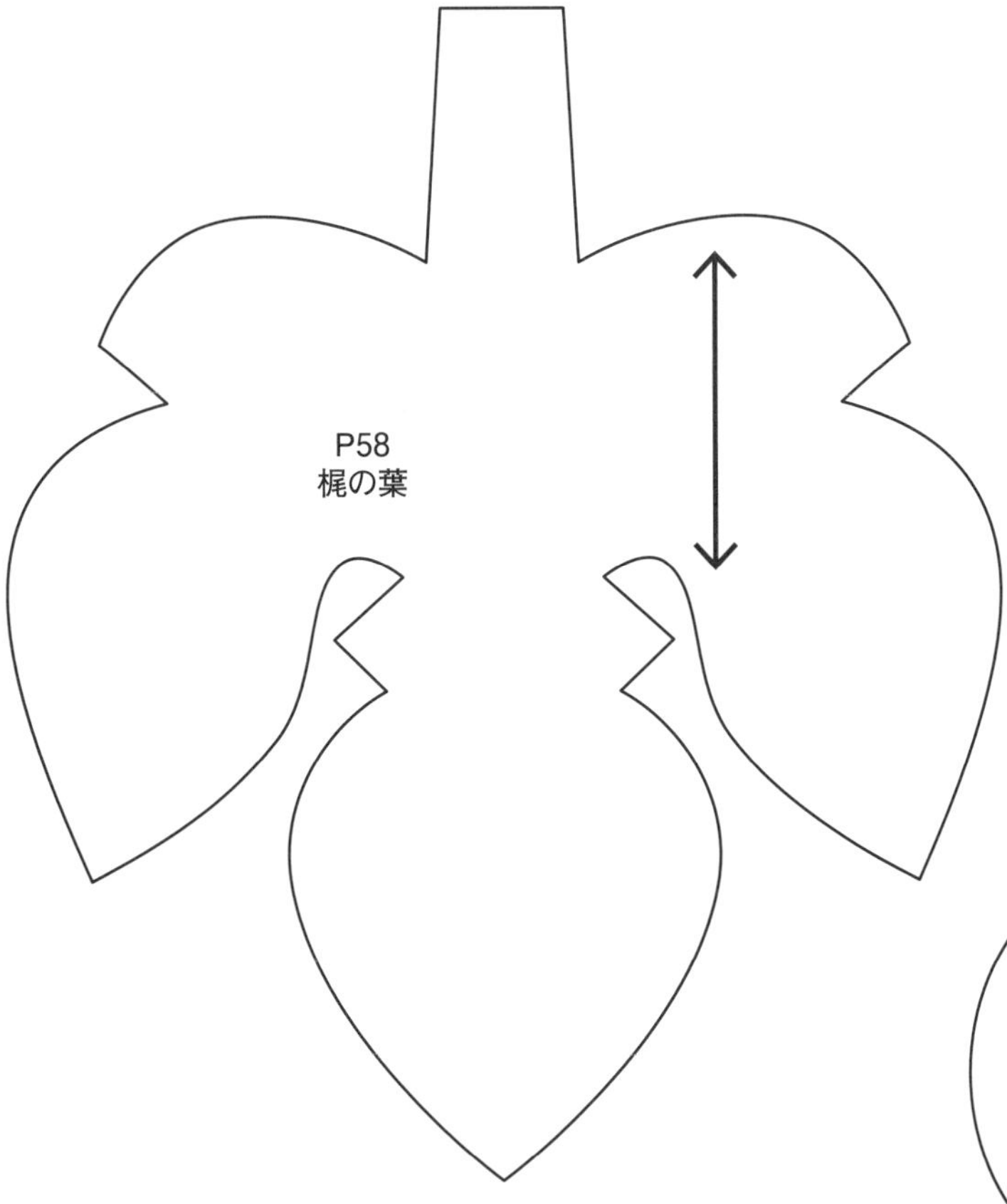
P58
梶の葉

P62 リボン
（ぼんぼん）
赤×2枚
または
赤・白各1枚

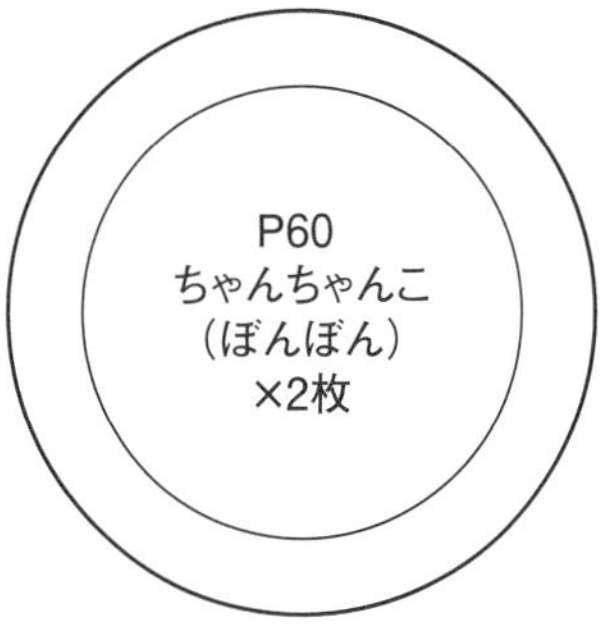
P60
ちゃんちゃんこ
（ぼんぼん）
×2枚

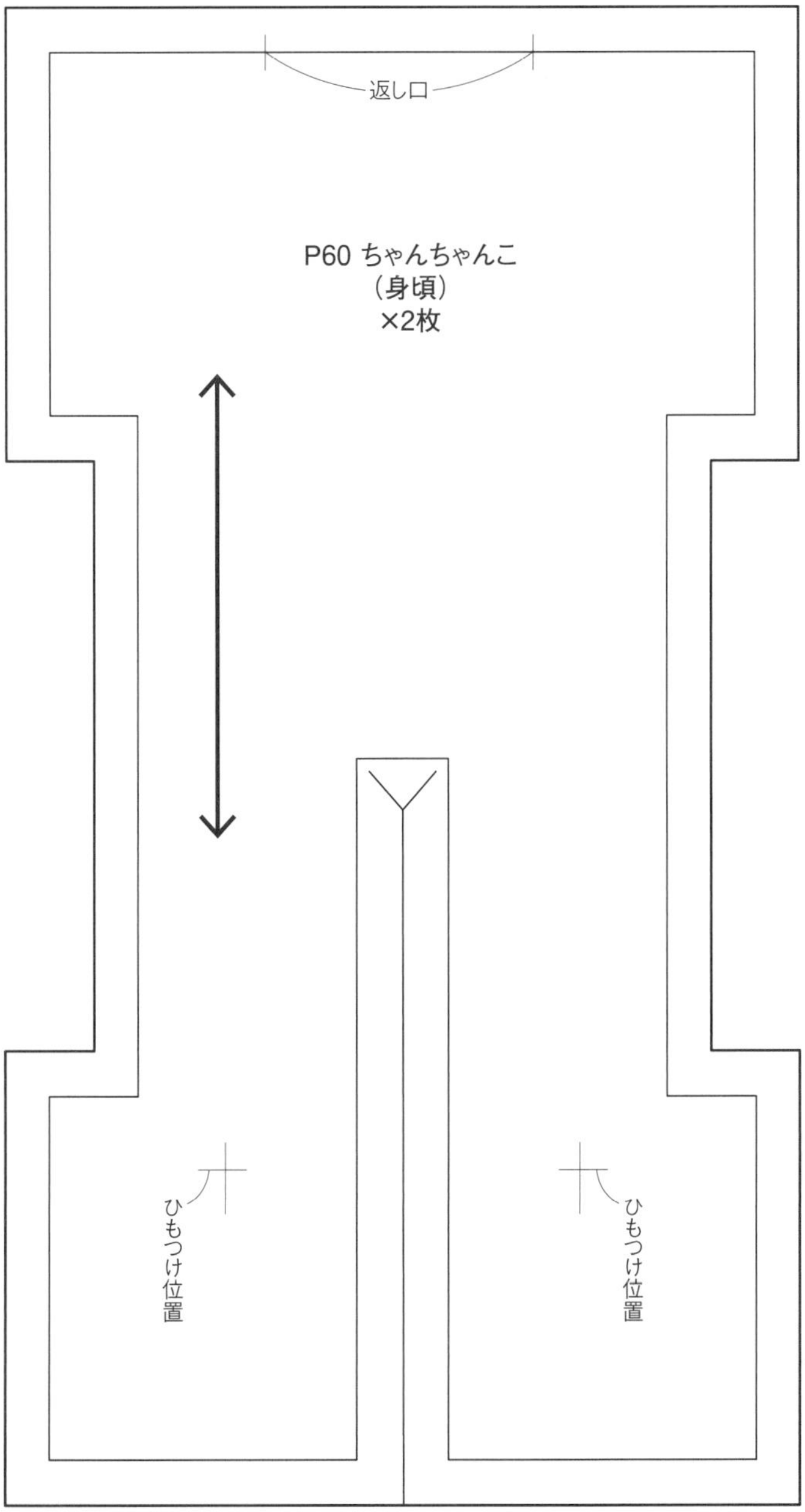
返し口
P60 ちゃんちゃんこ
（身頃）
×2枚
ひもつけ位置
ひもつけ位置

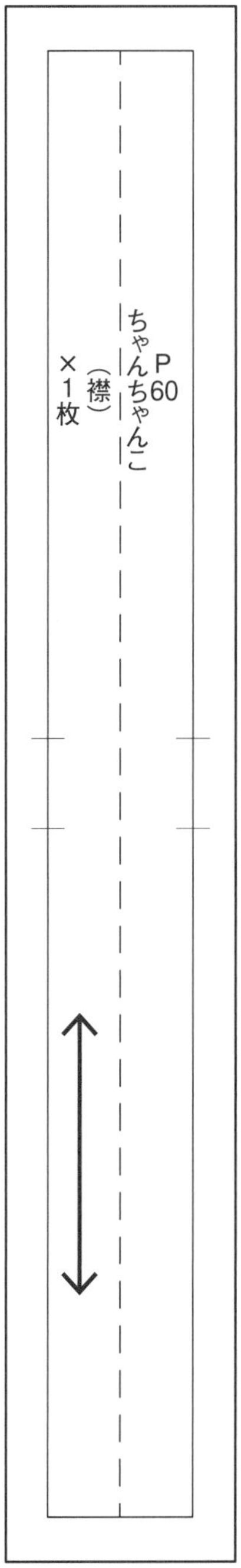
P60
ちゃんちゃんこ
（襟）
×1枚

実物大型紙の使い方

1. 型紙には必要な縫い代がすでに
ついているので、線の通りにはさみで切る。
あるいは薄い紙に写しとってもよい。
2. 型紙を布にのせて、周囲の線と合印や
出来上がり線をチャコマーカーや
チャコペンシル、鉛筆などで写す。
3. 裁ちばさみで布を切る。

基本の縫い方

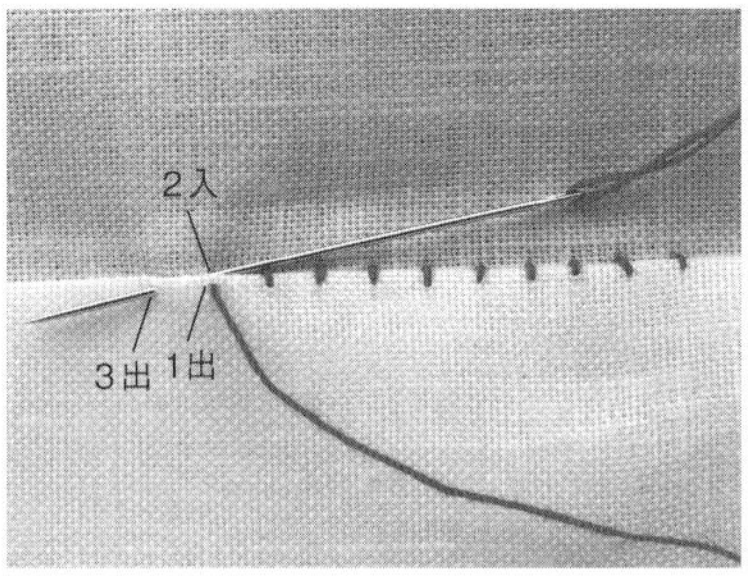

まつり縫い

折り山の内側から針を出し、表布を小さくすくっていく。折り山を縫い留めるときなどに使う。

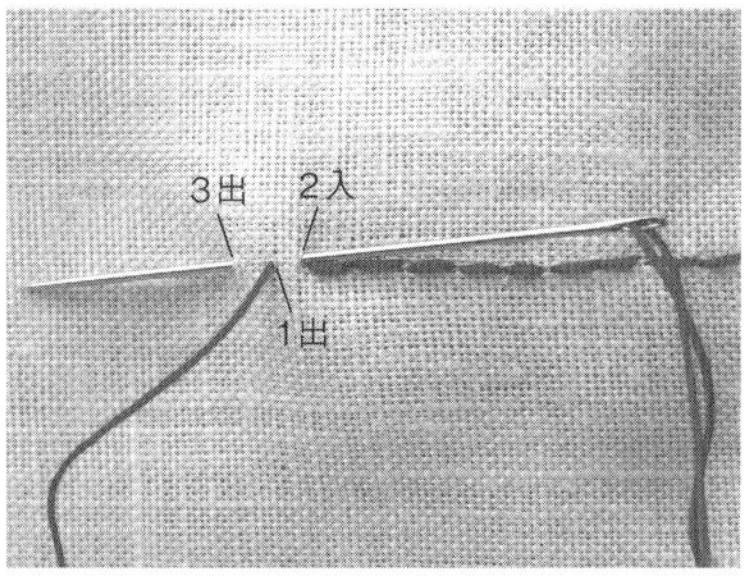

返し縫い

ひと針ずつ針を戻しながら縫う。並縫いより丈夫に仕上がる。あるいは並縫いの縫い始めと縫い終わりにひと針返し縫いをして丈夫にする。

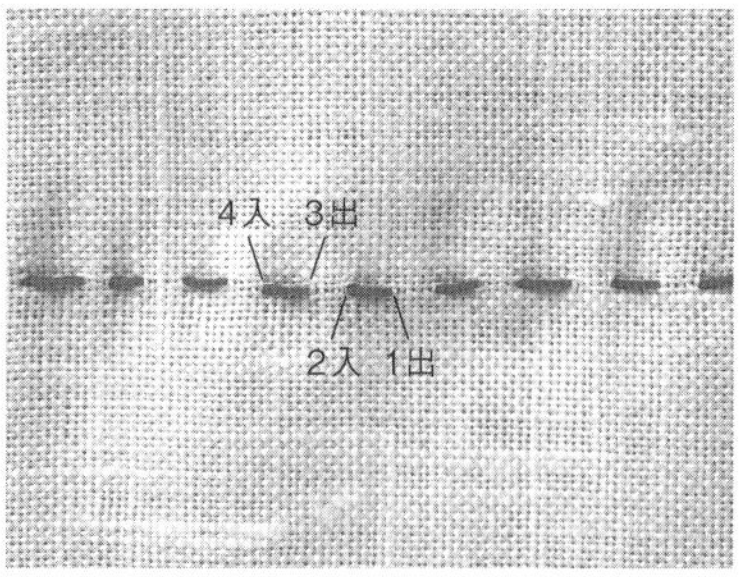

並縫い

等間隔に針を動かす。針目を細かくするときれいに仕上がる。布をはぎ合わせるときなどに使う。

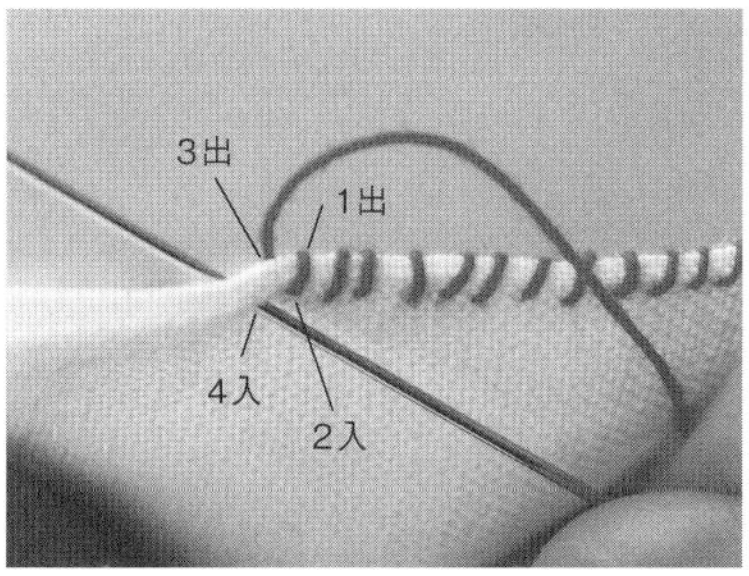

巻きかがり縫い

２枚の布の折り山を外表に合わせ、きわをすくってかがっていく。布をしっかりとはぎ合わせたいときに使う。

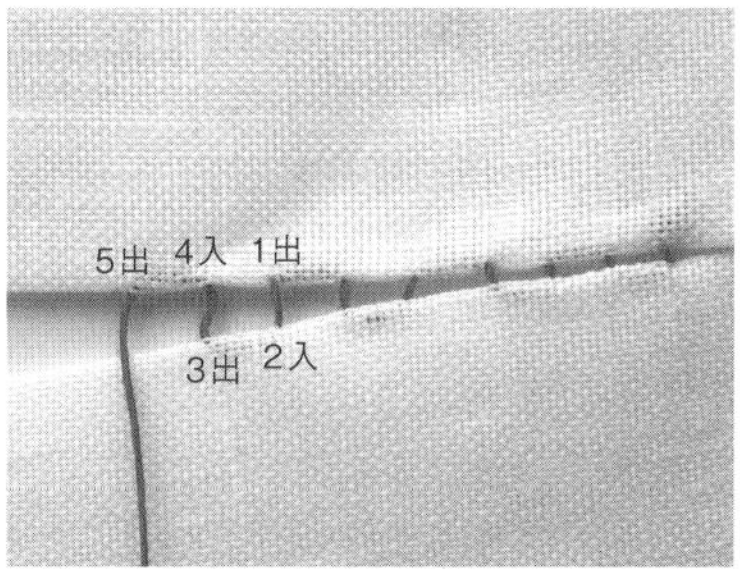

コの字とじ

２枚の布の折り山をつき合わせて、等間隔に糸をコの字に渡しながらすくっていく。返し口をとじるときなどに使う。

堀川 波　ほりかわ なみ

1971年大阪生まれ。

大阪芸術大学グラフィックデザインコース卒業後、おもちゃメーカーの企画開発を経て絵本作家、イラストレーターに。『40歳からの「似合う」が見つかる大人の着こなしレッスン』(PHP研究所)、『45歳からの自分を大事にする暮らし』(エクスナレッジ)、『半径66センチのしあわせ』(サンマーク出版)など著書は30冊を超える。

Staff

ブックデザイン	石田百合絵 (ME&MIRACO)
撮影	寺岡みゆき
作り方解説	比護寛子
トレース	関和之 (ウエイド手芸部)
編集	飯田充代

願いを込めた、かわいい縁起物
リネンで作る、つるし飾り

2018年12月17日　発　行　　　　　　　　　　NDC594

著　者	堀川 波
発行者	小川雄一
発行所	株式会社 誠文堂新光社
	〒113-0033　東京都文京区本郷 3-3-11
	(編集) 電話 03-5805-7285
	(販売) 電話 03-5800-5780
	http://www.seibundo-shinkosha.net/
印刷・製本	図書印刷 株式会社

©2018,Nami Horikawa.　　Printed in Japan

検印省略　禁・無断転載
落丁・乱丁本はお取り替え致します。

本書に掲載された記事の著作権は著者に帰属します。

こちらを無断で使用し、展示・販売・レンタル・講習会等を行うことを禁じます。

本書のコピー、スキャン、デジタル化等の無断複製は、著作権法上での例外を除き、禁じられています。本書を代行業者等の第三者に依頼してスキャンやデジタル化することは、たとえ個人や家庭内での利用であっても著作権法上認められません。

JCOPY　<(一社) 出版者著作権管理機構 委託出版物>
本書を無断で複製複写 (コピー) することは、著作権法上での例外を除き、禁じられています。本書をコピーされる場合は、そのつど事前に、(一社) 出版者著作権管理機構 (電話 03-5244-5088 ／ FAX 03-5244-5089 ／ e-mail:info@jcopy.or.jp) の許諾を得てください。

ISBN978-4-416-71837-7